Ludwig Pfeiffer

Die Vaccination

ihre experimentellen und erfahrungsgemässen Grundlagen und ihre Technik, mit

besonderer Berücksichtigung der animalen Vaccination

Ludwig Pfeiffer

Die Vaccination
ihre experimentellen und erfahrungsgemässen Grundlagen und ihre Technik, mit besonderer Berücksichtigung der animalen Vaccination

ISBN/EAN: 9783742869890

Hergestellt in Europa, USA, Kanada, Australien, Japan

Cover: Foto ©ninafisch / pixelio.de

Manufactured and distributed by brebook publishing software (www.brebook.com)

Ludwig Pfeiffer

Die Vaccination

DIE

VACCINATION,

IHRE EXPERIMENTELLEN UND ERFAHRUNGSGEMÄSSEN GRUNDLAGEN

UND IHRE TECHNIK

MIT BESONDERER BERÜCKSICHTIGUNG DER ANIMALEN VACCINATION

VON

DR. L. PFEIFFER,

GEH. MED.-RATH UND VORSTAND DES GROSSH. SÄCHS. IMPFINSTITUTES IN WEIMAR

MIT 17 HOLZSCHNITTEN.

TÜBINGEN 1884.

VERLAG DER H. LAUPP'SCHEN BUCHHANDLUNG.

Vorrede.

Die in den letzten Jahren erreichten Fortschritte in der Technik der animalen Vaccination haben dieser Impfmethode eine hervorragende und immer noch zunehmende Bedeutung in Deutschland verschafft. Es kommt hinzu, dass in den letzten Jahren auf experimentellem Wege zur Aufklärung des Wesens der Infection bei anderen verimpfbaren Krankheiten viel erreicht worden ist und dass dadurch die Erkenntniss des Vaccinationsprocesses indirect eine nicht zu unterschätzende Förderung erhalten hat. Diese Errungenschaften für die Impfpraxis dienstbar zu machen, hat der Verfasser angestrebt.

Allerdings hat das in den nachfolgenden Blättern Gebotene noch viele und grosse Lücken, da die Vaccinationslehre bisher fast nur von den Impfärzten selbst gepflegt worden ist und somit die grundlegenden Experimente und Erfahrungen meist in einer sehr umfangreichen Broschürenliteratur zerstreut sich finden. Doch wird immerhin die nachfolgende Zusammenstellung der wichtigeren Impfexperimente zeigen, dass die Lebensbedingungen und Lebensäusserungen des Variola-Vaccine-Contagiums bereits ziemlich genau studirt sind und dass die Impfpraxis der exacten Beobachtung Rechnung getragen hat.

Verfasser giebt sich der Hoffnung hin, dass durch eine kritische Uebersicht über das bisher auf dem Gebiete der Vaccination Geleistete eine Anregung zu neuen Forschungen erfolgen und dass dadurch auch für die Impfpraxis der Vortheil nicht ausbleiben wird.

Speciellen Dank hat Verfasser auszusprechen an die Herren DDr. L. Voigt und Piza in Hamburg, Risel in Halle, Wiedenmann in Stuttgart und Feiler in Berlin für die gegebene Anregung und Belehrung auf dem gemeinschaftlichen Arbeitsfeld. Als Resultat des Ideenaustausches mit diesen erfahreneren Impfärzten spricht Verfasser hier seine Ueberzeugung dahin aus, dass die bisherige Jenner'sche Impfung mit humanisirtem Stoff oder mit Glycerinlymphe, sowie die Impfung mit animalem Stoff an sich gleichwerthig sind, vorausgesetzt, dass die Technik in geschulten und gewissenhaften Händenruht. In wie weit die Vorzüge der einen oder andern Impfmethode für die Praxis zu verwerthen sind, das wird sich aus dem nachfolgend Gebotenen von selbst ergeben.

Weimar, Juli 1884.

Dr. L. Pfeiffer.

Inhalt.

Die Vaccination,

ihre experimentellen und erfahrungsmässigen Grundlagen.

Literatur.

1) Curschmann, Die Pocken, in Ziemssen's Handbuch der acuten Infectionskrankheiten. Leipzig 1874.
2) Bohn, Handbuch der Vaccination. Leipzig 1875. p. 358.
3) Chauveau, A., Viennois u. Meynet P. Vaccine et variole, nouvelle étude expérimentale sur la question de l'identité de ces deux affections, étude faite au nom de la société des sciences médicales de Lyon. Paris 1865. P. Asselin 8, p. 101.
4) Reiter, R., Oberimpfarzt in München. Ueber Impfung der Kühe mit Menschenblatterstoff. Henke's Z. f. Staatsarzneikunde. 40. B. 1840.
5) Ceely, R., Observations of the variolae-vaccinae etc. illustrated by engravings from original drawings. Worcester 1840. Deutsch von Heim: Beobachtungen über die Kuhpocken, die Vaccination, die Retrovaccination und Variolation der Kühe. Mit 35 Kupfertafeln. Stuttgart 1841.
6) Seaton, Edward C., A handbook of vaccination. London 1868, p. 488.
7) Bousquet, J. B., Nouveau traité de la vaccine et des éruptions varioleuses. Ouvrage couronné par l'académie des sciences. Paris 1848, p. 584.
8) Wolffberg, Theorie der Schutzimpfung. Sitzungsbericht der niederrheinischen Gesellschaft f. Natur- und Heilkunde. 12. XI. 1883.
9) Chauveau, Bulletin de l'Académie de médecine de Paris, séance du 17. IV. und 11. IX. 1866 und Gazette hebdomaire d. m. et de ch. 28. IX. 1866, p. 612.
10) Warlomont, E., Nouvelles recherches sur les origines de la vaccine. Académie de méd. 16. Octob. 1883.
11) Suuderland-Barmen, in Hufelands Journal 1830.
12) Dinter, Bericht über das Veterinärwesen im Königreich Sachsen für 1860, p. 75.
13) Bollinger, Menschen- und Thierpocken, Sammlung klinischer Vorträge Nr. 116. Leipzig 1877.
14) Warlomont, E., Traité de la Vaccine et de la vaccination humaine et animale. Paris 1883. p. 384.
15) Senfft, A., in Bierstadt. Mittheilung von Versuchen über den gegenseitigen Ausschluss von Kuh- und Menschenpocken, sowie von Injectionen von Lymphe in das subcutane Zellgewebe und in Venen vom Kalbe. Berl. kl. Wehnschr. 1872, Nr. 17.
16) Fröhlich, Württemberg. med. Correspondenzblatt 1867, Nr. 20.
17) Zülzer, Centralblatt f. d. med. Wissenschaft. 1874, p. 82.
18) Hiller, A., Centralblatt f. d. med. Wissenschaft 1886, Nr. 20 u. 21.
19) Reiter, Centralimpfarzt, München. Studien über Ansteckungsfähigkeit des Kuhpockenstoffs. Aerztl. Intelligenzbl. IV. 1872.
20) Reynaud, M., Compt. rend. LXXXIV, p. 453. Etude exp. sur la rôle du sang dans la transmission de l'immunité vaccin. (Referat in Virchow-Hirsch, Jahresbericht für 1877, II, 73). Gazette hebdomaire 1879. Nr. 29, 31, 32 (Virchow-Hirsch, Jahresbericht für 1879, II, 46).
21) Gerhard, C., Ueber Intermittensimpfung, Zeitschr. für klinische Med. B. VII. H. 4.
22) H. Gatti-Pisa, Nouvelles refléxions sur la pratique de l'inoculation. Amsterdam 1768. chez E. van Harrevelt. Deutsch von Dr. E. G. Wagler, Neue Betrachtungen über d. Verahren bei d. Inoculation der Blattern. Hamburg 1772. 8. p. 134 nebst Anhg. p. 224.

23) Dimsdale, Th., The present method of inoculating for the smallpox. London 1766. p. 160. Deutsche Ausgabe von Bode 1772. — Derselbe, Observations on the introduction to the plan of the dispensary for general inoculation. London 1878. p. 136.
24) Burges, J., Nachricht von der Vorbereitung und Behandlung, welche zur Einpfropfung der Blattern nothwendig sind. Aus dem Englischen. Bremen 1756. p. 404.
25) Hufeland, Ch. W., Bemerkungen über die natürlichen und künstlichen Blattern zu Weimar 1788. Leipzig 1799. p. 199.
26) Jenner, Edward, Anquiry into the causes and effects of the Variolae-Vaccinae. London 1798. (Lateinische Ausgabe von A. Careno. Wien 1799; deutsche Ausgabe von G. F. Ballhorn. Hannover 1799. Die zweite englische Originalausgabe von 1800 enthält noch: Further observations on the variolae-vaccinae, die Ende 1799 separat erschienen waren.) Neuer Abdruck in Nr. 81 dieses Verzeichnisses.
27) Derselbe, A continuation of facts and observations relative to the Variolae-Vaccinae or cowpox. London 1800. Im Auszug deutsch von G. F. Ballhorn. Hannover 1800.
28) Bouley, M. H., u. Reynal, Nouveau dictionnaire pratique de médecine, de ch. et d'hygiène. Paris 1881. Artikel Horsepox.
29) Lafosse, Gazette méd. de Paris 1862. p. 335.
30) Thiele, Basil, in Kasan, Die Menschen- und Kuhpocken in ihrer Identität und Rückbildung ersterer zur Vaccine. Henke's Zeitschrift f. Staatsarzneikunde 1839. B. 39.
31) Voigt, L., Oberimpfarzt in Hamburg, Vaccine u. Variola. 4 Aufsätze in der deutschen Vierteljahrsschrift f. öffentl. Gesundheitspflg. 1882. B. IV. p. 385; B. XV. p. 58, p. 461.
32) E. Hering (Professor an der Königl. Thierarzneischule in Stuttgart), Ueber Kuhpocken an Kühen. Nach den in den Acten des Königl. Württemb. Medicinal-Collegiums enthaltenen und eigenen Beobachtungen. Stuttgart 1839. 8.
33) Sacco, L., Trattato di vaccinazione con quattro tavole. Milano 1809 in 4. Deutsch von Sprengel, Neue Entdeckungen über die Kuhpocken, die Mauke und die Schafpocken. Mit 4 Kupfertafeln. Leipzig 1812. p. 182.
34) Zürn, Die pflanzlichen Parasiten. Weimar 1874.
35) Reiter, M., Würdigung der grossen Vortheile der Kuhpockenimpfung für das Menschengeschlecht. München 1849. p. 50.
36) Keber, Virchows Arch. B. 42. — Cohn, Virch. Arch. B. 55. 1872. — Zülzer, Berl. kl. Wch. 1872. — Weigert, Med. Centralbl. 1871. Anatom. Beiträge zur Lehre von den Pocken 1874. I. Heft. Breslau. — Chauveau, Compt. rend. B. 66. — Klebs, Arch. f. exp. Path. B. 10. — Pohl-Pincus, Untersuchungeu über die Wirkungsweise der Vaccination. Berlin 1882. p. 163.
37) Tappe, W., Die Aetiologie und Histologie der Schafpocken. Berlin 1881. p. 58.
38) Grünhagen, Bemerkungen über den Infectionsstoff der Lymphe. Vierteljahrsschrift f. Dermatol. 1872. p 150.
39) Cohn, F., Organismen der Pockenlymphe. Virchow's Archiv, B. 55. S. 229.
40) Bryce, Practical observations on the inoculation of cowpox. II. Aufl. Edinburgh 1809.
41) Jahn, Die Successivimpfung. Correspondenzblatt des ärztl. V. v. Thüringen 1879. p. 337.
42) Pott, R., Ueber lebensgefährl. Blutungen nach Impfscarificationen. Berl. klin. Wochenschr. 1879. B. 44.
43) Eichhorn, H., Massregeln, welche die Regierungen Deutschlands zur gänzl. Verhütung der Menschenblattern zu ergreifen haben. Berlin. 1829. p. 144.
44) Nicolai, A. H., Menschenblattern beim Geimpften. Berlin 1833. p. 47.
45) Elsässer, J. A., Beschreibung der Menschenpockenseuche, welche i. d. J. 1814, 15, 16 und 17 im Königreich Württemberg geherrscht hat. Stuttg. 1820. p. 135.
46) Flinzer, C., Die Blatternepidemie in Chemnitz und Umgegend 1870/71. Mittheilungen des stat. Bureaus der Stadt Chemnitz I.
47) Prager, Die Revaccination. Berl. kl. Wochenschr. 1867. No. 49. 1868. Nr. 25.
48) Müller, E., Ueber Pockenimpfung und über die Bedeutung der Glycerinlymphe. Berl. kl. Wochenschr. 1866, Nr. 13. Vierteljahrsschr. f. gerichtl. Med. u. öffentl. Sanitätspflege. N. F. XI, 116.

49) Die Impfungen und Wiederimpfungen im Königreich Sachsen 1880. Correspondenzblatt des ärztl. Vereins im Kg. Sachsen vom 1. Aug. 1881.
50) Heim, F., Historisch-kritische Darstellung der Pockenseuchen, des gesammten Impf- und Revaccinationswesens im Königreich Württemberg. Stuttg. 1838. p. 651.
51) Sinnhold, Ueber einige Fälle von Impferysipel. Jahrb. f. Kinderkrankh. IX. 1876. p. 383.
52) Hug, Der Impfrothlauf in Freysing. Bayer. ärztl. Intelligenzblatt 1875. p. 501.
53) Bohn, Das Impferysipel und seine Bedeutung für die Erysipelaslehre. Jahrb. f. Kinderkrankh. 1875. VII.
54) Wagner, Einige Fälle von Früherysipel. Correspondenzbl. des ärztl. Vereins v. Thür. 1880. Nr. 6
55) Viennois, De la transmission de la syphilis par la vaccination. Arch. gén. de méd. 1860. I u. II.
56) Depaul, La syphilis vaccinale devant l'Académie impériale de médecine de Paris (Séances de decembre 1864, fevrier et mars 1865).
57) Heyd, W., Zur Frage der Uebertragung der Syphilis durch die Schutzpockenimpfung. Stuttgart 1867. p. 87.
58) Köbner, Die Uebertragung der Syphilis durch die humane Vaccine. Vierteljahrsschr. f. Dermatol. u. Syphilis 1871.
59) v. Rinecker, Ueber Vaccinationssyphilis. Vierteljahrsschr. f. Dermatologie 1878. p. 259.
60) Schmid, F., Die Uebertragbarkeit der Tuberculose durch cutane Impfung. Bayer. Aerztl. Intelligenzblatt. 1883. Nr. 47 und 48.
61) William Woodville, M. D., Arzt am Pocken- und Inoculationshospital zu London, Beschreibung einer Reihe von Kuhpockenimpfungen nebst Bemerkungen und Beobachtungen über diese Krankheit, als Substitut der Kinderpocken zu beleuchten. Deutsche Ausgabe von F. G. Friese in Breslau. Breslau 1800. 8. p. 152.
62) Ciaudio, de Nice, Du vaccin de génisse, étude comparative du vaccin animal et du vaccin humain. Paris 1882. p. 108.
63) Böing, H., Thatsachen zur Pocken- und Impffrage. Eine statistisch-ätiologisch-kritische Studie. Leipzig 1882. p. 112.
64) Voigt, L., Erwiderung auf Hrn. Dr. Böing's Schrift: Die medicinische Statistik im Allgemeinen und speciell in Anwendung auf die Pocken- und Impffrage in Berl. kl. Wochenschr. 1883. Nr. 5, 6 u. 7.
65) Waegner, C., Statistischer Nachweis über den Werth der Impfung. Widerlegung der von Dr. H. Oidtmann aus dem Pockenjournale von Köln, Impfungen 1870—73, gezogenen Resultate. Köln 1881.
66) Lotz, Th., Pocken und Vaccination. Bericht .... an den schweizerischen Bundesrath. Basel 1880. p. 135.
67) Brisset, Reflexions sur la vaccine et la variole, ayant pour but d'obtenir par la vaccination l'extraction complète de la petite verole. Mémoire, lu le 28/5 1818 dans la Société d. m. d. P.
68) Steinbrenner, Traité sur la vaccine ou recherches historiques et critiques sur les résultats obtenus par les vaccinations et les revaccinations depus le commencement de leur emploi etc. fol. 8°. Paris Labé 1843. p. 844.
69) Baron, the life of Jenner, with illustrations of his doctrines and selections from his correspondance. London 1838. 2 Bände in 8.
70) Wolffberg, Ueber den Einfluss des Lebensalters auf die Prognose der Blattern, sowie über die Andauer des Impfschutzes. I. Ergänzungsheft zum Centralb. für allgem. Gesundheitspfl. 1883.
71) Krünitz, J. G., Verzeichniss der vornehmsten Schriften von den Kinderpocken und deren Einpfropfung. Leipzig 1768. p. 168.
72) Bollinger, Ueber animale Vaccination (amtlicher Reisebericht) Leipzig 1879.
73) Quist, C., in Helsingfors, Die künstliche Züchtung des Kuhpockenstoffes. Berl. kl. Wochenschr. 1883. Nr. 52.
74) Prinz, C. G., Praktische Abhandlung über die Wiedererzeugung der Schutzpockenlymphe durch Uebertragung derselben auf Rinder und andere impffähige Hausthiere. Dresden 1839. Mit 2 Kupfern. 4° p. 42.
75) Carsten, B., La vaccination animale dans les Pays-Bas. La Haye 1877. p. 18.
76) Reissner-Darmstadt, Ueber eine einfache Methode zur Aufbewahrung thierischen Impfstoffes. Deutsche med. Wochenschrift 1881. Nr. 30.

77) Lanoix, Etude sur la vaccination animale. Paris 1866.
78) Pfeiffer, L., Ueber die Rückimpfung auf Kühe und Kälber. Jahrbuch für Kinderheilkunde N. F. XIX. — Derselbe, Beiträge zur Würdigung der Retrovaccine und der Flächenimpfung. Correspondenzb. d. ärztl. V. von Thüringen 1883. XI. Nr. 29.
79) Pott, R., Ueber die Einwirkung verschiedener Aseptica auf die Schutzpockenlymphe. Arch. f. Kinderheilk. IV. 1883. p. 407—466.
80) Mazaé Azéma, La Variole à l'île de la Réunion. II. Auflage 1883.
81) Jones, Joseph, von New-Orleans, Vaccination, Spurious vaccination. Circular Nr. 2 for. . . . . the state of Louisiana. 1884.
82) Riesel-Halle, Ueber die Eigenthümlichkeiten der animalen Vaccination. Aerztl. Vereinsblatt 1884. Aprilnummer.
83) Piza, M., in Hamburg. Kurze Anleitung zur Züchtung, Conservirung und Verwendung animaler Lymphe. Centralbl. für allgem. Gesundheitspfl. III. 1884. pag. 195—199.
84) C. Jacobi u. A. Guttstadt, Das Reichsimpfgesetz vom 8. April 1874, nebst Ausführungsbestimmungen des Bundesrathes und der Einzelstaaten. p. 128. Berlin 1876.

Einleitung.

Wohl auf keinem Gebiete der Naturwissenschaften sind jemals Entdeckungen von grosser Tragweite so rasch auf einander gefolgt wie im Bereiche der Forschungen, die sich auf Entstehung und Verbreitung der Infectionskrankheiten beziehen. In den letzten Jahren mehren sich täglich die Beobachtungen über die Betheiligung von Mikroparasiten, speciell der Spaltpilze, an dem Zustandekommen von Tuberculose, Intermittens, Erysipelas, croupöser Pneumonie, Typhus, Cholera, Diphtheritis, von Rotz, Milzbrand, Hundswuth u. s. w., während in auffallender Weise das Studium der schon seit dem Jahre 1720 in Europa experimentell erzeugten Variola eine geringe Beachtung genossen hat.

Noch vor 10 Jahren ist die Betheiligung von Mikroparasiten an dem Vaccinationsprocess nur ausnahmsweise zugestanden worden. Sowohl in dem grossen Ziemssen'schen Handbuche der Infectionskrankheiten [1] [1]) (1874), als auch in dem ausgezeichneten Handbuche über die Vaccination von Bohn [2] (1875) ist ferner die Frage noch offen gelassen, ob das Vaccine-Contagium durch Abschwächung aus der Variola vera hominis hergestellt werden kann. Der bekannte Ausspruch Chauveau's [3], im Auftrage der Lyoner Impfcommission gegeben (1865):

»Der Organismus der Kuh ist unfähig, Variola in Vaccine umzuwandeln. — Variola ist nicht dasselbe wie Vaccine«

hatte auch bei uns die Frage bis in die jüngste Zeit in autoritativer Weise entschieden.

Aber bereits zu jener Zeit haben aus Deutschland (Reiter 1840 [4]) und England (Ceely 1840 [5]) schon Beobachtungen vorgelegen, die die Uebertragbarkeit und Abschwächung der Variola durch Verimpfung in die Haut des Rindes in positivem Sinne bezeugen.

Seaton [6], der Verfasser des englischen standard book über Vaccination (1868), der unter den englischen Impfärzten eine Stellung einnimmt, wie s. Z. Bousquet [7] und Chauveau [3] in

1) Siehe Literaturnachweis.

Frankreich, wirft nicht mit Unrecht den französischen Forschern vor, dass sie die Publicationen ausserhalb Frankreichs gar nicht im Original gelesen hätten. In England ist nach Seaton die Thatsache einer Züchtung von Vaccine aus Variola allgemein anerkannt, wenn auch die Consequenzen aus dieser Anschauung über das Wesen des Vaccineprocesses sich erst jetzt mit der erweiterten Kenntniss der parasitären Processe geltend machen können.

Auch aus diesem Grunde halten wir es für eine zeitgemässe Aufgabe, einmal kritisch zusammenzustellen, wie weit wir bis jetzt durch die Anstrengungen der Aerzte in allen Culturstaaten in der Erkenntniss des Vaccinationsprocesses vorgedrungen sind, und in wie fern sich die bekannten Lebensäusserungen dieses Contagiums decken mit der Annahme, dass auch hier ein Spaltpilz zu Grunde liege. Der Ursprung und die Modalitäten der Existenz sind für die Variola-Vaccine durch das Impfexperiment, alljährlich millionenfach wiederholt, nach vielen Richtungen hin bereits viel aufgeklärter als für manches andere durch Reincultur isolirte Virus. Gerade hier hat schon seit dem Jahre 1736, mit der Einführung der Blatterninoculation in England, die Impfpraxis in instinktiver Weise mit vielen der wissenschaftlichen Hülfsmittel gearbeitet, die heute zur Herstellung der Reinculturen in Gebrauch sind.

Die Deutung der zu referirenden Erscheinungen, die Hypothese über die physiologische Leistung der Variola-Vaccine, müssen wir der Zukunft überlassen. Wir sind z. Z. noch weit davon entfernt, das Wesen der Immunität, resp. der verminderten Disposition zu verstehen! Einige neue Anhaltepunkte bieten die experimentellen Forschungen der Neuzeit über künstliche Immunität bei Thierkrankheiten, erzielt durch Impfung mit abgeschwächtem Virus des Milzbrandes, der Hühnercholera. — Diese Arbeiten Pasteurs sind durch Controlversuche vom deutschen Reichsgesundheitsamt bestätigt worden, wenn auch z. B. für Milzbrand von Koch nur eine relative Immunität zugestanden wird. Möglich, dass schon die nächstkommenden Tage uns die Entdeckung des Variola-Vaccinepilzes bringen. — Aber wenn auch dieser Schlussstein im Lehrgebäude des Vaccinationsprocesses bald nicht mehr fehlen dürfte, wird doch in einzelnen Theilen noch weiter zu arbeiten sein. Und da man jetzt mehr Werth zu legen beginnt auf das Sammeln von Einzelerfahrungen der Aerzte als Ergänzung der Forschung an den Centren der Wissenschaft, so sollen auch Beiträge, oft zufällig am dornenvollen Weg der Impf-Praxis gefunden, hier nicht unberücksichtigt bleiben. Mancher dieser kleinen Funde kann einen Wink geben, nach welchen

Richtungen hin neue Untersuchungen zu lenken sind. — Wenn es dem gemeinschaftlichen Interesse gelingt, dass die lange Arbeit an dem Vorabende der Feier der hundertjährigen Entdeckung Jenner's den ersehnten Schlussstein noch bekommt, wenn die deutsche Forschung auch auf diesem Gebiete sich noch den Lorbeer sammelt, so wird auch wiederum für die Impfpraxis der erhoffte Fortschritt nicht ausbleiben.

Solange dieser Fortschritt noch nicht gemacht ist, so lange kann von den Impfgegnern immer noch die Nützlichkeit der Vaccination in Frage gestellt werden; so lange wird auch, trotzdem die Erfahrungen immer klarer sprechen, die Agitation gegen das Impfen nicht ermüden. — Wir beklagen das nicht. So lange der Vaccinationsprocess noch der Interpretation und Hypothese bedarf, ist Widerspruch nur günstig. Die Impfung hat noch schwache Seiten, und ist es den Impfgegnern nur zu danken, dass z. B. die Frage der Impfsyphilis mit ja beantwortet wurde und dadurch die Verwendung der animalen Lymphe zur Geltung gekommen ist.

Heute hat die Impfpraxis vorzugsweise darnach zu streben, die Infection mit Erysipelas zu vermeiden, und jeder kleine Fortschritt nach dieser Richtung hin ist dankbar zu begrüssen. Dieser Aufgabe gegenüber werden die Bestrebungen für Einführung von animalem Impfstoff erst in zweite Reihe zu setzen sein.

I.

Die Eintritts- und die Vermehrungsstätte des Variola-Vaccine-Contagiums.

1. Die natürliche Ansteckung durch Variola.

Zur Beantwortung der Frage nach dem Nährboden und nach dem Sitze der Vervielfältigung des Contagiums stehen bereits eine grosse Anzahl von Thatsachen zu Gebote.

Die ältere Inoculationsmethode und die Jenner'sche Vaccination haben dazu geführt, dass man den Verlauf der Dinge bei den natürlichen Blattern allmählich ganz übersah und zu der Anschauung gelangte, die Reproduction des Virus gehe ausschliesslich in einer oder in einer Mehrzahl von Pusteln vor sich, und von hier aus vollziehe sich die Impfsättigung des betreffenden Individuums. Diese Anschauung, welche z. B. noch von Hans Buchner (1880) und jüngst von Wolffberg [8] (1883) vertreten wird, kann bestritten werden, denn die Impfung der Variola und Vaccine sowohl, als auch die nach gewöhnlicher Ansteckung durch Blattern erfolgende Vervielfältigung des Contagiums verlaufen in vielen Fällen ohne jedwede Betheiligung der Haut, ja bei gewissen Modalitäten des Experimentes ständig ohne eine solche Betheiligung.

Derartige Fälle sind schon seit Sydenham und Boerhave in allen grösseren Blatternepidemieen gesehen und als Variolae sine Variolis beschrieben worden. Zur Zeit der Blatterninoculation sind derartig Erkrankte nachträglich ohne Erfolg mit Variolalymphe, in jüngster Zeit ebenso mit Vaccinestoff geimpft worden.

Für die Annahme, dass der Hautausschlag eine untergeordnete Bedeutung hat, spricht ferner der Fieberverlauf der natürlich vorkommenden und der geimpften Variola. Nach der Aufnahme der jedenfalls minimalen Menge des Ansteckungsstoffes kommt es nach 6—12 Tagen zu einem dreitägigen Initialstadium mit schweren Allgemeinerscheinungen; dann erst tritt auf der Haut die generalisirte Knötchen- und Bläschenbildung auf, nach welcher ein Abfall des Fiebers erfolgt, woran erst nachträglich ein zweites Fieber, das Eiterfieber, in schweren Krankheitsfällen sich anschliesst (Fig 1, pag. 19).

Die natürliche Ansteckung des Menschen durch Variola ist experimentell nachgeahmt worden beim Pferd, beim Schaf und beim Rind, indem sowohl Variolalymphe als auch Vaccinelymphe direct in eine Vene, in ein Lymphgefäss oder ins Unterhautzellgewebe einverleibt wurden.

2. Directe Intromission beim Pferd.

Chauveau [9] hat (1866) beim Pferd die Vaccinelymphe in das Lymphgefässsystem injicirt; bei 11 derartigen Versuchen entstand 4mal am 11.—14. Tage ein generalisirter Ausschlag, von dem mit Erfolg auf 4 Kinder die Vaccine sich verimpfen liess. Denselben Erfolg hatten Einspritzungen ins Unterhautzellgewebe, Einblasen von Vaccinepulver in die Trachea und Verfütterung grösserer Vaccineportionen.

Nach Chauveau kommen diese Erscheinungen in gleicher Weise auch bei der Verwendung von ganz kleinen Mengen der Vaccine zu Stande.

Auch hier fehlen die Fälle nicht von gelungener Sättigung mit Vaccine ohne Pustelbildung, vom Eintreten der Schutzwirkung nach ausschliesslicher Proliferation des Contagiums im Blute. — Bei den Pferden, die nach der Injection keine Pusteln bekamen, hat eine nachträgliche Controlimpfung in die Haut nicht gehaftet.

Warlomont [10] hat neuerdings ähnliche Versuche gemacht, indem er 16 Pferde mit Pockengift und 24 Pferde mit Kälberlymphe sowohl cutan impfte, als auch direct die Blutbahn bei diesen Thieren inficirte, nach dem Vorgange von Chauveau. In der überwiegenden Zahl der Fälle war der Erfolg ein negativer; in den übrigen Fällen kam es zur Eruption einer oder einiger Pusteln ohne Beeinträchtigung des Allgemeinbefindens der Thiere. — Auch der Verfasser erzielte auf die subcutane Einspritzung von ca. 1 Gramm Glycerinlymphe in die Schultergegend bei einem Pferd (10. 3. 1884) am 11. Tage (21. 3) einen Bläschenausschlag am Maule des Thiers, von dessen Inhalt einige Haarröhrchen sich füllen liessen und mit Erfolg Kinder geimpft wurden.

Eine Wiederholung und methodische Ausdehnung dieser Experimente mit Variolalymphe beim Pferd ist noch zu wünschen, weil aus der Verwendung von Vaccine allein das Verhalten des Variola-Contagiums im Blute des Pferdes noch nicht beurtheilt werden kann.

3. Directe Intromission beim Schaf.

Beim Schaf lässt sich nach Küchenmeister ebenfalls ein generalisirter Ausschlag nach directer Aufnahme des Variola-Contagiums ins Blut erzeugen. Küchenmeister band einem Schaf einen Sack mit dem Hemde eines Blatternkranken eine Stunde lang vor. Das Schaf zeigte am 5ten Tage verminderte Fresslust und am 8ten Tage eine deutliche Blatterneruption an der wollelosen Innenfläche der Oberschenkel.

Eine ausgedehntere Versuchsreihe ist 1881 von Tappe [37, p. 58] mitgetheilt worden. Einführung von Schafpockenlymphe in die geöffnete Trachea, in die Jugularvene, ins Unterhautzellgewebe erzeugte am 5ten Tage Steigerung der vorher normalen Temperatur von 38,5 auf 39 und 40°, in einzelnen Fällen mit generalisirtem Exanthem gegen den achten Tag. Die Allgemeinerscheinungen waren zum Theil schwere. — Von den Verdauungsorganen aus gelang ihm eine Infection nicht.

Tappe wiederholte auch die in den dreissiger Jahren von Spinola ausgeführten Versuche. Wenn die Schafe an den Ohrspitzen cutan geimpft waren, so erschienen beim Wegschneiden der Ohrspitzen nach 20 Stunden auf der Wunde dennoch Pusteln, beim Wegschneiden nach 12 Stunden zeigte sich keine Spur von Pusteln.

4. Directe Intromission beim Rind.

Die Versuche, bei welchen Variola- und Vaccinestoff dem Rinde direct in die Blutbahn einverleibt wurden, sind bis jetzt gewöhnlich ohne generalisirten Ausschlag, aber mit Schutz gegen spätere Cutanimpfung verlaufen. Nur die Beobachtungen von Sunderland, Dinter, Woodville berichten von einem solchen Ausschlag. Diese Beobachtungen haben ihre grosse Bedeutung für die Beurtheilung der natürlich vorkommenden Kuhpocken und für die bis jetzt noch nicht aufgeklärte Generalisirung des Ausschlages bei denselben.

Ueber den von Dr. Sunderland [11] in Barmen im Jahre 1830 ausgeführten Versuch (Hufeland's Journal 1830), eine Kuh durch Einwickelung der Nase in die Betttücher von Blatternkranken zu inficiren, mit dem Erfolge, dass ein generalisirter Bläschenausschlag sich bei der Kuh gezeigt hat, sind wohl gerechte Zweifel am Platze. Zahlreiche Controlversuche (von Franke in Nassau, Naumann in Utrecht, Thiele in Kasan, den Thierarzneischulen in Berlin und Stockholm) haben bis in die neueste Zeit keine Bestätigung dieses Erfolges gebracht.

Ceely [5] berichtet p. 168: Im Thale von Aylesbury waren Kühe (aus einer Stallung zu Oakley bei Brill) vielfach mit den in einem Grasgarten niedergelegten Betten, mit Wäsche und Teppichen aus dem Zimmer einer Pockenkranken in Berührung gekommen. Nach 12—14 Tagen brachen bei 5 der vorher ganz gesunden Kühe fast gleichzeitig die Kuhpocken aus. Durch zufällige Uebertragung wurden der Besitzer und ein Melker angesteckt; von dem Melker wurden verschiedene Kinder mit Erfolg vaccinirt. Die anderen Viehherden im Thale von Aylesbury waren zu der Zeit ganz gesund; auch eine Verwechselung mit Klauenseuche hat Ceely ausgeschlossen, insofern die Kühe diese Krankheit später noch bekamen.

Der andere von Ceely erwähnte Fall (p. 176) ist weniger prägnant: In drei Stallungen einer Meierei erkrankten 48 Kühe an Kuhpocken, nachdem wenige Wochen vorher ein eben aus dem Pockenspital entlassener junger Mann den Kuhstall besucht hatte. — Auf pag. 108 giebt Ceely noch eine Notiz über die Ansteckung von Kühen durch den Melker, der ein an den Blattern erkranktes Kind einige Meilen weit kurz vorher getragen hatte. — Nach einer älteren Beobachtung entwickelten sich von einer mit Variola geimpften Kuh nach und nach bei sämmtlichen Kühen einer Heerde die Kuhpocken.

Nach Dinter [12] wurde im Jahr 1860 in Sachsen bei Gelegenheit herrschender

Blatternkrankheit auch bei den Kühen eine seuchenartige Verbreitung der Kuhpocken beobachtet. Uebertragung auf das Stallpersonal kam wiederholt vor.

Aehnliche Vorkommnisse theilt Bollinger [13] (p. 25) nach Berichten mit aus Preussen 1855, 1865 und aus Holstein.

Neue directe Experimente sind wenig zahlreich und in ihren Resultaten widersprechend.

Warlomont hat im Juli 1882 mit möglichster Vorsicht einer jungen Kuh eine Spritze voll Variolalymphe in die Haut gespritzt, ohne äusserlichen Erfolg; am 7ten Tage hatte eine Controlimpfung statt: il y eut absence complète de toute manifestation vaccinale. [14 pag. 38].

Senfft [15] hat im Sommer 1876 an 6 Kälbern die Injection von gutem Vaccinestoff ins subcutane Zellgewebe versucht. Spätere Controlimpfung haftete bei zweien der Thiere, aber bei zwei Thieren hatte sich auch eine schöne Vaccinationspustel an der Stichstelle gebildet. Ein anderer Versuch mit Variolalymphe hatte den Erfolg, dass eine nachträgliche Vaccineimpfung haftete; dasselbe geschah bei einer weiteren Injection in ein Lymphgefäss.

Auch Fröhlich [16] berichtet, dass Vaccine, unter die Haut oder in eine Jugularvene der Kuh einverleibt, keinen Pustelausschlag, aber Immunität gegen Cutanimpfung erzeugte.

5. Impfungen mit Blut.

Das Blut von Blatterkranken und kürzlich Vaccinirten ist wiederholt auf seine Infectiosität hin zum Gegenstand des Experimentes gemacht worden.

Zülzer [17] ist es gelungen, durch Inoculation mit dem frischen Blute pockenkranker Menschen bei Affen eine künstliche Variola zu erzeugen (1874).

Hiller [18] dagegen verneint (1876), dass das Vaccinegift sich im Blute Vaccinirter befinde; eventuell sei es nur in unwirksamer Form im Blute enthalten. — Reynaud [20] verimpfte das Blut von erfolgreich vaccinirten Kindern, durch Einstechen in die Haut der Finger oder Arme gewonnen, wie bei der gewöhnlichen Impfung. Bei den vaccinirten Kindern waren 1—42 Tage nach der Impfung verflossen. Es zeigten sich in keinem Falle Vaccinepusteln; dagegen traten bei allen 5 Individuen, die vorausgehend mit Vaccineblut geimpft waren, auf eine Impfung mit Vaccinelymphe die Vaccinepusteln auf. — Reiter dagegen hatte 1872 glücklichen Erfolg, wenn er, statt mit Stich oder Schnitt zu impfen, auf kleinen Vesicatorstellen einen mit Blut getränkten Charpiebausch befestigte. Reiter [19] nahm an, dass der Impfstoff im Blute nur wegen seiner starken Verdünnung so schwer inficire; er schätzt nach Versuchen mit Kinderlymphe, dass eine Verdünnung von 1 Theil Lymphe mit 1199 Theilen Wasser, gleich $^1/_{12}$ %, ungefähr die entsprechende Virulenz besitze wie das Blut Vaccinirter. Mit dem Serum allein, z. B. aus dem Inhalte eines Vesicators von frisch geimpften Kindern, war durch Impfung kein Resultat zu erzielen.

6. Transfusion von Vaccineblut.

Die erste erfolgreiche Transfusion von Vaccineblut ist von Reynaud [20] gemacht worden.

»Von einem vor 6 Tagen geimpften Kalbe, welches schöne Vaccinepusteln hatte, wurden 250 Grm. Blut der Jugularis entnommen und unmittelbar in die Jugularis eines gesunden Kalbes eingeführt. Während der nächsten 14 Tage trat nirgends eine Spur von Pusteln auf; das Thier zeigte am 5ten Tage vorübergehend eine geringe Diarrhoe, war sonst durchaus gesund. Es wurden nun auf der Brust 60 Impfstiche gemacht — es entwickelte sich nicht eine einzige Pocke. Dass die gebrauchte Lymphe reactionskräftig war, ergaben Controlversuche. — R. schliesst mit den Worten: »Man kann also das Blut als ein mächtiges Vehikel des Vaccinegiftes oder wenigstens eine Substanz, welche die Immunität vermittelt, ansehen.«

Zur weiteren Prüfung der Infectiosität des Blutes hat Verfasser im März d. J. einige Transfusionen mit dem Blute von geimpften Kälbern vorgenommen.

Ein Stammimpfling (Kalb 1) erhielt am 27. 2. 1884 am Unterbauche links 40 gewöhnliche Impfstellen, imprägnirt mit Glycerinlymphe vom Oktober 1883; rechts eine kartenblattgrosse Impffläche mit Glycerinlymphe vom Anfang Februar 1884. Beide Lymphequellen hatten nach 4mal 24 Stunden schönen Erfolg, und wurde von einigen Pusteln die Pockensubstanz abgeschabt und später mit Erfolg auf Kinder verimpft. Am 6. März wurde das Kalb geschlachtet, und von dem defibrinirten, auf 35° C. warm gehaltenen Blute bekam ein anderes Kalb (Nr. 2) mit dem Hasse'schen Transfusionsapparat ca. 30 Gramm. Das Kalb Nr. 2 behielt in den nächstfolgenden Tagen die normale Temperatur von 39,2—39,3° C. und war vollkommen wohl. Die am 12. März vorgenommene Controlimpfung mit 2 verschiedenen Sorten humanisirten Stoffes war negativ. — Am 17. März ist von diesem Kalbe Nr. 2, bei dem also eine cutane Vaccination nicht stattgefunden hatte, eine weitere Transfusion auf ein drittes Kalb in derselben Weise und mit demselben negativen Erfolg der Controlimpfung ausgeführt worden. (Reynaud hatte negativen Erfolg bei der fortgesetzten Transfusion.)

In obigem Falle war das Blut infectiös am 8ten Tage nach der Vaccination.

Eine zweite derartige Versuchsreihe wurde leider unterbrochen, weil während der Vorbereitungen zur Transfusion das Vaccineblut auf ca. 50° C. erwärmt worden war. Am 9. April ist der Versuch gemacht worden mit nur einem Theelöffel voll Blut von einem am 5. April gut geimpften Kalbe, also mit Blut am 4ten Tage nach der Vaccination. Vier Tage nach der Transfusion, am 13. 4., ist das zweite Kalb mit zweierlei Kinderlymphe geimpft worden. Der Erfolg war am 17. 4. ein absolut negativer [1]).

Diese Transfusionsversuche gewinnen um so mehr Interesse, als nach Gerhard [21] auch Intermittens durch Blut verimpfbar ist, ferner auch für Masern einzelne Thatsachen vorliegen, und weil nach den Untersuchungen von Arloing, Carnevin und Thomas bei einem anderen Contagium, dem Rauschbrand-Contagium, die Impfung in die Haut tödtlich wirkt, während die directe Intromission ins Blut zu einem unschädlichen Eingriff wird. In 300 Fällen soll nach der Injection von Rauschbrand-Contagium in die Jugularvene, wenn die Hautinfection dabei vermieden wurde, nach leicht vorübergehenden Gesundheitsstörungen eine Immunität gegen spätere Cutanimpfung eingetreten sein.

1) Erst eine methodische Wiederholung dieser Versuche wird den Termin genauer fixiren, welcher für die Infectiosität des Blutes am günstigsten ist, eine dankbare Aufgabe für die an den Universitäten und Thierarzneischulen einzurichtenden Centralanstalten für animale Vaccination.

7. Intrauterine Infection.

Die theoretisch behauptete und durch das Experiment direct nachgewiesene Infectiosität des Vaccineblutes kommt noch zur Geltung bei den zahlreich beobachteten Fällen intrauteriner Infection mit Variola, die Curschmann [1] und Bollinger [13, p. 35] angeführt haben. Auch betreffs der geborenen Kinder muss man hier in einzelnen Fällen eine Variola sine Variolis gelten lassen. Es haben sogar erfolgreich vaccinirte und revaccinirte Frauen, welche gegen das Ende ihrer Schwangerschaft mit Blatternkranken in Berührung kamen, Kinder mit ausgebildeten Blattern geboren, ohne selbst zu erkranken; in dem geschützten Gewebe der Mutter entwickelten sich die Pocken nicht, aber in dem der noch nicht geschützten Frucht kann ein zufällig vom Blute hingespülter Keim sich vermehren [1]).

8. Vervielfältigung des Contagiums im Blute.

Die oben mitgetheilten Experimente, viel weniger zahlreich als bei der nun zu betrachtenden Cutanimpfung, ergeben, dass bei directer Intromission des Variola-Vaccine-Contagiums in das Blut auch ohne Betheiligung des Rete Malpighii eine Proliferation des Keimes und Schutzwirkung statt haben kann.

Beim Pferd kommt nach Einführung von Vaccine öfter ein generalisirter Ausschlag vor; der Verlauf der Variola auf diesem Wege ist noch nicht untersucht.

Beim Rind kommt es durch die directe Intromission des Variola- und Vaccine-Contagiums zur Immunität, ohne Ausschlag.

Aus dem Vaccineblut frisch geimpfter Kinder lassen sich Vaccinepusteln durch Impfung auf langen Hautschnitten oder Vesicatorstellen erzielen. Transfusion von Vaccineblut eines Kalbes in ein anderes Kalb und von da in ein drittes Kalb bedingt ebenfalls Impfschutz.

Bei zukünftigen Untersuchungen wird darauf Rücksicht zu nehmen sein, ob das Vaccine-Contagium in der Localeruption nicht fähig ist, event. in eine andere Vegetationsform (Dauerform?) überzugehen, als die im Blute kreisende Vaccine.

Wie bei der Variola-Vaccine die Veränderungen in der Haut zu Stande kommen, warum dieselben in einzelnen Fällen ausbleiben, ob im Rete Malpighii der supponirte Spaltpilz zu einer andern Vegetationsform sich umwandelt, darüber kann nur das Mikroskop entscheiden. Wir denken uns den Hergang bei der Infection so,

1) Ueber intrauterine Vaccination, über Schutzpockenimpfung Schwangerer und Neugeborener conf. Rehm in Berl. klinisch. Wochenschr. 1882. Nr. 29.

dass der primitiv oder vermittelst der Impfung ins Blut gelangte Pilz im Blute selbst sich vermehrt [1]), mit dem Blute überall hin und auch in die Haut gelangt und hier, an seiner Prädilectionsstelle, in den kleinsten Arterien hängen bleibt. Für diese Verbreitungsweise spricht das frühe Auftreten der Pusteln bei Variola im Gesicht, die auf den Intercostalräumen zuweilen beobachtete reihenweise Gruppirung derselben (Gerhard). Die Befunde von Weigert bei schwerer Variola sprechen ebenso für embolische Localisation in den inneren Organen.

Mit dem Erscheinen des Ausschlages hat die Durchseuchung, die Impfsättigung des Individuums, bereits einen äusserlichen Abschluss gefunden. In ähnlicher Weise ist dieser Proliferationsprocess beobachtet bei Masern (die Blutimpfungen haben auch hier öfter Erfolg gehabt), bei Scharlach; möglich auch, dass die Infection z. B. beim Typhus mit dem Erscheinen der Darmgeschwüre, für die Cholera, wie jüngst Pettenkofer behauptet, mit dem Erscheinen der Darmtranssudation abgeschlossen ist.

Das Maass der Lebensbedrohung bei allen acuten Exanthemen hängt nicht von dem Grade der Entwicklung des Ausschlages, vielmehr von der Schwere der Initialsymptome ab, wie die Alten sagten: »von der Gährung im Blute«. — Von diesem Gesichtspunkt aus giebt die schematische Darstellung des Temperaturverlaufes pag. 19 bei den verschiedenen Blatternformen des Menschen zugleich ein Bild von der nun zu betrachtenden Abschwächung der Variola vera zur gutartigeren Variola artificialis und zur absolut gutartigen Variola-Vaccine.

II.

Die experimentelle Abschwächung des Variola-Contagiums.

9. Die natürlich vorkommenden milden Blatternformen des Menschen.

Als natürlich vorkommende Abschwächung der schweren, confluirenden Variola hominis ist die Variola discreta zu betrachten. Sie hat in den ersten 8 Tagen denselben Verlauf wie jene, die Pusteln sind sparsamer, trocknen beim Sinken des Infectionsfiebers

1) Flügge, Fermente und Mikroparasiten, pag. 90: »Nimmt man an, dass jeder einzelne Spaltpilz eine Stunde gebraucht, um auszuwachsen und sich zu theilen, so sind nach Ablauf eines Tages aus dem einen Spaltpilz etwa 16 Millionen geworden, während am folgenden Tage die Zahl derselben Billionen beträgt.«

rasch ein ohne nachfolgendes Eiterfieber. Diese Form nähert sich sehr der Vaccine, und der Unterschied zwischen Variola confluens und Variola discreta ist bedeutender als der zwischen Variola discreta und Vaccine.

Zu der leichten Variolaform gehören besonders die bei Geblatterten und Geimpften auftretenden Varioloiden; Fälle mit 2—3 Pusteln und mit Eintrocknung derselben bereits am 10ten Tage sind nicht selten. Solche Varioloidformen sind schon den alten Inoculatoren sehr gut bekannt gewesen; nur sprechen dieselben meist unter anderer Bezeichnung von denselben.

Als Eigenthümlichkeit für die beiden Formen der auf natürlichem Wege wohl durch Einathmung des Virus acquirirten Variola ist zu betonen, dass das Virus seine Eigenschaften und sein Wesen unverändert bewahrt. Die Abschwächung ist nur eine scheinbare, in so fern aus der leichteren Form bei anderen Individuen die schwerste Form hervorgehen kann. Wenn die äussere Erscheinungsform sich ändert, so ist dies wohl dadurch bedingt, dass auf einem ungünstigen Nährboden (bei angeborener oder durch vorausgegangenes Geimpft- oder Geblattertsein erworbener Indisposition) die Aussaat erfolgte und dadurch der Entwickelungsgang der Einzelindividuen unter den supponirten Spaltpilzen modificirt wurde, obwohl die Erzielung des normalen Endes dieses Entwickelungsganges dadurch nicht verhindert, sondern vielleicht nur zeitich beeinträchtigt wurde.

Ob durch die experimentelle Nachahmung des bei natürlicher Infection statthabenden Proliferationsprocesses im Blute eine Abschwächung, z. B. durch Einschieben des Organismus vom Pferd, vom Rind sich erzielen lässt, diese Frage bleibt den zukünftigen Untersuchungen vorbehalten. —

Die mitgetheilten Impfexperimente bezeugen, dass die Vaccine vom Unterhautzellgewebe ins Blut gelangen kann, dass bei Pferd und Rind die directe Intromission keine Allgemeinstörungen verursacht, dass auch beim Kalbe durch Transfusion kleiner Mengen Vaccineblutes sich Impfschutz erzeugen lässt, und sind in diesen Existenzäusserungen des Pilzes die Wege für die event. vorzunehmenden weiteren Untersuchungen angedeutet.

Der erste Schritt zur wirklichen Abschwächung des Variola-Contagiums ist geschehen durch die künstliche Verlegung der Infection in die Haut des Menschen. Für die Abschwächung auf diesem Wege spricht die geringe Mortalität der

Inoculirten, gegen dieselbe jedoch die vorkommende Weiterverbreitung bösartiger Blatterformen durch die Inoculirten.

10. Inoculation der Variola in die Haut des Menschen.

Wer die Männer im Volke waren, die die Inoculation nach Eimer vor 3000 Jahren in China, in den Culturstaaten des Orientes nach Bohn im Mittelalter entdeckten, das sagt uns die Geschichte nicht; aber sie haben den ersten und bedeutungsvollsten Schritt zur Abschwächung des Variola-Contagiums gethan. Und als Jenner vor nun fast 100 Jahren die Schutzkraft der Vaccine in England entdeckte, da war man experimentell dort schon so weit vorgeschritten, dass geübte Aerzte, z. B. in der Grafschaft Essex, (1766 und 67) auf 9000 Inoculationen nicht einen einzigen übelen Zufall zu verzeichnen hatten (Gatti [22]). Sutton und Dimsdale [23] hatten so glückliche Erfolge, dass die ganze damalige Welt sie anstaunte. Ihr Geheimniss bestand darin, dass sie gesunde Personen auswählten, dieselben keiner speculativen Vorbereitungskur unterwarfen, dass sie nur von regulär verlaufenden oder von bereits durch mehrere Generationen hindurch verimpften Blattern (Gatti) den Impfstoff entnahmen, nur wenig Materie in ganz kleine Wunden brachten und ein kühlendes Regime bis zum Ablauf des Variolisationsprocesses beobachten liessen.

Es hat nun der Verlauf dieser geimpften Blattern viele Abweichungen von dem der natürlichen Blattern. So beträgt zunächst die Incubation bei den natürlichen Blattern 6—12 Tage; bei den geimpften kommen am dritten Tage schon die Localblattern und am 6—11. Tage nach der Impfung der (oft fehlende) generalisirte Ausschlag. Die Localblatter ist noch ohne Fieber oder sonstige Störung; der generalisirte Ausschlag geht, auch bei nur wenigen am Körper aufschiessenden Blattern, mit Fieber einher, wie es ähnlich beim Verlaufe der natürlichen Blattern statt hat. Das Eiterfieber ist bei den geimpften Blattern meist nur angedeutet. Während also die natürlichen Blattern zweimal Fieber haben — das Infectionsfieber und das Eiterfieber — aber nur einen Ausschlag, ist bei den geimpften Blattern der Ausschlag doppelt, das Fieber aber nur einmal vorhanden. Ausserdem hat die Inoculation noch den Vorzug, weniger Ausschlag und bei dem mangelnden Eiterfieber auch schwächere Narben zu verursachen.

Ob bei dieser Art der Einverleibung das Contagium der Variola

Fig. 1.

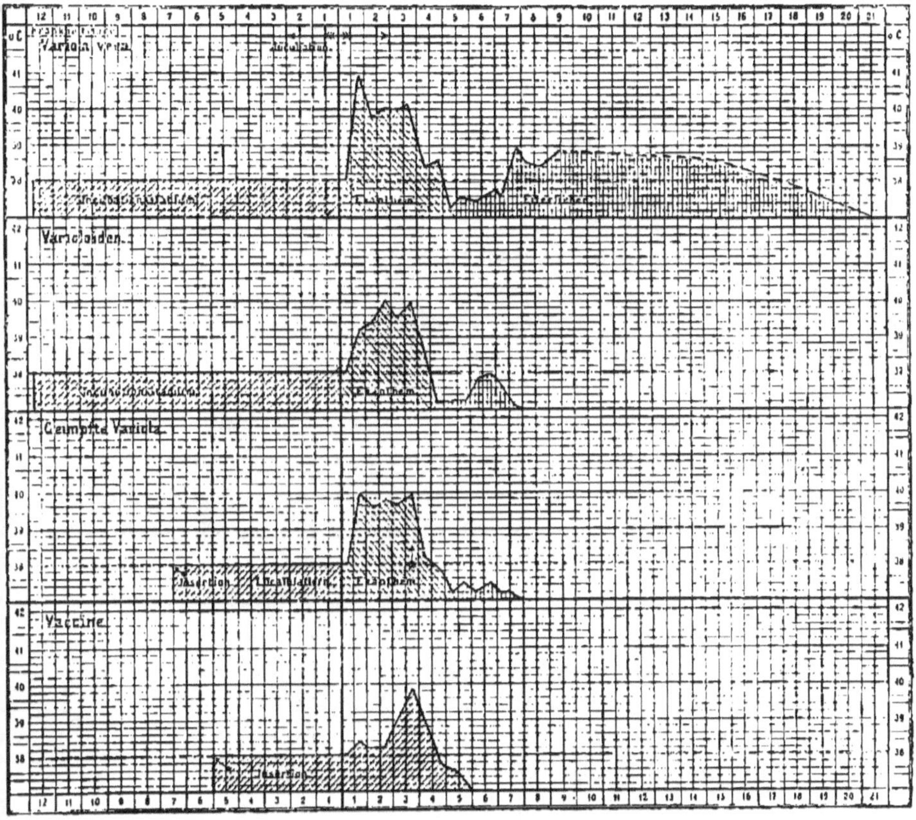

das gleiche bleibt, oder ob durch Fortsetzung der Inoculationen nur von Inoculirten (G a t t i) wirkliche Variolois entstanden ist, das lässt sich heute nicht mehr controliren, weil die Inoculation mit Recht überall gesetzlich verboten ist.

Es hat aber die Verlegung des Nährbodens des Variola-Contagiums aus dem Blut in die Haut des Menschen sicher eine individuelle Abschwächung zur Folge gehabt.

In die Culturstaaten Europa's hat Lady M o n t a g u, die Gemahlin des englischen Gesandten in Konstantinopel, die Inoculation eingeführt, nachdem dieselbe im Jahre 1717 daselbst die Operation an ihrem Sohne durch Dr. E. T i m o n i mit glücklichem Erfolge hatte vollziehen lassen. Nach England kam die Inoculation im Jahre 1720, von da 1721 nach Frankreich und den übrigen europäischen Staaten. In den Jahren 1723—1770 waren vorzugsweise die Mitglieder der europäischen Herrscherhäuser fast durchgehends variolisirt worden. Die eingehendsten Studien und das reichhaltigste Erfahrungsmaterial liegt von englischen Aerzten vor.

M e a d hat noch die Inoculation von der Nase aus bei einem zum Tode Verurtheilten auf Befehl des Hofes ausgeführt (Mead, de variolis Cap. V. p. 78) mit sehr starkem Ausbruch der Blattern bei dem Inoculirten.

Die Sterblichkeit der Inoculirten wird von verschiedenen Inoculatoren zu 0,03 bis 10 und 11% angegeben gegenüber der bei Blatternepidemien beobachteten von 10 bis 60 auf je 100 Erkrankte; speciell von Sutton auf 0,03% der Inoculirten; von Hensler zu 0,25; Gregory: 0,33; Bremer, Montfalcon und de Carro 0,5; Maty 1,0; Monro und Scheuchzer 2%; Ferro in Regensburg 1800 und Wien = 5%; in den Staatsanstalten zu Wien: 10% oder 3 : 30; zu Ansbach 11% oder 8 : 70, von Jurin 1723—26 = 2%, Pearson zu 2%.

Absolute Unempfänglichkeit gegen die Inoculation, auch bei wiederholten Impfversuchen, haben Gatti und Rosenstein bei 5% der von ihnen Geimpften constatiren können.

Diese Unterschiede in der Sterblichkeit der Inoculirten hängen zusammen mit der Impfmethode. Vor Sutton, Dimsdale und Gatti waren eine vierwöchentliche Vorbereitung und eine lang dauernde chirurgische Nachbehandlung als Missstand eingerissen. Die Präparation sollte so lange fortgesetzt werden nach den Lehren dieser Schule, bis man aus dem Pulse, aus der Gesichtsfarbe und dem Schlafe des mit Brechmitteln, Abführmitteln und Aderlässen behandelten Patienten schliessen konnte, dass die gehörige Festigkeit, welche für gelinde Pocken erforderlich, erreicht sei. Erst dann wurde in sein Geblüt das Pockengift gelegt. Die Methode umfasst: 1) Beschaffung der Materie, 2) Einpfropfen derselben und 3) Pflege der Eiterung. Die alten Inoculatoren [24] schreiben vor:

1) Man nimmt 5 oder 6 Fäden einige Stunden bis Tage vor der Inoculation, dreht sie zusammen, je 7—8 Daumen lang. Man öffnet kreuzweise eine der grössten Blattern am Bein, sobald diese reif ist, d. h. wenn sie keinen rothen Ringel mehr hat. In die Materie wird der Faden genugsam eingetaucht, bis er gelb ist und man legt ihn so in eine Büchse, die man genau verwahrt.

2) »Man macht mit einem kleinen scharfen Messer einen leichten Einschnitt an dem äusseren und mittleren Theil eines jeden Armes unter der Inserirung des Muskels Deltoides. Der Schnitt muss nach der Länge geschehen, eines Daumens lang; er muss flach sein und nur die Haut öffnen, ohne bis in die Fetthaut zu gehen. Man nimmt darauf von den eingetunkten Fäden nach Verhältniss der Wunde, legt sie genau darauf, bedeckt sie mit etwas gezupfter Leinwand, die mit einem gewöhnlichen Digestiv bestrichen; oben drüber thut man das Pflaster Diaplama und verbindet alles mit Compressen und einer Binde. Diesen ersten Verband lässt man wenigstens 40 Stunden liegen. Darnach nimmt man ihn weg und verbindet die Wunde auf eben die Art und mit

eben den Mitteln. Solches thut man täglich einmal bis zu Ende der Krankheit.« Dies die Methode von Ramby, Guyot, Tissot und den meisten Inoculatoren.

Lobb machte noch einen dritten langen Einschnitt am Bein; andere Inoculatoren lehrten die Benutzung von Vesicatorflächen und Haarseilen.

Diesen Anschauungen gegenüber lehrte Gatti [22] 1768: »Man muss nicht präpariren; man muss nicht Geschwüre schaffen, sondern die Krankheit der Natur selbst überlassen. — Es ist ausgemacht, dass ein Subject, welches sich wohl befindet, sich keiner Präparation zu unterziehen hat, und bei einem, welches sich nicht wohl befindet, muss die Vorbereitung darin bestehen, dass man ihm die Gesundheit wieder schafft. Der Gesundheitszustand ist zu beurtheilen nach dem guten Befinden, nach der Lieblichkeit des Odems, der Geschmeidigkeit der Haut und nach der leichten Heilung einer Verwundung«.

Da ferner eine einzige erzielte, regelrechte Blatterpustel vor der Ansteckung sichern soll, so ist Gatti's Methode darauf gerichtet, die Anzahl der Infectionsstellen und die Menge des Allgemeinausschlages möglichst zu verringern. Die mit Nadelstich Inoculirten bekommen nach seiner Meinung wegen der geringen Giftmenge den wenigsten Ausschlag und sind weniger krank als die mit Schnitt und Faden Behandelten. An der Infectionsstelle soll keine Wunde, nur ein Bläschen entstehen; es fehlen alsdann Drüsenschwellungen und Rose; auch soll nie an den Beinen geimpft und nie ein Pflaster gebraucht werden.

»Es ist ein beständiges Gesetz der Natur, dass die Local-Eruption an dem Orte der Infection wenigstens 3 Tage dem Fieber vorhergeht und dass, je später das Fieber bei sonst gleichen Umständen auf diese Eruption erfolgt, desto leichter und gutartiger auch die Krankheit ist. Daraus habe ich gefolgert, dass das Gift, welches unmittelbar auf das Ganze der animalischen Oekonomie wirkt, nicht eben dasselbe sei, welches man durch die Insertion beibringt, sondern vielmehr dasjenige, welches in den Blattern dieser ersten Eruption enthalten ist.« Gatti.

Durch Kälte soll sich die Wirkung dieses Giftes verzögern lassen. Desshalb empfiehlt Gatti für die Behandlung der Inoculirten zunächst frische, kühle Luft. Zugluft ist ebenso zu vermeiden, wie warmes Einpacken der Patienten. Ferner schreibt er vor: Gemüthserheiterung, Zerstreuung ausserhalb des Bettes, kühles Getränk, leichte und genügende Kost, gewohnte Kleidung und Liegen im Bett nur zur üblichen Schlafzeit.

Diese Methode ist die Grundlage für die später eingeführte Behandlung der Vaccine und durch Sutton, Dimsdale,

Camper, Tissot, Hensler, Rosenstein, Portal, Hufeland etc. verbreitet worden. Der Verlauf der geimpften Blattern gestaltet sich nach Hufeland folgendermassen:

Hufeland [25] gab noch den zu Blatternden als Vorbereitung alle 3—4 Tage eine Gabe Calomel (nach Gatti's Empfehlung) und ausserdem fleissig Zittwersamen. Durch frische Luft, Waschungen, leichte, nahrhafte Kost sollten Schwächliche erst sich kräftigen. Die Einimpfung geschah meist durch den Stich (Sutton's Methode), seltener durch Zugpflaster (Tronchin's Methode). Auf den Zeitpunkt der Abnahme des Giftes ist kein besonderes Gewicht gelegt; er hat meist nicht klare Lymphe, wie Gatti empfohlen hatte, sondern Eiter des 12.—18. Tages benutzt.

»Den 4., 5. oder 6. Tag fingen die Wunden, die eben zu verschwinden schienen, von Neuem an sich zu entzünden. Es erhob sich auf der Impfstelle, wenn sie gestochen war, eine Blatter; war sie mit dem Zugpflaster gemacht, so zeigte sich auf der entblössten Haut ein weisser, speckiger Fleck. In der Umgegend erschienen gewöhnlich sehr viele rothe Blatterflecken, oft auch eine Art von grossen Scharlachflecken über die Arme verbreitet, welche mit dem Ausbruch verschwanden. Nun fingen die Achseldrüsen an zu schmerzen und anzulaufen; die Kinder wurden mehr oder weniger blass und niedergeschlagen, rochen aus dem Munde, hatten weiss belegte Zunge, verloren den Appetit; der Urin war trübe. Den 6., 7. oder 8. Tag wurden die Fieberbewegungen stärker, die Wunden, die oft schon geflossen hatten, trocken und blauroth; Kopfweh, Leibweh, Gliederschmerzen, trübe Augen, schnupfige Nase, zuweilen Nasenbluten, zuletzt Uebelkeit, Erbrechen oder Schluchzen stellten sich ein, aber auch leichte Delirien, Zuckungen im Schlafe, bei Einigen Krämpfe unmittelbar vor dem Ausbruch der Blattern. Alle diese Beschwerden verschwanden, sobald der Ausbruch erfolgte, und Kinder, die am Abend vorher sehr krank schienen, hüpften am andern Morgen munter und fröhlich herum. Der Ausbruch war meistens binnen 3 Tagen vollendet. Die Menge der Blattern schwankte von 50 bis zu einigen Tausenden. — Die Krankheit war nun eigentlich so gut wie beendigt. Die Blattern füllten sich, eiterten und fielen meistens am neunten Tage nach dem Ausbruche ab. Mit Schwärung der Blattern fingen auch die Impfwunden an, stark zu eitern, was oft 3—4 Wochen lang währte. Weder beim Eitern noch beim Abtrocknen zeigten sich beträchtliche Fieberbewegungen.«

Bezüglich der Behandlung der Geblatterten hatte H. es sich zum Gesetz gemacht, weder die Entwickelung und Vervielfältigung des Giftes zu sehr zu befördern, noch sie mit Gewalt zu hindern. Das Verfahren von Gatti, Dimsdale u. A., durch ein sehr kühles Verhalten, durch öftere kalte Waschungen, durch Abführungen das Blatterfieber fast ganz zu unterdrücken und nur wenige, nicht einmal schwärende Blattern hervorzubringen, verwarf H. wegen eines dadurch bedingten geringeren Schutzes. Dem zu warmen Verhalten schrieb H. eine Vermehrung des Fiebers, Nervenzufälle und gefährliche Eiterung zu, wodurch der Nutzen der Impfung in Frage gestellt würde. Wenn nur wenig Blattern aufgegangen waren, wurde die Bewegung im Freien gestattet. (In Weimar wurden zu Hufelands Zeiten die geimpften Kinder noch auf den öffentlichen Promenaden herumgetragen.)

Von besonderem Interesse sind in der Literatur der Inoculationszeit die zerstreuten Beobachtungen über Abweichungen von dem typischen Verlaufe der Krankheit, wie ihn Hufeland geschildert hat. Bei der Betrachtung des Vaccineverlaufes kehren diese Beobachtungen wieder. Da die so ungemein lehrreichen

Experimente und Beobachtungen der alten Inoculatoren heute nicht mehr zu wiederholen sind, sei hier besonders auf dieselben aufmerksam gemacht. So berichtet Gatti [22] z. B. bereits schon von dem retardirten Verlauf der geimpften Variola mit Nachschub der I. Inoculation bei einer II. Inoculation, mit nochmaligem Fieber. Nachträgliche Erkrankungen an Blattern bei derartig Inoculirten sind bei Reiter, Beiträge etc. 1846, pag. 46, zusammengestellt. Auf pag. 51 folgen Beobachtungen über die Inoculation bei bereits Geblatterten und selbst bei zweimal durch natürliche Ansteckung Geblatterten. Die Re-Variolation verursacht meist nur eine fieberlos verlaufende, locale Menschenblatter, von der sich mit Erfolg weiter impfen lässt auf noch nicht Geschützte (pag. 55). Am 7. bis 8. Tage hat diese Revariolationsblatter die volle Entwickelung erreicht ohne Drüsengeschwulst und trocknet ein ohne Fieber, ohne generalisirten Ausschlag, ohne Narbenbildung. Auch Abortivknötchen, Stippchen, einfache Hautröthe, in seltenen Fällen mit Fieber und Drüsenschwellung, kommen vor — ganz wie bei den Revaccinirten. Nach gelungener Kuhblatterimpfung ist der Erfolg der Variolation ganz der gleiche.

Die Variolation hat nicht vermocht, die Zahl der Blatternkranken in der Gesammtbevölkerung zu verringern. Im Gegentheil ist durch den Schutz, welchen Einzelne sich verschafften, auch eine Verschleppung des Contagiums nach bisher nicht inficirten Orten erfolgt. Die Gegner der Variolation behaupten sogar, und wahrscheinlich nicht mit Unrecht, dass durch die zahlreich und an vielen Orten geübte Inoculation am Ende des vorigen Jahrhunderts die Pocken eine künstlich unterhaltene und gleichmässigere Verbreitung hatten als vor Uebung des Inoculationsverfahrens.

Mit dem Bekanntwerden der Vaccination hat dann die Inoculation rasch den Boden verloren. Sie wurde 1803 in Oesterreich und zuletzt in England 1840 gesetzlich verboten. Die heute geübte Vaccination fusst in Theorie und Praxis auf der älteren Variolation, und noch heute können manche lehrreiche Erfahrungen aus den Schriften der Inoculatoren herübergenommen werden. Die grosse Mehrzahl der Controversen, die in Bezug auf das Wesen der Impfung überhaupt und auf die heute geübte Technik zur Discussion stehen, gehen schon bei einer Durchsicht der bezüglichen Literatur an uns vorüber. Auch die Gegner (z. B. de Haën) kämpften damals zum Theil mit denselben Waffen, die heute noch in impfgegnerischen Kreisen geführt werden.

II. Impfung des Variola-Contagiums in die Haut des Pferdes.

Der nächste Grad der Abschwächung der Variola zu einer relativ gutartigen Species gelingt durch die Benützung der Haut des Pferdes, wie Jenner [26] schon im Jahre 1796 zuerst mit Dr. Tanner's Lymphe beobachtet hat, eine Beobachtung, welche Jenner zu der Annahme führte, die Pferdepocken, the grease oder die Mauke, seien der Ursprung der Cowpox. Im Jahre 1801 hat alsdann Lay nach vielen Misserfolgen die Uebertragung auf Kühe durchgeführt. Die zahlreichen Misserfolge späterer Experimentatoren rühren daher, dass man den beim Pferde vorkommenden Maukeausschlag noch nicht von den richtigen Pferdepocken zu unterscheiden gelernt hatte. Erst seit 1860 ist durch Bouley [28] der von Lay 1801 als generalisirte Grease beschriebene Ausschlag beim Pferd als Horsepox wieder abgegrenzt worden. Nach unseren heutigen Anschauungen ist die Mauke eine diffuse Phlegmone, die, verimpft, nie Vaccine erzeugt, höchstens als Gelegenheitsursache zur Aufnahme des Variola-Vaccine-Contagiums dient.

Im Frühjahr 1860 erkrankten in Rieumes bei Toulouse, als Blattern in dieser Gegend herrschten, gegen 100 Pferde nach und nach an einem Ausschlage, der, mit geringem Fieber beginnend, am 3.—5. Tage eine Menge kleiner Knötchen zeigte. Im Verlauf von weiteren 8—10 Tagen platzten diese Knötchen, besonders in den Fesseln, secernirten stark, trockneten ein und fielen bis zum 21. Tage vollständig ab. Auch an den Lippen und an den Schamtheilen zeigten sich solche Knötchen und Pusteln. Lafosse in Toulouse impfte am 8ten Tage nach dem Ausbruche von einem dieser Bläschen eine Kuh (25. April 1860). Fünf Tage später (30. IV) kam Reaction und weitere 4 Tage später (3. V) eine schöne Vaccine. Ein zweiter Versuch hatte denselben Erfolg; die Rückimpfung auf ein Pferd und von da auf ein Kind hatte gute Vaccine im Gefolge.

Im Jahre 1863 zeigten sich solche Pocken in Alfort, von Bouley und Depaul beobachtet und von Ersterem als Horse pox beschrieben.

a) Der Verlauf der epidemisch auftretenden Pferdepocken ist nach den damaligen Beobachtungen von Bouley der folgende:

Ein Incubationsstadium macht sich geltend durch Fieber, Müdigkeit, Mangel an Fresslust für 3—5 Tage, bis der Ausschlag erscheint. Derselbe ist zuweilen über den ganzen Körper verbreitet und um die Umgebung der natürlichen Oeffnungen besonders bemerkbar, ebenso an den Fesseln. Nach 6—7 Tagen hat die Pustel ihre höchste Entwickelung erreicht und ist strotzend voll von seröser Flüssigkeit; sie platzt, ehe noch der Inhalt eitrig geworden ist. Die Krustenbildung ist am 15.—20. Tage vollendet, eine rothe, granulirende Fläche beim Abfallen zurücklassend. Ein Nachschub neuer bläschenartiger Pusteln mit raschem Verlauf wird zu dieser Zeit beobachtet. Wenn auf der Schleimhaut des Mundes sich Pusteln entwickeln, wird eine profuse Salivation dadurch hervorgerufen. — Zuweilen ist der Bläschenausschlag nur in den Fesseln localisirt, was früher zur Verwechselung mit der Mauke Veranlassung gegeben hat. — Die Prädilectionsstellen sind die Umgebung der Körperöffnungen. Die Pferdepocken sind ein generalisirter Bläschenausschlag.

b) Verlauf der Pferdepocken, durch Inoculation mit Variola entstanden:

Die ersten Variolaimpfungen des Pferdes sind 1865 von Chauveau [9] ausgeführt worden. Bei 3 Pferden zeigten sich am 6. Tage nach der Impfung konische Bläschen, die am 9ten Tage Areola und reichlichen Inhalt hatten, ohne Generalisirung des Ausschlages. Controlimpfungen am 11ten Tage mit Variola-Vaccine und Equine waren ohne Erfolg. Auf vorher vaccinirten Pferden ging ebenfalls die Variola nicht an. Von einem der variolisirten Pferde wurden am 11ten Tage 3 Kinder geimpft; ein Kind ohne Erfolg; das zweite hatte 15 Tage später eine schöne Vaccinepustel und ca. 80 discrete Knötchen und Bläschen mit Dellen. Aehnlich war der Verlauf beim dritten Kinde. — In dem Saale der Charité, in dem die Kinder mit ihren Müttern sich aufhielten, trat in der Reconvalescenzzeit der Kinder bei einem anderen Kind und bei der Mutter eines der ersten drei Kinder eine leichte Variola auf. Eine Weiterimpfung aus der Pustel des zweiten Kindes auf andere Kinder brachte erst in der 4ten Generation Pocken ohne Generalisirung hervor und bot das Aussehen von schöner Vaccine, welche auch auf Pferd und Rind sich gut verimpfen liess.

c) Verlauf der Pferdepocken, durch Einimpfung von Vaccine des Rindes entstanden:

Wenn die Impfung mittelst Stichs auf einer rasirten Stelle des Rückens geschehen ist, kommt es am 5.—8. Tage daselbst zur Pustelbildung. Am 10ten Tage erreichen die Pusteln an der Basis 10—20 Millimeter Durchmesser, erscheinen konisch und stark gefüllt; sie fühlen sich hart an, sind auf Druck schmerzhaft, ohne Entzündung in der Umgebung. Am 9.—12. Tage beginnt eine neue Phase der Entwickelung, die Periode der Secretion, indem aus den Pusteln zahlreiche gelblich gefärbte Lymphetropfen austreten, die eintrocknen und eine gelbliche, transparente, krystallartige Kruste bilden, wie sie beim Menschen und bei Kühen oder Kälbern nie beobachtet wird. Diese Ausschwitzung ist am 13.—17. Tage der Impfung beendet. Beim Abheben der Kruste findet sich eine rothe, granulirende Stelle mit einer Vertiefung in der Mitte, ohne Entzündung in der Umgegend. Fiebererscheinungen werden an den geimpften Thieren nicht beobachtet; ebenso fehlen Hautausschläge an andern als den geimpften Stellen. — Der Verlauf war bei 5 Pferden und 2 Eseln der gleiche. (Chauveau.)

Characteristisch sind nach obigem Befund: Langsamere Reifung; gleichmässige Structur des Impfbläschens, ohne Nabel und ohne Randröthe; reicherer Lymphegehalt; transparente, kleinere Kruste beim Eintrocknen. —

Die Lymphe ergiebt auf Kühen kleine, aber characteristische Kuhpocken; ebenso beim Verimpfen auf Kinder, wie auch bei weiteren Rückimpfungen auf Pferde und Kühe.

d) Der Verlauf der Pferdepocken, durch Einimpfung von Vaccine des Menschen entstanden, ist, auch nach den Versuchen des Verfassers, ganz der gleiche, wie der soeben beschriebene.

12. Impfung des Variola-Contagiums in die Haut des Rindes.

Einen noch stärkeren Grad der Abschwächung erleidet die Variola durch die Cultur in der Haut des Rindes.

Diese Versuche sind sehr oft unternommen worden; nur bei einem sehr geringen Procentsatz der bezüglichen Experimente ist der Erfolg ein positiver gewesen.

So sehen wir bis in die jüngste Zeit hinein sowohl die Möglichkeit, Variola auf die Gattung Rind zu übertragen, gänzlich bestritten, als auch die Umzüchtung der Variola zu Vaccine verneint, während z. B. in England der Gebrauch eines durch Variolisirung des Rindes erzeugten Impfstoffes für die Impfpraxis etwas ganz Bekanntes ist. (Seaton.)

Hochinteressant ist es, die Antworten zu betrachten, welche je nach der Fragestellung, nach Umfang und Art der vorgenommenen Versuchsreihen zu verschiedenen Zeiten und in den verschiedenen Ländern gegeben worden sind.

a) Negativer Erfolg.

Chauveau [9] hat 1864 im Auftrage der Lyoner Commission 12 Rinder geimpft von 4 Blatterkranken, welche nicht geimpft waren. Die Variolalymphe war am 4. bis 6. Tage nach dem Ausbruche der Blattern entnommen, und hatte eine Conservirung bis zu höchstens 5 Tagen statt gehabt. Die 6 Impfstellen wurden bei den weiblichen Thieren am Milchspiegel, bei den Stieren am Scrotum angelegt, mittelst Stichmanier.

Bei keinem Thiere folgte ein allgemeiner Ausschlag nach. Die localen Erscheinungen waren bei vielen Thieren sehr unbedeutend: am 5. Tage kleine, rothe Knötchen von 2—4 Millimeter Durchmesser, etwas konisch geformt und in der Mitte die Einstichstelle zeigend.

Am 12. Tage waren die Knötchen vollständig verschwunden, nachdem ein kleiner schwarzer Schorf von der Stichstelle abgefallen war.

Auch bei tiefer Einimpfung in die Lederhaut wurde kein anderer Effect erzielt; ebenso nicht bei Impfung mit kleinen Längsschnitten.

Eine Controlimpfung mit Vaccine vom Kalb hatte bei 6 Thieren negativen Erfolg, 3 hatten rudimentäre Pusteln, und nur 1 hatte eine regelrechte Kuhpocke. —

Bouley, M. H. [28], hat ein ähnliches Experiment gemacht. Nach einer fehlgeschlagenen Variolaimpfung gelang es ihm, mit Kuhpockenstoff an demselben Thier eine Vaccinepustel zu erzeugen — er schloss daraus, dass Variola nicht verimpfbar sei auf das Rind.

Chauveau [9] hat auf 3 Kühe gleichzeitig Variola- und Vaccinelymphe verimpft;

auf allen Thieren entwickelte sich links die Vaccine sehr schön, rechts die Variola nur in der Form von Knötchen.

M. H. Bouley und W. Bousquet behaupten desshalb, dass bei solchen Doppelimpfungen immer nur die Vaccine angehe.

Von den kleinen, auf dem Rinde erzeugten Variolaknötchen hat die Lyoner Commission zunächst auf drei Kühe weiter geimpft. Es wurden einige Knötchen ausgeschnitten, der Boden ausgeschabt und der Inhalt weiter auf Kinder verimpft. Der Erfolg war noch unansehnlicher, bei einem Stier gelang die Controlimpfung mit Vaccine sehr gut.

Zur Entscheidung der Frage, ob die auf dem Rinde erzeugten Variolaknötchen als Variola oder Vaccine aufzufassen sind, wurde der Inhalt einiger Knötchen auf ein Kind verimpft. Die Impfung hatte statt am 14. März; am 17. März zeigte sich ein Knötchen, welches sich am 22. März zu einem genabelten Bläschen ausgebildet hatte, mit ausgesprochener Randröthe. An diesem Tage wurde etwas Lymphe daraus entnommen zum Weiterimpfen. Am 23. März war das Kind fiebrig mit Brechen, Kopfweh; am Kopf und am Rumpfe zeigten sich zahlreiche rothe Punkte, aus denen am 24. sich kleine, wohl characterisirte Variolapusteln entwickelt hatten, die Mehrzahl davon genabelt, einzelne zusammenfliessend. Am 1. April war die Eintrocknung der Pusteln in vollem Gange und das Kind wohl.

Das in 2ter Generation von diesem Kinde geimpfte Kind (22. 3) hatte am 29. März schöne Vaccinepusteln und am 3. April ungefähr 15 Variolapusteln am Körper.

Die versuchte Rückimpfung von diesem II. Kind auf 2 Rinder war abortiv.

Desshalb schliesst Chauveau pag. 71. (1864): »L'organisme des vaches est inhabile à transformer en vaccin le virus varioleux.«

»La petite vérole n'est pas la même chose que la vaccine.«

b) Positiver Erfolg.

Die erste Notiz über eine erfolgreiche Umzüchtung der Variola zu Vaccine findet sich in der Salzburger med. chir. Zeit. 1807, Nr. 67. Der bayrische Landgerichtsarzt Dr. Gassner in Günzburg hatte bei 11 Kühen mit Menschenpockenlymphe Erfolg und erhielt bei der Weiterverimpfung auf Kinder die ächte Vaccine. Ueber seine Impfmethode liegt keine ausführliche Mittheilung vor.

Aehnliche Resultate sind verzeichnet von Numann in Utrecht, von Billing in Stockholm, Mac-phail in Amerika, Macphersen 1836 in Indien, Michael und Sunderland in Barmen; die best beschriebenen Versuche sind die von Thiele [30] in Kasan, Reiter [4] in München, Ceely [5] in Aylesbury, Senfft [15] in Bierstadt und neuerdings von Voigt [31] in Hamburg.

Reiter hatte im Wesentlichen noch dieselben Resultate wie Chauveau [3]. Es war ihm jedoch gelungen, neben der Knötchenform als Impfergebniss auch eine wirkliche Pustel zu erzielen, allerdings noch mit dem Erfolg, dass bei weiterer Fortpflanzung des Inhaltes bei dem betreffenden Kinde ein generalisirter Pockenausschlag sich zeigte.

Reiter [4] kommt nach seinen Versuchen zu dem Schlusse,

dass, entgegen den Beobachtungen von Ceely und Thiele, die Verimpfung flüssiger Variolalymphe nur selten haftet, dass die Wirkung eine locale ist und eine Umwandelung des Menschenblatterstoffes in Kuhblatterstoff hierbei nicht vor sich geht; obgleich nach den zwei Fällen zu urtheilen, in welchen in demselben Stall, nachdem zuvor Menschenblatterstoff auf Kühe eingewirkt hatte, sich bei zwei andern Kühen von selbst die ächten Kuhblattern entwickelten, es nicht unmöglich sein dürfte, dass Menschenblatterstoff, unter gewissen, wenn auch noch unbekannten, Verhältnissen auf Kühe wirkend, bei denselben ächte Kuhblattern verursachen könne.

Bei den Experimenten dieser Forscher ist der Erfolg demnach noch ein solcher, dass die Umzüchtung der Variola zu einem gutartigen Virus nicht ganz gelungen ist.

Die Möglichkeit, durch Fortzüchtung von Kalb zu Kalb die junge Variola-Vaccine nach und nach gutartig zu machen, ist jedoch in Chauveau's klassischen Versuchsreihen schon angedeutet ([3] Variola-Vaccine l. c. p. 68, Variola-equine p. 78), wenn auch noch nicht von Chauveau erkannt.

Das ist das Verdienst von Voigt-Hamburg (1881), der den von Chauveau noch verlangten letzten experimentellen Beleg:

> »Wenn das Virus Vaccine ist, gleich der Jenner'schen Vaccine, so muss bei einer Rückimpfung auf die Kuh sofort die Vaccine entstehen; im andern Falle — Variola — kann auf der Kuh nur das knötchenhafte Exanthem entstehen«

erbracht hat. Chauveau hatte bis 1865 mit den Impfungen von Kindern, die von variolisirten Kühen geimpft waren, nur Misserfolg gehabt, d. h. es war immer nur Variola bei ihnen entstanden.

Bei der Wichtigkeit dieser grundlegenden Experimente führen wir nachstehend die Originalbeobachtungen im Auszuge an:

Reiter hatte bis zum 5. October 1839 an mehr als 50 Kühen die Impfung mit Menschenblatterstoff vergeblich versucht. Frische, ganz helle Lymphe, Pockeneiter, Lymphe von vorher nicht Vaccinirten, conservirte Pockenlymphe, Lymphe von einzelnstehenden Pocken oder von hämorrhagischen Pocken, die Verimpfung mit Stich, mit Kreuzschnitten, die Haltung der Thiere in einem warmen Stall, Inserirung der Impfstellen am Euter, am Milchspiegel, die Impfung von Stieren am Hodensack — alle diese und andere Modificationen brachten Misserfolg, während gleichzeitige Controlimpfungen der Thiere mit Vaccine die Empfänglichkeit der Thiere bezeugten.

»Beinahe immer zeigte sich zwar am zweiten oder dritten Tage an der Impfstelle eine Entzündung, und man sah deutlich, dass sich die Wunde nicht wie eine einfache Stich- oder Schnittwunde verhielt, sondern dass ein fremder Stoff in derselben wirke; sehr häufig bildeten sich sogar gegen den vierten oder fünften Tag förmliche Knötchen, aber eine Blatter bildete sich nie. Diese Knötchen waren ganz rund, fühlten sich hart an, standen etwas über die Haut hervor, sahen blassroth aus, erreichten am fünften Tage ihre vollste Entwickelung und verloren sich dann schnell, während sich die Haut auf denselben rund abschuppte. Ich öffnete einigemal solche Knötchen, und es zeigte sich nichts als ein entzündlich angeschwollenes Zellgewebe, das später ein wenig blutiges Serum absonderte. Ein Kind wurde mit solch blutigem Serum ohne Erfolg geimpft.«

Eine am 4. October 1839 versuchte Variolisirung des Rindes hatte Erfolg. Der Variolastoff stammte von einem Säugling und vom 4. Tage der Erkrankung; derselbe war wasserhell, durchsichtig und liess sich in Haarröhrchen aufnehmen. Am 5. October wurden damit 2 Kühe geimpft. Am 10. October zeigte eine der Kühe einige der oben geschilderten Knötchen; bei der zweiten zeigte sich eine Blatter. Die Blatter war rund, sass auf einem leicht gerötheten und geschwollenen Grund, ragte ziemlich über die Haut hervor, hatte in der Mitte eine Delle, fühlte sich auch in der Tiefe härtlich an, enthielt in einem zelligen Bau eine geringe Menge Lymphe und sah gelblich aus. Von den durch Vaccine erzeugten Kuhpocken unterschied sie sich durch das stärkere Hervorragen über die Haut, durch den Umfang und etwas gezackten Rand, durch die nicht ganz glatte und flache Oberfläche. Die Eintrocknung erfolgte rasch.

Am 10. October wurde diese 5 Tage alte Pocke geöffnet und ein Kind daraus geimpft. Dasselbe hatte am 15. October zwei kleine weissliche Bläschen, die sich bis zum 17. zu zwei kleinen Blattern entwickelten und am 18. zu einer weissen, am Rande gezackten, unebenen Pocke confluirten. Die Umgebung war in der Runde im Durchmesser von einem Zoll geröthet, und auf dieser gerötheten Stelle zeigten sich eine Menge kleiner Bläschen. Die grosse Blatter hatte einen grosszelligen Bau und entleerte beim Anstechen viel weisslich getrübte Lymphe. Am 20. October wurde das Kind unwohl mit Fieber und zeigte ca. 15 Bläschen über den Körper zerstreut, wie sie bei Varicellen vorkommen; zwei davon hatten einen gerötheten Hof. Die geimpfte Blatter vergrösserte sich bedeutend und hing mit den sie umgebenden Blätterchen, die auch zunahmen, fest zusammen. Ihre Farbe war schmutzig weissgelb; ihre Ränder waren eckig, eingerissen, und die ganze unebene Fläche hatte das Aussehen, als wolle sie vereitern. Am 22. October war das Kind wieder wohl.

Die geimpften Blattern fingen am 22. October an einzutrocknen, und die Bläschen in der Umgegend waren zum Theil schon eingetrocknet. Den 2. November fiel die Kruste ab, am 24. Tag nach der Impfung, mit Hinterlassung von tiefer, zackiger Narbe. Die Kruste war gelb, oben convex, sehr leicht zerreiblich, von unebener Oberfläche.

»Es geht hieraus unzweifelhaft hervor, dass in diesem Falle der Menschenblatterstoff im Durchgang durch die Kuh sich zum Kuhblatterstoff nicht umbildete, und deshalb das von der Kuh geimpfte Kind nicht die Kuhblattern, sondern die Menschenblattern bekam.«

Uebrigens hatte das Kind nur 2 Blattern. »So sicher nämlich der regenerirte Stoff von Kindern auf Kinder wirkt, so häufig schlagen viele Stiche fehl, wenn man ihn von der Kuh auf ein Kind verimpft.«

In dem Kuhstall, in dem die oben erwähnte Kuh eingestellt war, beobachtete Reiter nach 3 Wochen wirkliche Cowpox, die, auf Kinder verimpft, regelrechte Vaccine lieferte; demnach war also die ursprünglich und heftig wirkende Variola-Vaccine durch weitere Fortpflanzung auf das Rind zu gutartiger animaler Vaccine geworden.

B. Thiele in Kasan [30] hat nach folgender Methode die Variola auf Kühe übertragen: 1) Er benutzte nur hellfarbige, 4—6 Jahre alte, frischmelkende Kühe, hielt

2) dieselben in einem 15° R. warmen Stalle, 3) impfte an dem rasirten harten Theil des Euters mit tiefen Einschnitten (!); 4) die Lymphe stammte aus hellen, durchsichtigen, perlfarbenen Pocken mit dünnflüssigem Inhalt; dieselbe wurde frisch, oder 10—20 Tage zwischen Glasplatten conservirt, verwendet. Der fernere Verlauf der abgeimpften Pocken war dabei gleichgültig.

Ueber den Verlauf der Impfung auf den betreffenden Kühen schreibt Thiele: »Am dritten Tage bemerkt man eine Härte im Zellgewebe der Euter; am fünften Tage bildet sich eine der Vaccine gleiche Pustel; am 7.—9. Tage enthält letztere eine wasserhelle Lymphe und hat in der Mitte eine Vertiefung ohne Nabel; sie fängt am 9. bis 11. Tage an abzutrocknen, indem sie einen Schorf bildet, und hinterlässt eine kleine flache Narbe; 3—6 Impfstiche (!) bilden meist nur 1—2 Pocken. Am 4.—7. Tage wird ein schnellerer Puls und erhöhte Wärme der Hörner ohne Störung des Allgemeinbefindens beobachtet.«

Die Zeit, zu welcher von diesen Impfpocken die Lymphe zum Weiterimpfen (auf Kinder) abgenommen wurde, war meist der 6.—10. Tag, sobald die Pocke eine wasserhelle Lymphe enthielt.

Die Weiterimpfung auf Kinder mit dieser Lymphe hatte einen dem der gewöhnlichen Vaccine ganz ähnlichen, nur in den ersten Generationen etwas intensiveren Verlauf. Thiele liess die von den Kühen abgenommene Lymphe in der Regel 10 Tage zwischen mit Wachs verklebten Gläsern liegen und verdünnte dann dieselbe noch vor dem Gebrauche mit warmer Kuhmilch. »Diese Impfung bildet an den geimpften Stellen grosse Pocken; das die gewöhnliche Impfung begleitende Fieber zeigt sich zweimal, zum erstenmal gegen den 3.—4., das zweitemal, und zwar heftiger, zwischen dem 11.—14. Tage (Analogie mit dem Eiterfieber der natürlichen Pocken); die peripherische Röthe ist stärker, und nicht nur an der geimpften Stelle, sondern auch neben derselben entstehen zuweilen, jedoch immer nur ganz kleine Pocken; die Narbe ist grösser und tiefer wie gewöhnlich, die Ränder derselben sind zuweilen scharf.« — Nach 5—10 Generationen bleibt das consecutive Fieber bei der Verimpfung von Arm zu Arm aus; der Verlauf ist gleich dem einer gutartigen Vaccine, und die Verdünnung mit Kuhmilch bleibt alsdann fort. »Vernachlässigt man diese Regeln, so bilden sich wahre Menschenpocken, wie ich dies einigemal zu beobachten Gelegenheit hatte; diese Menschenpocken lassen sich jedoch abermals durch Befolgung der angegebenen Regeln zur Vaccine reduciren.«

Thiele hat folgende 5 Thesen (pag. 20) aufgestellt:

1) Die sogenannte Vaccine ist nicht eine den Kühen eigenthümliche, sondern durch Uebertragung der Menschenpocken bei ihnen hervorgebrachte Krankheit; und der Mensch, und nicht die Kuh, ist die Quelle der Vaccine.
2) Diese so gebildete Krankheit (die Variola-Vaccine junger Generationen) kann durch unmittelbare Uebertragung von Kühen auf Menschen übergehen, bringt in ihnen eine identische, leichte, vor den natürlichen Blattern schützende Krankheit hervor.
3) Durch ein absichtliches methodisches Modificiren und Depotenziren kann man, auch ohne Dazwischenkunft der Kuh, Schutzblattern hervorbringen.
4) Diese Schutzblatter hat alle bekannten Eigenschaften der Vaccine, nur in einem zum Wohle der Menschheit höheren Grade.
5) Die vorstehenden, bis jetzt erlangten Resultate berechtigen zu der Hoffnung, dass man zur Milderung der epidemisch-contagiösen Krankheiten ein den Schutzblattern ähnliches Mittel wird finden können.

Nach dem Urtheil von Henke (1839) sind ähnliche Versuche in gleicher Ausdehnung und mit diesem Erfolge noch nicht gemacht worden, und ist es Thiele's Verdienst, eine Lücke in den Jenner'schen Fundamentalexperimenten ausgefüllt zu haben; neu jedenfalls in Bezug auf den angegebenen, durch 75 Impfgenerationen und directe Controlversuche mit Variola bewährten, schützenden Erfolg.

Ceely [5] inoculirte am 1. Febr. 1839 mit von Variola discreta am 7. und 8. Tage genommenem Stoffe 3 junge Kühe; eine vierte wurde zu gleicher Zeit nur vaccinirt. Die Kuh, an welcher die Inoculation Erfolg hatte, erhielt nahe der linken Schamlefze 7 Einschnitte, in welche der Variolastoff von 14 Elfenbeinstäbchen eingerieben wurde; gleichzeitig zog er zwei mit Pockenstoff getränkte Haarseile. Weil die Impfung am 9. Tage erfolglos zu sein schien, wurden an der rechten Schamlefze und am Milchspiegel noch 11 Vaccinepusteln angelegt. Am folgenden Tage, dem zehnten nach der Inoculation, hatte eine Inoculationsstelle an der linken Schamlefze die Gestalt einer Vaccinepustel angenommen, aus welcher 38 Stäbchen mit Impfstoff armirt werden konnten. Diese Stäbchen wurden Tags darauf zur Impfung von Kindern und Erwachsenen verbraucht. Am 13. Tage nach der Inoculation war die Variola-Vaccinepustel florider und mehr entzündet; gleichzeitig hatten sich die 11 Insertionsstellen der Vaccine (4 Tage nach geschehener Vaccination) zu schönen Vaccinepusteln entwickelt; die durchsichtige Lymphe wurde zu Impfungen weiter verwendet. Von da an verliefen sowohl die Variola- als auch die Vaccine-Pusteln so, dass am 26. Tage der ersteren und am 17. der letzteren die Narben von beiden ganz gleiches Ansehen hatten. Die von diesem ersten, unreinen Versuch gewonnene Lymphe wurde nur durch 4 Generationen hindurch gebraucht.

Eine zweite Kuh wurde von Ceely am 17. Februar nur mit Variolastoff geimpft. Der Stoff war in der Zeit vom 7. zum 8. Tage in Haarröhrchen gesammelt worden, und wurden 8 Incisionen an die Schamlefzen gemacht. Am 5. Tage bereits erhoben sich die 4 oberen Insertionsstellen weit merklicher als die vier unteren. Am 6. Tag zeigten die vier oberen das Ansehen von Vaccinepusteln. Von einer derselben wurden am 6. Tage auf 30 Impfstäbchen Stoff entnommen, ebenso am 8. und 9. Tage. Am 10. Tage konnte auch von den 4 unteren Impfstellen Lymphe entnommen werden.

Der Impfstoff von diesem zweiten Versuch wurde mit dem Character einer guten Vaccine auf Menschen übertragen und von Ceely durch 60 Generationen hindurch in gleicher Güte verfolgt.

Die Kuh wurde später noch einmal ohne Erfolg inoculirt und vaccinirt.

Dr. Schneemann in Hannover hat nach seinem in Henke's Zeitschrift, B. 40 pag. 226 abgedruckten Bericht die Ceely'sche Lymphe 6 Wochen lang verimpft und constatirt, dass weder die Grösse der Pocken, noch die Intensität und Ausdehnung der Umfangsröthe, noch auch die Zeichen der allgemeinen Reaction von dem gewöhnlichen Verlaufe der Vaccine abweichend waren.

Senfft [15] hat im Sommer 1871 viermal mit Erfolg die Variola auf Kälber übertragen. Die Impfung geschah am rasirten Bauch mit ganz frischer, heller, in Haarröhrchen aufgenommener Variolalymphe. Gleich beim ersten Versuche hafteten sämmtliche Stiche; es entwickelten sich linsengrosse Pusteln, etwas flacher und stärker genabelt, als die Vaccinepustel zu sein pflegt, ohne jede Reaction in der Umgebung. Eine allgemeine Eruption blieb aus, und das Thier behielt seine Fresslust. Am 6. Tage hatten die Pusteln den Höhepunkt ihrer Entwickelung erreicht. — An diesem Tage wurde auf ein zweites Kalb mit Erfolg fortgeimpft; Impfversuche an Kindern hat S. nicht gemacht. — Bei 3 andern Kälbern gelang die Uebertragung der Variolalymphe wie beim ersten Kalbe.

Diese 4 Kälber sind am 14. resp. 21. Tage (von der Abheilung der Pusteln an gerechnet) ohne Erfolg direct mit Kuhlymphe von Kälbern vaccinirt worden.

Bei zwei anderen Kälbern, welche mehrere Wochen vorher mit bestem Erfolg mit Kuhlymphe von S. geimpft worden waren, schlugen die wiederholt vorgenommenen Inoculationen mit Menschenpockenlymphe vollständig fehl.

Badcock hat nach Seaton [6] in Brighton seit 1840 sich 37mal durch Variolation von Kühen seine Lymphe für Vaccinationen erzeugt, wobei er allerdings noch zwischen 500 bis 600 erfolglose Versuche an Kühen angestellt hat. Ceely'sche und Badcock'sche Lymphe sind seit jener Zeit in England sehr beliebt und haben sich bei einer grossen Anzahl von Impfärzten bis heute in ständiger Verwendung erhalten.

Im Jahre 1852 haben Dr. Adams in Waltham und Dr. Putnam in Boston die gleichen Experimente gemacht, und Letzterer war im Stande, »seit jener Zeit die Stadt und Nachbarschaft von Boston mit dem nöthigen Impfstoffe zu versehen«.

Voigt, L. [31], hat zunächst die Versuche der Lyoner Commission bei 3 Kälbern wiederholt, kommt aber zu anderen Schlussfolgerungen als Chauveau. Der gewöhnliche Impferfolg bei Verimpfung von noch nicht eitriger Variolalymphe auf Kühe ergiebt thatsächlich vom zweiten Tage an eine geringe Reaction, auf der Knötchen entstehen, welche die Nachbarschaft durch Contact inficiren und binnen 12—17 Tagen abfallen. Voigt hält diese Form, welche allerdings die Kälber immun macht gegen die Wirkung der Vaccine, für Abortivpusteln. Dem widerspricht nicht, dass diese Form nach Chauveau bei Verimpfung auf Kinder wieder Variola erzeugt; das thut auch die ausgebildete Variolapustel des Rindes (Reiter).

Am 27. April 1881 entnahm V. von einem 25jährigen, mit 3 Impfnarben behafteten Arbeiter aus dessen 4 Tage alten Varioloidpusteln ein Röhrchen guter, etwas gelblicher Lymphe. Am 28. 4. 81 wurde damit ein Kalb mittelst 5 flacher, gekreuzter Stellen am linken Hypochondrium geimpft. Gleichzeitig wurde an einer hinreichend entfernten Stelle mit Kälberlymphe des bisher benutzten Beaugencystammes noch vaccinirt. Das Kalb hatte am 28. 4. 81 Temp. 39,2. Der Verlauf der Impfung war folgender:

nach	Temp.		
4 × 24 St.	39,3	Vaccine wirkt schwach.	Variola noch sehr jung.
5 × 24 St.	39,2	Einzelne gute Pusteln, die Mehrzahl abortirt.	Vier Impfstellen abortirt. Die fünfte bildet eine 4 mm grosse, weissliche Pustel, flach, ohne Nabel.
6 × 24 St.	39,3	Pusteln nehmen den gewöhnlichen Verlauf.	6 mm gross, perlfarbig, Nabel angedeutet, keine Randröthe. — Mit der Lymphe wird ein Kalb geimpft; die Pustel wird ausgeschnitten zur mikroscop. Untersuchung.

Nach 7 × 24 Stunden finden sich in der Umgebung der Vaccine- und der Variolapustel zahlreiche kleine Knötchen; sie fallen zusammen mit den Vaccinepusteln am 11. Tage ab. Das Kalb blieb stets gesund; ein Secundärexanthem kam nicht zur Beobachtung.

Mit dem Inhalt der am 6. Tage des Impfverlaufes ausgeschnittenen Variola-Vaccinepustel hat V. am 4. Mai 1881 ein zweites Kalb geimpft. Nach 5 × 24 Stunden waren 12 gleich schön entwickelte Pusteln allerbester Qualität vorhanden, die nach weiteren 3 × 24 Stunden noch klaren, dünnen, flüssigen Inhalt haben und am 22. Tage abfallen. Sie entsprechen genau den Abbildungen Ceely's auf Tafel 15—21; nur blieben Ceely's Pusteln etwas kleiner und reiften einen Tag später. Pusteln von solcher Grösse hatte Voigt, der 1878—1881 bereits 732 Kälber geimpft hatte, bisher noch nie gesehen.

Die III. Generation dieser Variola-Vaccine wurde mit der am 5. und am 6. Tage entnommenen Lymphe cultivirt. Besonders die am 5. Tage abgenommene Lymphe brachte sehr schönes Resultat, mit Centralborke am 6. Tage und Abfall der Krusten am 18. Tage, resp. 4—5 Tage früher als bei der II. Generation.

Bei den weiteren Generationen wurde nicht mehr frischer Stoff, sondern der in Haarröhrchen conservirte verwendet und auch dieser von beinahe fabelhafter Wirksamkeit befunden, selbst nach 5 und 6 Wochen. In der 20. Generation war beim Kalbe immer noch nach 6 × 24 Stunden der Inhalt klar, ohne Eiter; die Krusten fielen am 18. Tage ab.

Die Verimpfung der II. Generation auf ein Kind, aus einem 5 Wochen lang conservirten Haarröhrchen, brachte gute Vaccine mit 6 discreten Knötchen am 12. Tag, aber ohne Fieber. Nur am 5. Tag kam eine Temperatursteigerung auf 40° C.!

Von der 15. Generation auf dem Kalbe war die Wirkung auf Kindern immer noch brillant, der örtliche Process intensiver, langsamer sich abwickelnd, mit Abfall der Krusten 25. Tage.

Auch Jenner [26] hat schon bei seinen Versuchen, die Variola-Vaccine (Jenner's eigene Bezeichnung) von dem Euter der Kuh auf Kinder als sogenannten humanisirten Stoff fortzupflanzen, sich allem Anschein nach eines ähnlichen Stoffes bedient. Dafür spricht die Beschreibung in seiner ersten Broschüre, die Fälle XIX bis XXIII betreffend; das Aussehen der Impfpusteln hatte grosse Aehnlichkeit mit Variolapusteln. Der auf Tafel III der englischen Originalausgabe seines Buches abgebildete Arm zeigt neben der Vaccinepustel noch einige Nebenpocken, wie sie von den alten Inoculatoren ganz gleich geschildert werden, wie sie aber auch von Ceely und Reiter nach Anwendung junger Cowpoxstämme, d. i. frisch gezüchteter Variola-Vaccine beobachtet wurden. Auch Woddville, der Zeitgenosse Jenners, hatte von der sogenannten Colemann'schen Kuh zahlreiche Allgemeinpocken bei den geimpften Kindern erhalten.

Ueber die sogenannten originären Kuhpocken sind zahlreiche Beobachtungen gesammelt worden, zumal von Robert Ceely [5] und von unserem Landsmann Hering [32]. Sie werden geschildert als ein specifisches Bläschenexanthem, jedoch mit beschränktem Auftreten an dem Euter und den Zitzen der Kühe. Sie sind in Deutschland (und wohl ebenso anderwärts) überall beobachtet worden, wo man die Aufmerksamkeit dauernd darauf gelenkt hat. Epidemisches Auftreten ist nicht nachgewiesen; meist werden die Kühe grösserer Milchwirthschaften successive befallen und nie dieselbe Kuh zweimal. Ochsen und junge Thiere werden selten krank, Kälber meist nur an der Schnauze. Bösartige Epidemieen, die im vorigen Jahrhundert vorgekommen und Todesfälle verursacht haben sollen (Dr. Baron), hält Hering für Maul- und Klauenseuche. Sehr häufig ist die Ansteckung der Melker und der Kühe durch das Melkgeschäft beobachtet worden. — Der Verlauf der ohne nachweisbare Uebertragung entstandenen und der durch das Melkgeschäft erzeugten Kuhpocken ist vollständig gleich gewesen.

Das Incubationsstadium lässt sich bei den nicht durch absichtliche Impfung entstehenden Kuhpocken wegen der Unbedeutendheit der ersten Symptome kaum angeben. Ceely [5] schätzt dasselbe auf 3—8 Tage. Meist sind Hitze, Schwellung und Härte an der Basis der Zitzen, noch vor dem Ausbruch von Knötchen und Bläschen daselbst, die ersten Symptome. Das Allgemeinbefinden der Kühe ist kaum gestört. Bei Kühen mit heller und zarter Haut beobachtet man nach directer Uebertragung durch das Melkgeschäft zuerst am 5. Tage die beginnende Bläschenbildung, am 8. bis 10. Tage an den Bläschen die ausgesprochene Depression und deutlichen Flüssigkeitsinhalt. Zahl, Grösse, Sitz und Farbe der Bläschen differiren bei den verschiedenen Thieren und auch an verschiedenen Körperstellen desselben Thieres. Neben fast vollständig entwickelten finden sich solche, die anscheinend einige Tage jünger sind. Die Reife erlangen jedoch sämmtliche Pocken ziemlich an demselben Tage. An dickhäutigen, haarigen, kleinen und straffen Eutern finden sich meist nur vereinzelte und mild verlaufende Pocken, während an grossen, schlaffen, unbehaarten Eutern mit langen Zitzen und rauhen, rissigen Hautstellen die zahlreicheren Pocken gefunden werden. Je zahlreicher dieselben, desto häufiger sind die kleinen, runden Pocken mit metallglänzender Oberfläche darunter. Ueberhaupt werden Pocken von 1½—2 Cm. Länge häufig beobachtet; Ceely betrachtet die kleinen, oft nur stecknadelkopfgrossen Bläschen in der Umgebung der grösseren, als durch Autovaccination und später entstanden, indem beim Liegen der Kühe durch Druck eine Weiterverimpfung des Inhaltes der grösseren Pocken sich vollzieht.

Im Stadium der vollen Ausbildung haben die Pocken einen harten, scharf abgegränzten Rand, perlglänzende oder mattglänzende Oberfläche und eine dunklere Depression in der Mitte; sie enthalten eine klare, flüssige Lymphe in geringer Menge, so lange in diesem Entwickelungsstadium eine vorhandene Randröthe nur in der Breite von 1 oder 2 mm vorhanden ist. (Bei dunkelhaarigen Thieren ist die Randröthe kaum zu sehen und kann nach der fühlbaren Induration an der Basis der Pocke abgeschätzt werden.) Am 10. bis 11. Tage ist die Randröthe bis zu 1 Cm. Breite mit entsprechender Induration des unterliegenden Coriums angewachsen; die Bläschen haben zu der Zeit den reichlichsten Inhalt, so dass die centrale Delle gehoben erscheint oder Berstung der Pocke erfolgt. Die ausfliessende Lymphe ist alsdann strohfarben, trübe und serumartig. Gleichzeitig kann an derselben Kuh an anderen Pocken schon die im Centrum beginnende oder auch schon zum Rand vorgeschrittene Incrustation beobachtet werden, die am 12. oder 13. Tage der Entwickelung eine dunkelfarbige Borke auf indurirtem Grunde darstellt. Am 20.—23. Tage fallen die Borken ab, und auch die Induration ist vorüber. Bei dunkelfarbigen Kühen sind die Narben, den Vaccinenarben auf Kinderarmen gleich, deutlich sichtbar, im Anfang noch röthlich gefärbt.

Gute Abbildungen, nach der Natur aufgenommen, haben Sacco [33], Hering [32], Ceely [5] und Prinz [74] geliefert. Auf der Hering'schen Tafel sind die Pocken in verschiedenen Stadien der Entwickelung, wie sie successive entstanden sind, abgebildet. — Sie unterscheiden sich von dem Sacco'schen Bild sehr, sind klein und nicht bläulich. — Ceely's Abbildung stimmt ebenfalls nicht mit denen Hering's und Sacco's überein.

Werden beim Melken einzelne Pocken misshandelt, so finden sich geschwürige und mit Krusten bedeckte Stellen, die oft schwer heilen und allgemeine und örtliche Complicationen hervorrufen können.

Charakteristisch für den Verlauf der übertragenen und der zufällig gefundenen Kuhpocken ist:

Ein Incubationsstadium von 4 Tagen, innerhalb dessen die ersten Localsymptome sich zeigen; das Auftreten der Areola am 4. und der vollständigen Bläschenbildung am 5., 6. oder 7. Tage; der Mangel von Allgemeinerscheinungen ausser bei zahlreicher Bläschenbildung oder Misshandlung der Pocken durch das Melkgeschäft; die Borkenbildung innerhalb weiterer 6 Tage und das Abfallen der Borken am 20. bis 23. Tage. Zu gleicher Zeit können Pocken in verschiedenem Entwickelungsstadium beobachtet werden; die Abheilungszeit ist aber für alle die gleiche. Auf der Höhe der Krankheit kommt es vor, dass sporadische Pocken oder varicellenartige Bläschen an andern Körperstellen des befallenen Thieres beobachtet werden.

Nach Hering [32] ist in Württemberg in den Jahren 1827 bis 1837 von 283 beobachteten Fällen von Kuhpocken an Kühen 69mal die Verimpfung auf 450 Individuen mit Erfolg geschehen, und konnten die so gewonnenen Lymphstämme zum Weiterimpfen gebraucht werden.

Bei der Impfung von Kindern haftet diese Kuhpockenlymphe schwerer, als die schon durch den menschlichen Körper gegangene. Trockene Lymphe (oder Borke) haftet noch schlechter als flüssige; sie hat sich aber in einzelnen Fällen 3—4 Monate lang wirksam aufbewahren lassen.

Die durch derartige Kuhpocken-Lymphe bei Kindern entstehenden Pusteln sind meist durch Grösse, stärkere locale Entzündung, heftiges Fieber und längeren Verlauf ausgezeichnet. Nur in seltenen Fällen kommt das Gegentheil vor. Die stärkere Einwirkung auf den menschlichen Körper ist oft noch in der zweiten und dritten Impfgeneration bemerklich. Die Impfung mit solch erneutem Stoff schlägt seltener fehl, als mit dem seit langer Zeit nicht mehr aufgefrischten. Ein frieselartiges Exanthem ist öfters beobachtet. (Siehe den Abschnitt: Impftechnik).

Ausser den ächten Pocken kommen am Euter noch verschiedene Ausschläge vor, die Hering abgebildet hat, und die nach Ceely auch zum Theil verimpfbar sind (Ceely's white pock, jedoch mit Verlauf des Processes in 5—8 Tagen). Schädliche Folgen von der Uebertragung sind nicht bekannt. Praktische Bedeutung haben nur die Abortivformen der Retrovaccine, welche bei Mangel des zelligen Baues kein Impfresultat bei Kindern ergeben.

In diesen, wegen ihrer Wichtigkeit ausführlicher mitgetheilten Thatsachen über die Kuhpocken an Kühen ist die experimentelle Unterlage gegeben für die Umbildung der Variola zur gutartigen Vaccine. Wir stimmen mit Bollinger [13] darin überein, dass vor Jenner die Kuhpocken durch Variola, heute ausserdem noch durch Retrovaccination entstanden sind.

Ein Erklärungsversuch für die Generalisirung des Exanthemes bei den spontanen Kuhpocken ist noch nicht gemacht worden. Dass bei dem Eintritt der Variola in das Rind, von der Haut aus, eine Generalisirung nicht statt hat, das lehren die früher mitgetheilten hundertfachen Experimente. Die in Abschnitt I, 4. erwähnten Infectionsversuche des Rindes von der Lunge aus geben

Anhaltepunkte (11, 5; 12; 13) zur Erklärung dieser auffallenden Thatsache. — Eine methodische Wiederholung dieser Versuche, wie sie s. Z. nach anderer Richtung hin in klassischer Vollendung von der Lyoner Commission gemacht worden sind, würde wohl Licht bringen in die jetzt die Gelehrtenwelt so sehr interessirende Deutung der parasitären Vorgänge.

Characteristisch ist für den Verlauf der auf Kühen durch die Verimpfung von Variolalymphe erzeugten Pocken nach Thiele, Ceely, Chauveau, Reiter, Senfft und Voigt:

Knötchenbildung an der Impfstelle.

Am 5. Tage Beginn der Bläschenbildung.

Am 9. Tage centrale Depression und flüssiger Bläscheninhalt.

Bis zum 20. Tage Abfall der Borke und Narbenbildung.

Allgemeinerkrankungen treten bei Kühen nicht auf.

Bei der Verimpfung des Inhaltes dieser Variola-Vaccinepustel auf Kinder zeigen sich in der 1.—10. Generation zuweilen Pusteln an entfernten Körperstellen und Allgemeinerscheinungen wie bei Variola humana.

13. Impfung des Variola-Contagiums in die Haut des Schafes, die Schafpocken und das Verhältniss derselben zu den Menschenpocken, Pferdepocken und Kuhpocken.

Die Schafpocken haben in ihrem epidemiologischen Verhalten und in ihrem Verlaufe die meiste Aehnlichkeit mit den Menschenpocken. Sie sind, im Gegensatz zur Kuh- und Pferdepocke, generalisirt, sehr ansteckend, treten in der Regel als grössere Epidemie auf, ganze Länderstrecken durchziehend. Als Träger des Contagiums sind beobachtet: Schäfer, Schäferhunde, Wolle, Felle, Dünger, Futter; selbst Triften und Eisenbahnwagen haben Ansteckung vermittelt. Die Tödtlichkeit ist bald gering, bald anwachsend bis zu 47 Procent der Erkrankten (Zürn [34]). Die Disposition ist eine allgemeine; nur 2—3 Procent der Heerde bleiben verschont.

Der Verlauf ist ähnlich dem der Variola vera: hohes Fieber, starke Allgemeinerscheinungen, entzündete Schleimhäute. Die Incubation wird zu 4, bei kühlem Wetter und kühlem Stall zu 5—6 Tagen angegeben. Am 9.—10. Tage nach den ersten Krankheitserscheinungen haben die Pusteln ihre höchste Entwickelung erreicht. Der anatomische Bau ist nicht zellig; eine centrale Depression fehlt. Der weisse, klare und klebrige Inhalt wird eitrig, trocknet ein, und der Schorf hinterlässt in der 3.—4. Woche eine Narbe. — Die sogenannten Aaspocken (confluirende, mit Blut getränkte Pusteln) sind durch die Verjauchung bei kurzer Dauer des Leidens (von etwa 8 Tagen im Mittel) meist tödtlich. Gewöhnliche Schafpocken verlaufen in 8—14 Tagen. Eine Heerde von 2000 Stück ist, wenn sie sich selbst überlassen bleibt, in 4—6 Monaten durchseucht.

Bei den Schafen wird eine Schutzimpfung mit echter Schafpockenlymphe (also ein Variolationsprocess) vielfach geübt, und es sollen dadurch Dauer und Verlauf der Seuche gemildert werden, wie das auch s. Z. von der Variolation der Menschen gesagt wurde. Regelmässige Ovination aller Lämmer bedingt jedoch, wie bei der Variolation, stationäre Ansteckungsheerde, und deshalb ist diese Lämmerovination gesetzlich verboten. Beim wirklichen Ausbruch der Schafpocken ist jedoch die Vorbeuge- und Nothimpfung gestattet (1 Impfstelle am Ohr mittelst natürlicher oder cultivirter Lymphe, die noch ohne Eiter ist, oder mit dem Blute einer noch nicht reifen Pocke (Zürn [34]).

Von blatternkranken Müttern frühzeitig geborene Lämmer bringen häufig offenbare Blattern mit zur Welt und es ist nicht unwahrscheinlich, dass solche Lämmer, deren Mütter während der Trächtigkeit die Blattern überstanden, keine weitere Empfänglichkeit für dieses Ansteckungsgift besitzen; daraus möchte es auch erklärlich sein, warum oft ein grosser Theil der Heerde von den herrschenden Blattern verschont bleibt, und warum bei solchen Schafen auch die wiederholt versuchte künstliche Infection durch die Einimpfung nicht gelingen will.

(Veith, Handbuch der Veterinärkunde, 1831, pag. 480, und Spinola II, 117.)

Die Variolation des Schafes. Alle bisher gemachten Versuche, die Lymphe von Variola humana auf das Schaf zu übertragen, sind fehlgeschlagen. Mr. Marson versuchte die Inoculation bei hundert Schafen mit je 6 Stichen. Bei einzelnen Thieren kam es an den Impfstellen zu rudimentären Bläschenbildungen, und hatte eine nachfolgende Impfung mit Ovine auch bei diesen Thieren Erfolg.

Die Behauptung von Sacco und Godine, dass die Einimpfung der Kuhpocken die Schafe gegen die ihnen eigenthümliche Pockenkrankheit schütze, ist durch spätere Erfahrungen vielfältig widerlegt worden. Positive Erfolge der Impfung hatten Jadelot, die Pariser Vaccinesocietät, Steinbeck (1837), Fürstenberg, Gerlach, Reiter (1846) und neuerdings Pissin, der sich in dem Magazin für die gesammte Thierheilkunde von Hertwig u. Gurlt,

Aprilheft 1870, dahin ausspricht, dass die Vaccine sich bei diesen Schafimpfungen nicht in Ovine verwandele. Die Schutzkraft der Vaccine gegen Ovine wird dagegen verneint von Pessina (1802), der 600 vaccinirte Schafe später mit Erfolg ovinisirte, von Voisin (1806), von der Ackerbaugesellschaft in Paris, von Waldinger, Liebbald (1814), von Heintl (1823) u. s. w. De Paul hatte, ebenso wie v. Heintl, bei seinen Massenimpfungen bis zu 60°/o Fehlimpfungen; die Wirkung war immer eine localisirte, und nur selten kam es am dritten Tage zu einer Blatter mit gelbem, dickem Eiter, deren Inhalt, auf andere Lämmer verimpft, eine gleiche Blatter zur Folge hatte. Auch Zürn sah nach gelungener Vaccination die Lämmer später an Ovine (geimpfter und natürlicher) erkranken.

Von gelungenen Ovinationen des Rindes berichten Sacco (1809) und Reiter (1846), und die Verimpfung dieser Ovinovaccine hatte auch bei Kindern guten Erfolg. Ziegen und Kaninchen sollen ebenfalls für die Ovine empfänglich sein.

Die Ovination des Menschen. Zufällige Ansteckung des Menschen mit Schafpocken ist sehr selten und nur bei Gelegenheit der Schafimpfungen vorgekommen. Die ersten Impfexperimente sind von Sacco mit so constantem Erfolg gemacht worden, wie es nie wieder anderen Forschern gelungen ist. 1804 ovinisirte er mit Dr. Legni zusammen 6 Kinder, und Dr. Legni behauptete später die erfolgreiche Weiterimpfung von diesen ovinisirten Kindern. 1806 hat Sacco bei 2 erfolgreich ovinisirten Kindern die Schutzkraft der Ovine durch nachträgliche Variolation bestätigt. Auch will Sacco in Barbarasco eine Kuh erfolgreich ovinisirt haben, von welcher Kinder geimpft werden konnten. Sacco sagt jedoch von den mit Ovine erzielten Pocken: »die Pusteln sind meist schon vor der Reife resorbirt;« »Narbenbildung ist sehr selten.«

Auch Steinbeck (1837) und Reiter (1846) berichten von erfolgreicher Ovination des Menschen durch verschiedene Impfgenerationen hindurch.

»Ich machte auch mehrere Impfversuche mit Stoff von Blattern der Schafe, den ich von Wien erhielt, an Kühen, und es gelang mir einmal, an einer Kuh eine Kuhpocke zu erzielen, die, auf ein ungeimpftes Kind verimpft, eine ganz ächte Kuhpocke hervorbrachte, welche sich durch nichts von jenen Kuhpocken unterschied, die der regenerirte Impfstoff hervorbringt.« Reiter [35, p. 164].

Die gleichen Impfversuche sind in neuerer Zeit sehr oft wiederholt worden, aber meist mit negativem Erfolg.

Mr. Marson und Ceely haben bei 250 Ovinisirungen von Kindern und Erwachsenen nie eine Pustel erzeugt, welche Aehnlichkeit mit einer Variola- oder Vaccinepustel hatte. Nachimpfungen mit Vaccine hatten überall Erfolg. Dieselbe Ovine, zu Controlversuchen bei Schafen benutzt, war ebenfalls erfolgreich.

Jedenfalls ist eine ausgedehnte Wiederholung dieser Versuche geboten. Aehnlich wie bei Variola und Vaccine scheint das Verhältniss der Ovine zur Vaccine: »zwei sehr ähnliche, doch bezüglich der Gefährlichkeit, des klinischen Verlaufes und der pathologisch-anatomischen Verhältnisse verschiedene Krankheiten, für die man durch gegenseitige Ueberpflanzung auf einen andern thierischen Organismus eine Abschwächung ihrer wesentlichen Eigenschaften annimmt. Wenn dieser Nachweis geliefert ist, wird man für alle Pockenformen denselben einheitlichen Ursprung annehmen dürfen (Bohn).« Auch liegt der Verdacht nahe, dass Sacco bei seinem hastigen und ruhelosen Umherreisen nicht mit der nöthigen Vorsicht verfahren ist und, wie Marson sich selbst bei seiner einzigen erfolgreichen Ovinisirung des Menschen gesteht, vielleicht die zur Vaccination vielfach benutzte Lancette auch bei den Ovinirungsversuchen benutzt hat. — Seine übereilten Schlussfolgerungen bezüglich der Schutzkraft der Vaccine, den Hunden eingeimpft gegen Raute, den Pferden eingeimpft gegen Druse, sind bekannt und haben Stoff zu vielfachen Verdächtigungen und Pasquillen von Seiten der Impfgegner gegeben.

Ueber erfolgreiche Uebertragung der Menschenpocken auf Schweine wird von Viborg berichtet, und ist dieselbe erwiesen durch folgende in Alfort gemachte Erfahrung: Als man daselbst eine Kuh mit Tüchern bedeckte, die mit Variolagift von Menschen getränkt waren, kamen die letzteren beim Herabfallen mit Schweinen in Berührung, die daran zerrten und vielleicht auch davon verzehrten; 8—10 Tage später brachen die Pocken bei den Schweinen aus, und keines der 40—50 Stück zählenden Heerde blieb verschont. Hering, Spec. Path. u. Therapie, III. Aufl. S. 392.

Die Lyoner Commission hatte dagegen negativen Erfolg beim Schwein, Hund und Schaf, positiven Erfolg bei Ziegen. Letzteres gilt auch von Mathieu und Auzias-Turenne. Vaccine haftet auch nach den eigenen Erfahrungen des Verfassers im innern Ohr der Ziege leicht und lässt sich am 5. Tage auf Kinder verimpfen; der Verlauf ist der einer guten Vaccine.

III.

Der Verlauf der Vaccine beim Menschen.

14. Der typische Verlauf der Vaccine.

In dem vorhergehenden Abschnitt ist schon darauf aufmerksam gemacht worden, dass der ursprüngliche Jenner'sche Lymphestamm in seiner 1500sten Generation auf Kindern eine kürzere Zeit bis zum Reifen der Pusteln und zum Abfall der Krusten brauchte. — Durch die Einführung der Glycerinlymphe sind noch weitere Abweichungen vom typischen Verlaufe erzeugt worden; der Impferfolg ist entschieden nicht mehr so gleichförmig, wie zu der Zeit, als man noch das ganze Jahr hindurch nur von einem Kinde zum anderen den Stoff lebendig erhielt.

Bei dem Gebrauche von Kälberlymphe ist in den ersten 6 bis 7 Tagen die Reaction entschieden eine geringere, die Wirkung am Revisionstage anscheinend unbedeutend. Im weiteren Verlaufe aber erreichen regelmässig die Entzündungserscheinungen in der Umgebung der Impfpusteln einen höheren Grad, als es nach der Verimpfung humanisirter Lymphe beobachtet wird, ein Umstand, dem diejenigen Impfärzte besondere Wichtigkeit beilegen, welche für die animale Vaccine einen stärkeren Grad der Schutzkraft vor den natürlichen Pocken behaupten. Und öffnet man die 7 mal 24 Stunden nach der Impfung anscheinend noch dürftigen Pocken, so wird man durch eine verhältnissmässig reichliche Menge zum Weiterimpfen ganz vorzüglich geeigneter Lymphe überrascht werden.

Aber auch unter Anwendung der gleichen Lymphe kommen bei verschiedenen Erstimpflingen, je nach der Empfänglichkeit des Nährbodens, derartige kleine zeitliche Abweichungen vor. — Wir wählen deshalb zur Schilderung des typischen Verlaufes der Vaccine die aus der Jenner'schen Zeit datirende Beschreibung von Sacco [33, p. 30], dem viel erfahrenen Praktiker und Forscher auf dem Gebiete der Vaccination.

»Vor dem 4. Tage bleiben die Impfstiche wie in einem lethargischen Zustande, und da man nichts bemerkt, als eine kleine Röthe, wie von einem Flohstiche, so sollte man meinen, es würde gar nichts erfolgen. Jetzt aber, oder etwas später, wird die Röthe lebhafter; der Impfpunkt erhebt sich etwas und gleicht, mit dem Finger berührt, einem Hirsekorne. Dies ist das erste Element der künftigen wahren Kuhpocke, deren Ausbruch nun, immer auf den Ort des Stiches beschränkt, unmerklich zunimmt, bis bald die rothe Erhöhung eine Pustel von eigenthümlichem Character darstellt. Sie ist rund, regelmässig, glatt, in der Mitte eingedrückt und von blassrother Farbe, zeigt aber bald, dass in ihrem Innern eine krystallhelle und durchsichtige Flüssigkeit eingeschlossen ist. Die Achseldrüsen fangen an zu schwellen und zu schmerzen, und am sechsten oder siebenten Tage der Impfung, d. h. am zweiten oder dritten der Eruption, werden Einige von einem leichten Fieber befallen, das sich den folgenden und dritten Tag wiederholt. Ekel, Erbrechen und convulsivische Bewegungen begleiten zuweilen das Fieber. Erwachsene bekommen meistens Schmerzen in der Lendengegend und pflegen besonders über heftiges Jucken in den Pusteln zu klagen. Alle diese Symptome sind jedoch niemals von der Stärke und Dauer, dass sie auch nur die geringste Furcht erregen könnten.

Die Pustel verbreitet und vergrössert sich nun von Tag zu Tag, aber immer mit Beibehaltung ihrer Form; und so wie sie wächst, nimmt die sie umgebende Röthe zu, bis dann, am achten Tage, die Reife einzutreten pflegt. Die Ränder der immer grösser gewordenen Pustel erheben sich und zeigen noch mehr die Vertiefung in der Mitte, die, von einem leichten Schorfe bedeckt, das Ansehen eines Nabels hat und daher Nabelgrube (ombelicata) genannt wird. Die Pustel enthält jetzt nur klare, krystallhelle, bisweilen klebrige Flüssigkeit; die Röthe breitet sich allmählich immer mehr aus, bis sie am zehnten Tage plötzlich mit der grössten Schnelle um sich greift, so dass sie zuweilen die Breite von 2 Zollen übersteigt (discus, areola; zona, efflorescentia). Sie ist von solcher Intensität und Lebhaftigkeit, dass sie bald, mehr oder weniger nach der Stärke des Subjekts, den Character des Rothlaufs gewinnt, indem sie zugleich im Zellgewebe eine beträchtliche Verhärtung mit starker und fühlbarer Hitze bewirkt. So ist die Krankheit auf den höchsten Grad ihrer Intensität gekommen. Die Pustel wird jetzt schön silber- oder perlfarben, beinahe wie der Nagel, wenn man die Fingerspitzen zusammendrückt; sie erhebt sich ungefähr eine Linie über die Haut und verbreitert sich um zwei, drei, vier und mehr Linien. Die Materie wird dünnwässrig und verliert ihre klebrige Beschaffenheit, der sie sich vorhin näherte, gänzlich. Die Röthe verschwindet am folgenden Tage mit eben der Schnelligkeit, als sie entstand; die Geschwulst der Drüsen setzt sich, und man kann sagen, dass die Pustel den höchsten Grad ihrer Ausdehnung erlangt habe, worauf nun die Abtrocknung erfolgt. Die Materie verdickt sich nach und nach, wird vom Mittelpunkt aus gegen die Peripherie hin allmählich hart und braun und verwandelt sich endlich in eine hellbraune, dicke Kruste von eben der Form, wie die Pustel selbst, welche Kruste sich, fest an die Haut geheftet, erst nach 10—12 Tagen ablöst, um sich von neuem, aber zarter zu erzeugen, und die eine leichte, runde und deutlich ausgedrückte Narbe zurücklässt.

Die wesentlichen und characteristischen Symptome von den Kuhpocken bestehen sonach blos in der Pustel; alle anderen sind als accessorisch und den übrigen Hautkrankheiten gemein, nicht als nothwendig anzusehen.

Auch der rothe Discus kann nicht als stetes Zeichen für die Echtheit oder Falschheit der Kuhpocken betrachtet werden, indem ich ihn mehrmals, bei übrigens vollkommen ausgebildeten Pusteln, vermisste, die dennoch vor den Pocken gänzlich schützten und einen herrlichen Eiter gaben, bei dessen Gebrauche zu anderen Impfungen die Pusteln mit der lebhaftesten Röthe erschienen.

Bedeckt man, wie es Sacco schon gethan hat (pag. 117), einige Pusteln der eben geimpften Kinder mit kleinen Uhrgläschen, so entwickeln sich die bedeckten bereits am 4. Tage zu kleinen Pusteln, während die nackt gelassenen eben erst Reaction zeigen. Am 8. bis 9. Tage haben die bedeckten einen rothen Hof, die unbedeckten noch nicht. Am 10. Tage sind die bedeckten meist geplatzt; es kommt zu einer Krustenbildung nicht, sondern die Impfstellen blättern ab, und der feuchte Inhalt der

Pusteln ist resorbirt; die Narbenbildung ist eine viel oberflächlichere als bei den frei gebliebenen Pusteln.

Das Vaccinalfieber.

Deutliche febrile Reizung und Störung des Allgemeinbefindens machen sich am 5.—6. Tage geltend. Nach Bohn [2] sollen in vielen Fällen keine Temperatursteigerungen beobachtet werden und eventuell ein Maximum der Fieberwärme am 8. Tage mit 38,9 bis 39,9° C. erreicht sein, worauf nach einem vorübergehenden Abfall mit einer unbedeutenderen Exacerbation am 12. Tage die fieberhafte Periode der Vaccine abschliesst. Beobachtungen im Frühjahr 1877 an Kindern und revaccinirten Schulkindern ergaben dem Verfasser fast stets merkliche Temperaturerhöhung zur Zeit der stärksten Areolaröthung, dreimal eine Steigerung bis auf 40 und 40,1° C., und in zwei der letzten Fälle erhob sich der Wärmegrad, nach einem Abfall zur Norm, bei Eintritt voller Eiterung und starker Röthe nochmals auf 39,4. Das fieberhafte Stadium wird eingeleitet durch leichtes Frösteln, durch anfliegende Hitze, intumescirte Achseldrüsen und lebhafteren Puls. Heftigere Allgemeinerscheinungen, wie Uebelkeit, Brechen, Kopfweh, Durst, bei Kindern Salivation, bei Erwachsenen Kreuzschmerzen (eine Erinnerung an das Prodromalstadium der Pocken) sind nicht selten. Nur ausnahmsweise kommt es zu Convulsionen am 6.—7. Tage oder bei zarten Schulkindern um diese Zeit zu Ohnmachtsanfällen. (Siehe die Curventafel pag. 19.)

Die Vaccinepustel.

Bohn unterscheidet an jeder Impfpocke zwei Höfe, die sich in vielen Fällen in der von ihm angegebenen Verlaufsweise verfolgen lassen: einen inneren, schmalen und dunkelrothen Saum, welcher die Efflorescenz vom ersten Momente ihrer Entstehung nach Art eines Entzündungshofes umgibt, und einen lichteren, äusseren Hof, der um den ersteren sich zu verbreiten beginnt, sobald das Vaccineknötchen in die Vesikel übergegangen ist. Je mehr das Jenner'sche Bläschen sich in den nächsten Tagen entwickelt, um so weiter dringt diese oft zackig unregelmässige Röthe nach allen Richtungen vor; gleichzeitig gewinnt sie an Intensität, bleibt jedoch noch bis zum 7. Tage von dem inneren, bedeutend gesättigteren Saume zu unterscheiden. Um diese Zeit, zu der das Vaccinefieber auftritt, verschmelzen beide Höfe, indem sich die Haut in der Umgebung der Pocke zu einer gleichmässig dunkelrothen und glänzenden Geschwulst erhebt, welche mit ziemlich scharfem Rande abfällt. Wenn die Entzündung vom 9. Tage an zurückgeht, differenziren sich wieder die beiden Höfe; der äussere blasst ab und hinterlässt eine bräunliche Pigmentirung der Haut, während der innere um die inzwischen mit Eiter sich füllende und verschwärende Pockenpustel dunkel bleibt und erst mit der Austrocknung der letzteren allmählich verschwindet. — Dieser von Bohn ausgehenden Trennung der beiden Höfe ist, wohl mit Unrecht, für die Bedeutung des Impferysipels ein besonderer Werth beigelegt worden.

Histologisch tritt die Impfpocke zuerst als Knötchen auf und nimmt durch gleichmässiges, peripherisches Wachsthum zu. Dasselbe beziffert sich beim Beginn der Bläschenbildung auf das 4—5-fache des normalen Dickendurchmessers. Zur selben Zeit ändert sich die Farbe des Bläschens, durch Verdickung der Epidermis und Ansammlung von flüssigem Inhalt bedingt. Durch diesen Inhalt ist die Cohärenz zwischen den oberflächlichen, verhornenden Schichten des Rete Malpighii und den tiefer liegenden Schichten desselben, sowie nach der angrenzenden Lederhaut hin, gelockert. Die Cutis ist bis zum Eintritt der Bläschenbildung wenig alterirt; später nimmt der Tiefendurchmesser des cutanen Gewebes um das 4—11fache der Normalstärke zu. Der Tiefen- und Breitendurchmesser ist daher beim Bläschen bedeutend grösser als beim Knötchen. In dem derartig veränderten Lederhautgewebe befinden sich zahlreiche, kleine, längliche, mit den Bindegewebszügen parallel laufende Spalten, die mit Lymphe gefüllt sind. Das Unterhautgewebe erhält sich nahezu analog.

Ueber die feineren Veränderungen der Efflorescenz in den einzelnen Stadien, bei Vaccinationen und Revaccinationen, siehe Tappe [37, p. 25 ff.], Pohl-Pincus [36] und die daselbst angeführte Literatur.

Der Nabel oder die Delle des Impfbläschens rührt nicht her vom Impfstich oder von einem mitten inne stehenden Haarbalg; auch im Innern der Hand hat die Impfpustel denselben Nabel; auf dem Kopfe zeigt nach Reiter die Pustel, trotz der vielen Haarbälge daselbst, nur einen centralen Nabel.

Die hinterbliebenen Narben sind tief, meist rundlich, von 1 bis 1½ Mm. Durchmesser, je nach der Impfmethode, und haben gezähnten Rand. Der Grund ist streifig, mit kleinen Rippen und einzelnen schwarzen Punkten versehen. Mit den Jahren werden die Impfnarben immer undeutlicher.

Das Vaccine-Contagium.

Eine Reincultur des Variola-Vaccine-Contagiums ausserhalb des lebenden Organismus und die einwurfsfreie Isolirung des Pilzes sind bis jetzt noch nicht gelungen.

Nach den vorliegenden Experimenten und Erfahrungen ist einmal das Blut der Vaccinirten (und Variolisirten ?) infectiös und weiter in intensiverer Weise der Lympheinhalt der Pusteln.

Die Vaccine-Lymphe ist eine durchsichtige, geruchlose, etwas salzig schmeckende, alkalische Flüssigkeit, aus Wasser und Eiweissstoffen zusammengesetzt, deren Specifität nur aus der Einwirkung auf den menschlichen Organismus, auf Pferde und auf das Rind sich erkennen lässt. Die Lymphe des 5.—7. Tages zeigt unter dem Mikroskop zahlreiche weisse Blutkörperchen, aber meist keine rothen; nach dem 8. Tage sind letztere constant vorhanden. In Glasröhrchen conservirte Lymphe weist nach einigen Monaten einen fortschreitenden Zerfall der weissen Blutkörperchen auf, und sind rothe darin nicht mehr aufzufinden. Die frische Lymphe sowohl, als auch die nicht verdorbene conservirte Lymphe enthält ausserdem die von Bohn und Grünhagen [38] beschriebenen grünlich schimmernden, hellglänzenden Körperchen. Auch durch Filtration der Lymphe sind diese Körperchen auszuscheiden, so dass das Contagium der Lymphe wohl mehr an diese Lymphkörperchen als an die Blutzellen gebunden ist. Eine Erwärmung der Lymphe auf 52—54° C. zerstört deren Wirksamkeit. Zusatz von destillirtem Wasser bis zur tausendfachen Verdünnung und künstliche Verdunstung des Wassers vernichtet nach 4—7 Tagen die Wirksamkeit nicht; dagegen geschieht dies durch Zusatz von 1/1000 Essig- oder Salzsäure mit Wasser. Cohn [39] kommt auf Grundlage seiner Untersuchungen nicht zu der Schlussfolgerung, dass die kleinen Lymphkörperchen die Träger des Contagiums sein müssen.

Von besonderer practischer Bedeutung sind die von Reiter vorgenommenen Verdünnungsversuche der Kinderlymphe.

»Wenn man ganz frische, humanisirte Lymphe auf die Haut eines Impflings legt und mit der feinsten englischen Nadel durch dieselbe ganz leicht in die Haut sticht, so wird jeder Stich haften; nicht so aber, wenn man den Stoff mit 5 Theilen Wasser verdünnt; in diesem Falle schlagen unter 5 Stichen nur mehr ein, höchstens zwei Stiche an. Verimpft man aber den so verdünnten Stoff mittelst einer gewöhnlichen Impfnadel mit fünf Stichen und setzt hiedurch grössere Verletzungen, so entstehen vielleicht 2—3 Blattern. Verdünnt man den Stoff zu 1%, so schlagen die Stiche mit der englischen Nadel ganz fehl, und 5 Stiche mittelst der gewöhnlichen Impfnadel entwickeln selten noch 1 Blatter. Macht man aber 5 Schnitte von je 3/4 Linien Länge in die Haut und belegt sie reichlich mit dem verdünnten Stoffe, so werden wieder 1—2 Blattern entstehen. Geht man mit der Verdünnung auf $1/2$%, so mazeriren die Nadelstiche ganz, und der Erfolg bei den Schnitten wird unsicher; man bekommt aber wieder vollen Effect, wenn man den so verdünnten Stoff auf eine durch ein Vesicans verursachte Hautwunde von Fingernagelgrösse mittelst Charpie in reichlicher Menge wirken lässt. Man kann mit der Verdünnung auf $1/16$% steigen und wird bei der Vesicatorwunde immer noch Erfolg haben. Man sieht hieraus, dass Concentration des Impfstoffes und Grösse der Verletzung in umgekehrtem Verhältniss stehen, und dass man, um des Erfolges sicher zu sein, bei unkräftigem Stoff eine grössere Verletzung setzen muss.«

Die von Flügge gegebene Characteristik des Vaccinepilzes (Fermente und Parasiten 1883, p. 106) lautet:

»Micrococcus vaccinae. Kugelige Zellen von 0,5 mm Durchmesser im Mittel zu 2—8zelligen Rosenkranzfäden, sowie unregelmässigen Häufchen und Colonieen verbunden. In frischer Lymphe von Kuh- und Menschenpocken, sowie in Variolapusteln. Chauveau und Burdon-Sanderson suchten die alleinige Wirksamkeit der corpusculären Elemente der Lymphe dadurch zu erweisen, dass sie die Lymphe mit Wasser überschichteten, resp. filtrirten, bei welchen Versuchen nur die oberen Schichten des Wassers sowie die Filtrate wirkungslos blieben.«

Wir verweisen des Weiteren auf die Literatur in [36].

Im Reichsgesundheitsamt hat man 2 Arten von Mikroorganismen in dem Inhalte der Vaccine gefunden, und bei keiner Art konnte nachgewiesen werden, dass sie als der eigentliche Vaccinepilz anzusehen sei.

Der concisen Beschreibung von Flügge gegenüber heisst es in den Mittheilungen des Reichsgesundheitsamtes, B. I. p. 140: »da es durchaus noch nicht feststeht, ob die Variola eine Bacterienkrankheit ist oder nicht.« —

Demnach ist wohl diese Cardinalfrage noch eine offene.

15. Abweichungen der Vaccine vom typischen Verlauf; die Vaccine bei Geblatterten und Geimpften.

Abweichungen von dem oben geschilderten typischen Verlauf kommen zahlreich vor. Es giebt sicher Vaccine ohne Ausschlag und dennoch ausgestattet mit der Schutzkraft der gewöhnlichen Vaccine. Eine ganze Reihe solcher Fälle sind bei Bousquet [7, pag. 541] aufgeführt. Am 8. Tage stellt sich das gewöhnliche Impffieber ein, ohne jede Röthung an der Impfstelle; eine nachfolgende zweite Vaccination geht nicht an. Das Comité de Vaccine veröffentlicht im Jahre 1812 einen Fall der eben beschriebenen Art, in dem auch die nachfolgende Blatterninoculation nicht gehaftet hat; im Jahre 1814 eine weitere Reihe solcher Fälle, darunter auch den des Dr. Tréluyer: Bei 60 Kindern haben innerhalb 6 Wochen die DDr. Tréluyer, Cormerais, Rouillard, Barthélemy und Deparc keine Pusteln erzeugen können, während gegen den 8. Tag für 48—72 Stunden Allgemeinerscheinungen und meist starkes Fieber sich zeigten. Bei 5 Kindern haftete die nachträglich vorgenommene Variolisirung nicht, und ebensowenig bei den übrigen die Vaccination. Welche Einflüsse hier speciell sich geltend gemacht haben, muss noch unentschieden bleiben; bekannt ist den Impfärzten, dass zu manchen Zeiten aus unbegreiflichen Gründen die Vaccinepusteln nur kümmerlich verlaufen.

Dieser Vaccine ohne Exanthem stehen die Fälle mit einer Generalisirung der Vaccine gegenüber.

Mit dem ersten Fieberanfall erheben sich oft in der Randröthe kleine Knötchen und varicellenartiger Ausschlag am Körper, an den Extremitäten und auf dem Kopf. Bei gelindem Fieberverlauf hat Verfasser diesen allgemeinen Ausschlag nie beobachtet. Auch wenn bis zu 60 Bläschen aufgetreten waren, fanden sich doch echte, gefächerte Jenner'sche Bläschen nie darunter. Weiterimpfungen mit dem Inhalt dieser Bläschen gelangen dem Verfasser bisher nicht.

Diese spontanen Bläschen erscheinen häufig an den kranken Hautstellen. Impft man eine Kuhblatter absichtlich auf eine entzündete oder gereizte Hautstelle, so erscheint die Pustel hier kräftiger als an einer andern, gesunden Hautstelle. — Auch werden sporadische Pocken zuweilen auf Kratzstellen gefunden; künstlich kann man diese Art der sporadischen Pocken durch Hautreize oder absichtliche, leichte Verwundungen der Haut innerhalb des 2.—5. Tages nach der Impfung erzeugen.

Eine Vaccine ohne Fieber und ohne Areola lässt sich experimentell herstellen.

Bryce [40] theilte zuerst eine Reihe von Versuchen über Re insertion der Vaccinelymphe mit. Wenn ein Kind mit guter Lymphe an einem bestimmten Tage geimpft ist, so hat am 2., 3. bis 5., ausnahmsweise auch noch am 6. Tage eine weitere Nachimpfung den Erfolg, dass auch diese Impfungen angehen, jedoch mit dem Unterschied, dass dieselben die erste Impfpustel in der Entwickelung einholen, so dass am 10. Tage alle den gleichen Grad der Reife zeigen, die später gemachten aber an Grösse nachstehen. Die Areolaentwickelung und Eintrocknung wird bei allen gleichzeitig eintreten. Bryce hat diese Methode 1809 zur allgemeinen Einführung empfohlen. Aehnliche Resultate haben die Re-insertionen Sacco's mit Variolalymphe ergeben.

Dr. Jahn in Zella gründete auf ähnliche Beobachtungen seine empfohlene Methode der Successivimpfung. Bei der Verwendung von längere Zeit conservirter Lymphe, bei starker Verdünnung der Lymphe mit Glycerin oder auch zufällig beim Impfgeschäft werden oft nach 7 × 24 Stunden nur Bläschen oder Knötchen ohne Areola an den Impfstellen mit klarflüssigem Inhalt erzeugt, der sich auf demselben Individuum alsbald mit dem Erfolg weiterimpfen lässt, dass 3 bis 5 Tage nach dieser Autoïnoculation eine neue regelrechte Pusteleruption mit nachfolgendem Eiterfieber (nach 4—5 Tagen) eintritt. Auch die ursprüngliche Pocke hat Leben bekommen und erreicht mit den neu angelegten zur selbigen Zeit die Reife. Die Jahn'sche Methode wird, trotzdem milderer Verlauf der Vaccine und die minimale Gefahr für Ueberimpfung der Syphilis betont werden, kaum methodisch geübt werden, höchstens als Correctur eines unvollständigen Erfolges, weil auch mit dem später zu beschreibenden einfacheren Verfahren dasselbe Ziel — Sättigung des Individuums mit Vaccine — erreicht wird.

Ueber das latente Verharren der Vaccine in den Impfstellen werden auffallende Beobachtungen mitgetheilt.

Sacco hat eine Verzögerung des Ausbruches ohne nachweisbaren Grund bis zum 10. und 30. Tage beobachtet. Aehnliches berichtet Wiehen in Virchow's Archiv 64, B. 2. Moreau beobachtete einen Zwischenraum von 6 Wochen. Dass aber erst nach 6 Monaten sich regelmässige Kuhpocken gezeigt haben, klänge fast unglaublich, wenn nicht mehrere solche Fälle mitgetheilt wären (London med. and phys. Journal, 1883 Feb.; Dollmeyer in den Mittheilungen des V. d. Aerzte in Niederösterreich 1875, 8) und nicht auch bei Wechselfieber, Scharlach u. s. w. eine derartige lange Latenz constatirt wäre.

Jedem Impfarzt kommen Fälle vor, in denen sich der Verlauf der Vaccine auf 20 Tage und mehr ausdehnt, indem, obgleich der Ausbruch am 4. und 5. Tage ganz regelmässig erfolgt ist, doch die Areola um die perlglänzende Pustel erst nach 12—15 Tagen sich einstellt, mit erfolgreicher Abimpfung und Weiterimpfung an diesem Tage.

»Obgleich die Kuhpocken unter den Exanthemen eines der regelmässigsten und einförmigsten sind, so trifft es sich doch bisweilen, dass sie von ihrem normalen Verlaufe abweichen. So habe ich bei verschiedenen Individuen einige Pusteln in der Abtrocknung gesehen, während andere noch im Stadium des Ausbruchs waren. Diese spät sich entwickelnden Pusteln, wenngleich echt und auf dem Orte der Impfung entstanden, enthalten doch stets eine weniger wirksame Materie, als die ersten, und haben nachher einen schnelleren Verlauf.«

»Da es meine Methode ist, eine anscheinend fruchtlose Impfung nach 8—10 Tagen zu wiederholen, so habe ich oft bemerkt, dass sich mit den neuen Stichen auch die alten entwickelten, und die Zahl der Pusteln also wuchs, ohne die Krankheit schwerer zu machen. Ein Knabe von zwei Jahren war schon zweimal vergebens geimpft worden; bei der dritten Operation erschienen die Pusteln auf der ersten, zweiten und dritten Impfstelle, so dass das Kind 16 Impfpusteln zu gleicher Zeit hatte, die durch 18 Stiche in drei verschiedenen Malen gemacht waren. Die Symptome waren aber nichts destoweniger nicht im geringsten heftiger, als bei anderen Kindern, die nur eine, zwei oder drei Pusteln hatten.« Sacco l. c. p. 37.

Retardirend auf den Verlauf wirken zumal intercurrente Krankheiten. Nach Meyer-Ahrens geht die Lymphe bei einigen nordsibirischen Völkerschaften erst am 10.—17. Tage an. Ueber den Verlauf der Vaccine unter den Tropen finden sich interessante Mittheilungen bei Mazaé Azéma [80]. Diarrhöe, Masern, Wechselfieber verspäten den Ausbruch. (Behrend, Berliner klinische Wochenschrift 1881. p. 679.)

Als fernere Abweichung von dem typischen Verlauf kommen decrepite und Abortivformen zur Anschauung. Siehe Abschnitt II.

Zuweilen zeigt sich schon am zweiten Tage ein linsengrosses Bläschen, welches am 6.—8. Tage eingetrocknet ist. Diese Form (Vaccinella) wird beobachtet, wenn man Kinder kurze Zeit nach durchaus normal verlaufener Vaccine noch einmal impft. Ausserdem werden ähnliche Abarten noch erzeugt: durch zu spätes Abimpfen, durch zu grosse Ausnützung der angestochenen Pusteln, durch sorglose Behandlung der Lymphe, durch Abimpfen von matten Pusteln oder Revaccinepusteln, durch zu langes Liegenlassen der Lymphe im heissen Sommer und viele andere Unterlassungen, die der erfahrene Impfarzt sorgfältig vermeidet. Wenn es dann vorkommt, dass Impfscheine ausgestellt werden auf kleine Pocken mit unentwickeltem Hof, ohne jede Reaction des Körpers, ohne Fieber u. s. w., so ist das ein durchaus tadelnswerthes Verfahren, denn sicher ist die Schutzkraft der fraglichen Impfung eine zweifelhafte. Licitation des Impfgeschäftes und Zuschlag an den mindestfordernden Arzt, wie dies von manchen Kreisregierungen jetzt geschieht, begünstigen die Erziehung der Abortivvaccine durch unerfahrene Impfärzte und schwächen damit den Erfolg des Impfzwanges ab.

In heissen Sommertagen reifen die Impfbläschen oft um 12 bis 24 Stunden früher als in kalten Wintertagen. Ob durch kalte Umschläge auf die Impfstellen eine Verzögerung des Ausbruches bewirkt wird, wie dies Gatti für die inoculirten Menschenblattern gezeigt hat, darüber liegen keine Beobachtungen vor. Bei Neugeborenen wachsen die Pusteln zuweilen noch am 10. Tage.

Liegen Kinder andauernd auf einer Seite im Bett, so kommt es vor, dass auf dieser wärmer gehaltenen Seite die Impfpusteln grösser erscheinen.

Behandlung der Vaccine. Gleichmässige Temperatur, Schutz vor Erkältung und Durchnässung, reizlose Kost und kühles Verhalten genügen meist. Die Gesetzgebung hat das Fieber am 8. Tage zu berücksichtigen und Transport zu entfernt gelegenen Revisionsstationen zu umgehen. Zurückbleibende Geschwüre werden nach allgemeinen Regeln behandelt.

Die Complication mit Masern, Scharlach, Blattern verlangt die Behandlung nach den für diese Krankheiten geltenden allgemeinen Grundsätzen und antiseptische Pflege der Localaffectionen.

Ein Beispiel tödtlicher Blutung aus den Impfstellen bei einem Kind aus einer Bluterfamilie beschreibt R. Pott [42]. Er bejaht auf Grund der dort angezogenen Casuistik die Frage, ob man Kinder aus Bluterfamilien dennoch impfen soll, und stimmt Immermann (Ziemssen's Handbuch XIII, 2. Hämophilie) bei: »es erscheint nothwendig, eine etwa eintretende profuse Hämorrhagie sofort mit aller Energie durch die geeigneten Mittel zu bekämpfen.«

Die Revaccination.

Die Controversen über die nach Verlauf von 10—15 Jahren nachlassende Schutzkraft der ersten Impfung haben besonders lebhaft in Deutschland gespielt und im dritten Jahrzehnt der Entdeckung Jenner's zur Einführung der Revaccination geführt. Eine eigenthümliche Seite des Streites vertrat damals H. Eichhorn [43], der eine gründichere Sättigung des Individuums durch eine am 2. Tage vorzunehmende Nachimpfung verlangte, während noch A. H. Nicolai [44] im Jahre 1833, wie aus seiner Lympheveredelungs- und Weiterimpfungsordnung (p. 47) hervorgeht in der Vaccinedegeneration die alleinige Ursache des immer häufigeren Erscheinens der Menschenblattern bei Geimpften erblickte. Die Mehrzahl der italienischen Aerzte steht heute noch auf dem Standpunkt, dass die Revaccination bei dem Gebrauche animalen Stoffes überflüssig ist. (Siehe folgenden Abschnitt.)

Ein vollständig guter Erfolg, wie er bei zuerst geimpften Kindern vorkommt, gehört zu den Seltenheiten. Die Reactionserscheinungen sind stets heftiger; gegen den 6.–7. Tag tritt das Fieber mit ausgesprochenem Frost ein, von Mattigkeit, zuweilen auch Kreuzschmerzen (ähnlich wie in dem Prodromalstadium der Variola) und Ohnmachten begleitet. Die Pocken nehmen meist einen rascheren Verlauf mit der Akme am 5., 6. und 7. Tage; ihr Rand hat öfter vorspringende Winkel; die Hautröthe ist meist weit verbreitet, oft mit Schwellung bis zur Hand herab verbunden. Der Inhalt der Pusteln ist dünnflüssiger, die Farbe bläulich von ausgetretenem Blut. Die Narben sind flacher und verschwinden rascher. Der bei der Inoculation der Variola vorkommende Achselschmerz, durch Schwellung der Lymphdrüsen bedingt, fehlt bei der Revaccine selten, während er bei erster Impfung kaum vorkommt. Bei einigen vom Verfasser am Oberschenkel geimpften Amerikanerinnen kam es zu Schwellung der Inguinaldrüsen.

Eine häufige Abweichung von diesem regelrechten Verlauf der Revaccination ist der überstürzte Verlauf des ganzen Processes, so dass schon am 4.—5. Tage, oft noch früher, die Impfstellen die Höhe ihrer Entwickelung erreicht haben. Eiterung und Schorfbildung verlaufen ebenfalls entsprechend schneller. Am Revisionstage erscheinen viele Revaccinirte mit intensiv geröthetem Oberarm, an Stelle der Pustel eine unregelmässig zackige Kruste oder Wunde präsentirend. Ungleichheit in der Entwickelung der einzelnen Stiche ergiebt neben einzelnen gut entwickelten Pusteln noch eine oder mehrere verspätete oder abortive, varicellenartige Impfpusteln. So stellt sich, im Gegensatz zu dem meist typischen Verlauf der Kindervaccine, die Impfpustel bei ca. 20—25 Procent der Revaccinirten dar. Die überstürzte, wenn auch relativ vollkommene Entwickelung kommt dem Impfarzt am 7. Tage bei der Revision nicht mehr zu Gesicht und kann meist nur aus den Ueberresten des vorhanden gewesenen J e n n e r'schen Bläschens beurtheilt werden.

Weitere Abkürzungen des Processes, mit Eintritt der Akme vor dem 4. Tage, erscheinen in Gestalt von varicellenartigen, ungefächerten Bläschen, von Knötchen oder von einfachen Stippchen mit Erythem, ohne dass man sagen kann, wo die entwickelte Form aufhört und die abortive anfängt. Von diesen Formen lässt sich nicht weiterimpfen, und doch haben sie für das betreffende Individuum ihren Werth, insofern nachfolgende, an demselben Individuum vorgenommene Controlimpfungen nicht mehr haften. Guten Impfstoff vorausgesetzt, muss schon ein Knötchen mit Erythem oder eine ausgesprochene Röthung der Impfstelle als Beleg dafür angesehen werden, dass noch eine geringe Empfänglichkeit vorhanden gewesen ist. Auch diese Abortivformen sind häufig mit Achselschmerzen verbunden. Eine nur traumatische Entzündung in der Umgebung der Impfwunde hat nie eine diffuse Röthe und ist meist nach 1—2mal 24 Stunden vollständig verheilt.

»Als Wiederimpfung von Erfolg ist eine solche anzusehen, nach welcher am Tage der Nachschau mindestens eine mehr oder weniger eingetrocknete Pustel oder die Borke von einer oder mehreren rasch in ihrer Entwickelung verlaufenen Pusteln zu bemerken ist.« (Circularverfügung vom 4. October 1878, betreffend die Abänderung der bestehenden Impfformulare. Protokoll der 36. Sitzung des deutschen Bundesrathes vom 5. IX. 1878, betreffend Abänderungen in den bisherigen Formularen zum Impfgesetz vom 8. April 1874 ad Form V. Bemerkungen IV).

Der Erfolg der Revaccination richtet sich nicht streng nach der Zahl und Deutlichkeit der etwa schon vorhandenen Narben. Bei kaum sichtbaren Narben aber kann man gewöhnlich auf intensiveres Angehen der Revaccination rechnen. (Mangelhafte Empfänglichkeit oder mangelhafte Impfung in der Kindheit?)

Genaue Buchführung über die vor dem Jahre 1874 vorgenommenen Revaccinationen ist nur von dem Herzogthum Meiningen, aus einigen Kreisen Württembergs und von den Militärrevaccinationen bekannt. — Das Herzogthum Meiningen mit 200000 Einwohnern hat seit 1859 Revaccinationszwang für die 13jährigen Schulkinder. Bei 70 Procent der Revaccinirten, steigend bis zu 80 Procent (Dr. Bender in Camburg), ist im Durchschnitt Erfolg verzeichnet. Die Impfmethode war die sicherste aller bekannten, nämlich von Arm zu Arm. Elsässer [45] referirt für Württemberg bei den 14jährigen Schulkindern 75—82 Procent Erfolg, bei den 21jährigen Rekruten 65 bis 75 und für spätere Altersklassen 25—78 Procent Erfolg. Flinzer [46] berechnet 1875 für Sachsen 74,5 Procent. [49] Die Revaccinationserfolge im preussischen Heere betragen nach Prager [47] 63,21 Procent auf beinahe 2 Millionen Geimpfte für die Jahre 1833—1867; im württembergischen Militär 1854—68 = 74 Procent; im bayerischen Militär 40—50, im badischen 39,8 Procent. Haffter berichtet im Schweizer ärztlichen Correspondenzblatt IV, pag. 479, von 80 Procent Haftung bei Militärrevaccinationen mit Glycerinlymphe. Im Königreich Sachsen sind 1880 auf 63624 Revaccinationen über 90 Procent Erfolge constatirt worden. Allein diese Statistik steht auf schwachen Füssen, da die Lymphsorte, der unregelmässige und öftere Abortivverlauf der Revaccine u. s. w. nicht in Rechnung gezogen sind. Jedenfalls sprechen die Erfahrungen aus Meiningen, Württemberg und Sachsen dafür, dass das 12. Lebensjahr in sachlicher Beziehung kein unzweckmässiger, für die Impfpraxis aber sehr bequemer Lebensabschnitt ist. Will man aber später auf die jetzt im deutschen Reiche officiell geführten Revaccinationslisten eine Statistik bauen mit Bezug auf die etwaigen späteren Blatternerkrankungen, so ist mindestens eine allgemeine Instruction darüber zu erlassen, wie bei Revaccinirten ein Erfolg aufzufassen ist. Conf. Badische Verordnung vom 18. Mai 1875, Württembergische vom August 1880 und Verhandlungen des deutschen Aerztetages 1880. Ueber Blatternfälle bei Revaccinirten siehe Reiter l. c. 199.

Ueber die Qualification der Revaccinelymphe zum Weiterimpfen herrscht noch grosse Meinungsverschiedenheit. E. Müller [48] hat sich entschieden dagegen ausgesprochen. Nach ihm ist Revaccinelymphe als eine modificirte, d. h. schwächer wirkende Lymphe zu betrachten. Er glaubt, dass die Impfresultate der preussischen Armee, in der man bekanntlich von den revaccinirten Soldaten abimpft, noch glänzender sein würden, wenn man Kinderlymphe benützen wollte. — Ausser beim Militär, für welches wohl Mangel an sonstigen Quellen den Ausschlag gegeben haben mag, hat die Abnahme von Revaccinelymphe kaum viele Anhänger gefunden.

Eine Resolution des VII. deutschen Aerztetages verlangt Verbot der Abnahme von Revaccinelymphe. Dasselbe Verbot enthalten die Ausführungsverordnungen zum Impfgesetz in S.-Weimar, S.-Meiningen von den Jahren 1859 und 1873, in S.-Gotha vom Jahre 1874, in Hannover, Reuss, Reg.-Bez. Bromberg, Wiesbaden. Die sächsische Ausführungsverordnung gestattet dagegen den Gebrauch der Revaccine unbeschränkt, die württembergische erlaubt ihn nur für Revaccinationen.

Jedenfalls empfiehlt es sich, von der Revaccineblatter nur dann abzuimpfen, wenn dieselbe vollkommen entwickelt ist und eine Delle besitzt. Der Inhalt von einfachen, ungefächerten Bläschen giebt ebenso wie der von sporadisch auftretenden Vaccinepusteln bei der ersten Impfung oder die durch Successivimpfung erzeugte Vaccine nur spärlichen und ungenügenden Erfolg. —

Die zu Revaccinirenden sollen ferner nur mit Schnitt, nicht mit Stichen, geimpft werden, da eine volle Empfänglichkeit nicht mehr besteht. Reiter in München hatte bei Schnitten 3½mal mehr Erfolge für die Einzelinsertionen, als bei Stich. Auch soll verdünnter Impfstoff oder solcher Stoff, den man für Erstimpfungen als zweifelhaft gut erachtet, erst recht nicht für Revaccinanden verwendet werden. Reiter erzählt Fälle, in denen mit todtem Stoff Geimpfte an bösartigen Blattern erkrankten, und verlangt, dass nach jeder Fehlimpfung eine direkte Impfung von Arm zu Arm wiederholt werden soll.

Die Vaccine bei Geblatterten.

Thiele vaccinirte 1436 Geblatterte, mit gutem Erfolg 271, mit unvollkommenem Erfolg 84.

Heim [50] referirt aus Württemberg (1831—1836) bei 297 Geblatterten für die Vaccination 95mal guten, 76mal modificirten Erfolg und schliesst daraus auf eine grössere Disposition des Menschen für Vaccine als für Variola.

Die Krankengeschichte bei Jenner [26], Elisabeth Wymce betreffend, die nach geschehener Vaccination auf eine Controlimpfung mit Variola nicht reagirte, aber bald darnach doch noch einmal mit Erfolg vaccinirt wurde, spricht für diese Anschauung.

L. Voigt [31] in Hamburg hat in den letzten Jahren gegen 300 Kinder, die 1870/71 die Blattern hatten, vaccinirt; der Erfolg war genau so günstig, wie bei den 1870/71 Vaccinirten, so dass hier die Variola keinen höheren Grad der Immunität geliefert hat, als die Vaccine.

Jedenfalls ist nicht als unbedingter Lehrsatz hinzustellen, dass Vaccine bei Geblatterten und Revaccinirten als ein sicheres Zeichen einer neuen Empfänglichkeit für Variola anzusehen ist.

Die dritte Vaccination.

Einen Fall von fünfmaliger erfolgreicher Impfung theilte Herr Amtsphysikus Dr. Withauer in Gerstungen dem Verfasser mit. Er impfte seine am 20. März 1838 geborene Tochter mit Erfolg am 10. Juli 1838 zum erstenmale, von derselben am 17. Juli 25 Kinder; zum zweitenmal 1858, zum drittenmal 1866, zum viertenmal 1870, zum fünftenmal 1871 und dann ohne Erfolg noch zweimal.

Weitere ähnliche Fälle sind mitgetheilt von Reiter, l. c. pag. 79. — Im Allgemeinen gilt der Satz: je später nach der zweiten Impfung die dritte erfolgt, desto besser der Erfolg. Verfasser hat den Impferfolg bei wiederholter Revaccination der Rekruten im Herzogthum S.-Meiningen, welche bereits seit 1859 als Schulkinder revaccinirt sein mussten, zu verfolgen versucht. Der Impferfolg bei den Schulkindern beträgt ca. 88%. In der Garnisonstadt Meiningen ist der Impferfolg bei den Rekruten 1873—82 = 89%; in Hildburghausen 1873—1882 = 82,2% gegenüber 63,21% beim gesammten preussischen Heer 1833—1863. Die dritte Impfung hätte demnach nach 8 Jahren Zwischenraum ganz brillanten Erfolg gehabt.

Es ist möglich, dass durch die nicht in dem Herzogthum geborenen und dennoch in dessen Garnisonstädten eingestellten Rekruten das Resultat verwischt wird; möglich auch, dass die Schwierigkeiten bei der Abschätzung des Impferfolges ebenfalls mit eingewirkt haben, und lässt sich nur so viel sagen, dass Schlussfolgerungen aus derartigen Listen in Bezug auf die Dauer des Impfschutzes resp. Revaccinationsschutzes nicht zulässig sind.

Therapie.

Die normal verlaufende Revaccine bedarf einer besonderen

Therapie nicht. Jedoch sind besondere Massregeln, z. B. wegen des vorgerückteren Alters der Betroffenen zu berücksichtigen.

Wegen der ständig sich einstellenden Achselschmerzen wird nur der linke Arm benützt; auf demselben aber müssen, weil gewöhnlich einige Pocken ausbleiben, mehr Impfstellen gemacht werden. Mädchen sollen möglichst 8 Tage nach der Regel vaccinirt werden. Dispens vom Schulbesuch, vom Turnen ist bei gut angegangener Revaccine geboten; das kalte Baden ist bis zur Abheilung zu unterlassen. Wenn Rothlauf in der Bevölkerung sich zeigt, ist sofort mit dem Revacciniren aufzuhören.

Die Zwangsvaccination.

Das Impfgesetz für das deutsche Reich ordnet die Revaccination der Kinder im 12. Lebensjahre an. Ueber die Zweckmässigkeit dieser Altersperiode ist in den letzten Jahren viel geschrieben worden. Zu lösen ist die Frage zur Zeit noch nicht an der Hand der Statistik. Diese verfügt jetzt kaum über grosse und hinlänglich verbürgte Zahlen, so dass man bezüglich der Blatterntodesfälle nur sagen kann, dass seit Einführung der Impfung das Kindesalter auffallend verschont ist, mit dem 12.—14. Jahre aber auch Kinder relativ häufig in der Mortalitätsstatistik der Blattern erscheinen. Der relative Kinderreichthum, die Güte der früheren Impfungen, die Zufälligkeiten der Blatternansteckung, die epidemische Gewalt des Contagiums u. s. w. bleiben dabei selbstverständlich ausser Berücksichtigung.

16. Complication der Vaccine mit Erysipel.

Aus der reichen Casuistik heben wir zunächst folgende prägnante Fälle hervor:

Dr. Sinnhold [51] impfte am 19. Juni 1875 von einem Kinde direct 6 andere Kinder. Der Stammimpfling und seine Mutter waren ganz gesund, in der Umgebung der Pocke keine Entzündung, die Lymphe ganz klar. Entnommen wurde nur Lymphe vom linken Arm. Am 21. Juni zeigte sich am rechten Arm, von dem nicht abgeimpft worden war, ein leichtes, fingerbreites Späterysipel, das rasch verheilte. — Von den 6 Impflingen erkrankten 4 nach 16—24 Stunden unter Fieber und Convulsionen mit schwerem Erysipel, fast mit den Symptomen einer acuten Vergiftung und mit einer Dauer des Erysipels bis zu 3 Wochen. Die Impfpocken verliefen innerhalb der Hautentzündung normal. — Als Ursache wird vom Impfarzt das Späterysipel des Stammimpflings angesehen, das am Tage des Abimpfens noch nicht beobachtet werden konnte, am 21. Juni aber am rechten, nicht abgeimpften Arm zum Vorschein kam. Die 4 Kinder, die für spätere Weiterimpfungen bestimmt waren, hatten viel Lymphe eingeimpft bekommen und waren schwer erkrankt. Die 2 nicht befallenen Kinder hatten, weil schwächlich, nicht viel Lymphe erhalten.

Die von Dr. Meinert in Dresden in Börner's deutscher med. Wochenschrift 1876 pag. 417 veröffentlichten Fälle aus Radeberg betreffen 6 Erkrankungen an Blasenrothlauf am 4.—6. Tage; bei einem Kind hatte sich die ganze Oberhaut des Rückens abgelöst, so dass dieser »wie geschunden« aussah. Es ereigneten sich 4 Todesfälle. Die Stammimpflinge waren gesund. Verwendet wurde trocken conservirte Lymphe. Auch in andern Gegenden Sachsens ist zur selben Zeit das Impferysipel öfter beobachtet worden, ohne dass directe Ursachen angegeben werden konnten. Die von Dr. Meinert geschilderten Krankheitserscheinungen stimmen mit denen überein, die Hug bei dem Impfrothlauf in der Stadt Freysing ungefähr zur selben Zeit beobachtet hat.

In den Hug'schen Fällen [52] scheint das das Erysipel erzeugende Contagium nicht an der Lymphe gehaftet zu haben. Es erkrankten von 293 Geimpften 30. Einmal wurden 17 Revaccinationen und 1 Kinderimpfung vorgenommen mit Lymphe von einem ganz gesunden Kinde. Nur das geimpfte Kind erkrankte, die Revaccinirten nicht. Bei 110 ohne Erfolg geimpften Schülern wurde ebenso das Erysipel nicht beobachtet.

Von älteren Fällen gehört hierher die Beobachtung von Barbieri, der, ohne es zu wissen, von einem an Rothlauf der Beine erkrankten Impfling abimpfte auf 49 andere Kinder. Von diesen zeigten 21 eine kaum vollkommene Entwickelung der Vaccinepusteln. Bei 12 von diesen 21 Kindern trat Erysipel auf (wo?) und 5 starben [7].

Bei Gelegenheit der in Boston herrschenden Epidemie von Vaccinationserysipel (American Journal 1850. October) sind hiergegen von Cabot, Bigelon, Morland, Jackson, Corson (Transact. of the med. society of Pennsylv. IV) eine Reihe von Fällen beobachtet worden, in denen ohne Nachtheil von Kindern abgeimpft wurde, welche unmittelbar darauf an Erysipel erkrankten, während andere, von gesunden Impflingen Geimpfte an Rothlauf erkrankten.

Am lehrreichsten sind einige von Risel-Halle 1880 beobachtete Fälle von Erysipel, bei denen es schon am Abend nach der Impfung zu fieberhafter Erkrankung kam. Am folgenden Tage war auch der Stammimpfling mit Erysipel behaftet, und lässt sich für ein derartiges Zusammentreffen nur die gemeinschaftliche frische Einwirkung der gleichen Infection annehmen. Möglich z. B., dass das Gift auf der Pustel des Stammimpflings oberflächlich haftete und mit dem Körper des Kindes noch gar nichts zu thun hatte; beim Oeffnen der Pustel mit der Lancette wurde das Erysipelcontagium erst in das Gewebe des Pockengrundes beim Stammimpfling eingeimpft und gleichzeitig mit der Lymphe auch auf den Impfling übertragen. Beide bis dahin gesunde Kinder erkrankten nun gleichzeitig an Erysipel. — Die kurze Incubation widerspricht nicht dem sonst beim Erysipel Beobachteten.

Auffallend ist das in neuerer Zeit viel häufiger bemerkte Auftreten des Impferysipels, und kann diese Thatsache nicht allein durch die darauf verwendete grössere Aufmerksamkeit erklärt werden. In Bayern sind angeblich in den 10 Jahren 1861 bis 1871 nur 96 Rothlauffälle mit 10 Todesfällen unter 1242695 Geimpften vorgekommen, in Württemberg vor Erlass des Reichsimpfgesetzes 9 mit 1 Todesfall; in Preussen sind in den 30 Jahren vor Erlass desselben 63 Erkrankungen mit 13 Todesfällen constatirt worden. — Seit dem Erlass des Impfgesetzes sind in Preussen in den ersten

5 Jahren mindestens 200 Fälle von Rothlauf mit 50 Todesfällen beobachtet worden, und jedenfalls sind zahlreiche Fälle nicht zur Cognition gekommen. In Preussen sind 1880 am Impferysipel gestorben 9, und zwar davon im Reg.-Bezirk Königsberg 3; Posen 2; Bromberg 1; Breslau 1; Merseburg 2. Auch aus Sachsen und einigen süddeutschen Staaten sind zahlreichere derartige Vorkommnisse berichtet.

Jedenfalls stellt das Erysipel die am häufigsten vorkommende und die acut gefährliche Complication der Vaccine dar, und muss der Impfarzt bei jeder, auch der unbedeutendsten Handlung an die Möglichkeit einer derartigen Infection der Impfwunde denken.

Nach Koch machen die Erysipelasmicrococcen ihre Entwickelung ausserhalb des thierischen Körpers durch und gelangen nur, wenn ihnen gerade Gelegenheit gegeben wird, durch Verletzung der Oberhaut, in den thierischen Organismus. Sie gehen nach Fehleisen nicht in die Blutgefässe über, verbleiben in den Lymphbahnen, und characterisirt sich nach den klinischen Erfahrungen der Process wesentlich als eine Erkrankung der Spalträume im Bindegewebe des Corium, bezw. der von demselben ausgehenden Lymphgefässe.

Dass die Lymphe der Träger des Erysipelcontagiums sein kann, lehrt die oben angeführte Casuistik. Es ist desshalb nicht ohne weiteres grobe Fahrlässigkeit des Impfarztes, wenn bei erst nachträglicher Erkrankung des Ab-Impflings auch die weiter Geimpften an Erysipel erkranken.

Wohl in der Mehrzahl der Fälle wird es nicht die in die Wunde gelangte inficirte Vaccine sein, die anzuschuldigen ist. Bei jeder Läsion der frischen Wunde, der Pustel und der Narbe, also zu jedem Zeitabschnitt des Vaccineverlaufes, kann durch die Kleider, durch die Wohnung, durch das Impflocal, durch die Hände und die Instrumente des Impfarztes die Infection erfolgen.

Bei der kurzen Incubation des Erysipels, die sich nur auf Stunden belaufen kann, ist in dem gewöhnlichen Verlauf der Vaccine der Moment zur gelegentlichen Infection gegeben einmal beim Anlegen des Impfschnittes und dann bei der natürlichen oder künstlichen Sprengung der Impfpustel am 5.—8.—10. Tage. So sehen wir auch das Erysipel meist in unmittelbarem Anschluss an die Impfverletzung, noch vor Ausbruch der Pusteln, als sogenanntes Früherysipel und am 6.—10. Tage des Impfverlaufes als Späterysipel auftreten. Im letzteren Fall zieht die normal vorhandene Randröthe rasch über den Oberarm, nimmt in 2—3 Tagen den ganzen Arm und die Finger ein und verursacht bretthart gespannte Haut, auf welcher kleine Knötchen und Bläschen aufschiessen. Die successive Infection immer neuer Hautstellen ist auch für das Impferysipel characteristisch.

Die Allgemeinerscheinungen treten sehr in den Vordergrund: Frost, Convulsionen, Ohnmacht, hohes Fieber, geschwollene Achseldrüsen. Nach 4—5tägigem Bestehen zertheilt sich die Hautentzündung von den Impfstellen aus, und es hat die Fieberhitze nachgelassen. Langsame Verheilung der Impfstellen, Furunkelbildung ist die Regel.

Die gewöhnlich am 5. Tage beginnende Areola der Vaccinepustel hat mit der jeder Impfpocke zugeschriebenen erysipelatösen Beimischung nichts zu thun. Mit tartarus stibiatus erzeugte Pocken haben auch in ihrer Umgebung einen solchen rothen Hof, eine reactive Entzündung, für welche hier eine gleichzeitige Miteinverleibung von Erysipelcontagium doch sicher nicht angenommen werden kann. Die Lehre von Bohn [53], dass der Verlauf jeder Vaccine regelmässig von einem typischen Marginalerysipel begleitet sei, kann desshalb auch nur Verwirrung in den Begriff des Impferysipels bringen. Gerade das Atypische in dem Verlaufe des Erysipels: die aneinander sich reihenden Recidive und das schubweise Fortkriechen, contrastirt mit dem Typischen im Verlaufe der Variola und Vaccine, wodurch die Vaccine in fast allen Fällen als eine Reincultur des zu Grunde liegenden Mikroorganismus erscheint.

Jedenfalls entspricht es den heutigen Anschauungen und den für das Impferysipel vorliegenden Erfahrungen am besten, wenn man das Variola- und das Vaccine-Contagium nicht als ein Gemisch verschiedener Krankheitserreger betrachtet und das Impferysipel immer als eine accidentelle Wundkrankheit auffasst.

Meist sind nur die öffentlichen Impfungen von Impferysipel betroffen, bei denen, insofern die Menge der zu Impfenden jetzt nahezu doppelt so gross wie als vor Einführung des Reichsimpfgesetzes, jetzt auch grössere Uebelstände sich eingestellt haben. Die Thatsache, dass das Impferysipel zahlreich aufgetreten ist, während der Stammimpfling ganz gesund blieb oder erst Tags darnach an Erysipel erkrankte, legt den Gedanken nahe, dass die Lymphe oder die Lymphschnitte im Impftermin selbst erst inficirt wurden. Bei Impfungen direct von Arm zu Arm und bei Impfungen mit Glycerinlymphe sind gleichmässig solche Vorkommnisse beobachtet worden [54]. Wenn in Polizeiwachstuben, die eben noch von Vagabunden besucht waren und mit Tabakdunst gefüllt sind, in Wirthsstuben mit zahlreichen Gästen, in eben erst geräumten kleinen Schulzimmern u. s. w. sich die Säuglinge, Mütter und Schulkinder bei Sommerhitze und Fliegenschwärmen zusammendrängen, so ist die Infection jeder Wunde denkbar, und es wird daher das Verlangen nach reiner Luft, und kleinen Impfbezirken gerechtfertigt sein. Massenimpfungen in solchen Localen, bis zu 650 im Tage, ohne die Revisionen, wie 1879 noch öfter vorgekommen ist (einmal mit nachfolgendem Rothlauf), sollten gesetzlich verhindert werden.

Durch die Verwendung von animalem Stoff kann das Impferysipel nicht umgangen werden [55]. In früheren Jahren, als man meist erst am 7. Tage von den Kühen und Kälbern den Impfstoff abnahm, kam ein die gewöhnliche Randröthe überschreitendes Erysipel viel häufiger vor. Um diese Zeit scheint die Pocke ärmer an Vaccinestoff, aber reicher an andern Infectionsträgern zu werden. Immerhin ist die Möglichkeit nicht abzuweisen, dass die Wunden des geimpften Kalbes zugleich zur Ablagerung und Vervielfältigung des Erysipelgiftes dienen. Vermeidung von Krankenhäusern bei Anlage von neuen Impfstationen, Reinlichhalten des Kalbes, Reinigung der Pusteln vor dem Eröffnen, frühzeitiges Abimpfen vor dem Platzen und Zerfliessen der Pocken, Nichtbenutzen der bereits einmal abgeimpften Kuhpocken sind deshalb ebenso nöthige Vorsichtsmassregeln, wie das möglichst aseptische Verhalten beim Impfen des Kindes. Etwa eintretendes Späterysipel wird der Verwendung von animalem Stoff dann nicht zur Last gelegt werden können. Im Gegentheil wird, bei der Möglichkeit, rasch und leicht sich jetzt den animalen Stoff bereiten zu können, es dahin kommen, dass man nur ausnahmsweise noch Kinder abimpft und so in den Impflocalen selbst noch seltener die das Späterysipel vermittelnden Verwundungen der Kinderpocken geschehen.

Aus obigen Beobachtungen resultiren also die Vorsichtsmassregeln: Geräumiges, gelüftetes Impflocal, Bildung kleiner Impfbezirke, Beschränkung der Impfungen in einem Termin für kleine Kinder auf 100, für Schulkinder auf höchstens 150; möglichst schonende Verletzung der Haut bei Anlegung der einander nicht zu nahe gerückten Impfstellen und bei der Lymphabnahme. Bei grosser Hitze ist möglichst nicht zu impfen. Auch hat der Staat die Ausbildung und Anstellung der Impfärzte zu überwachen.

Durch sorgfältigste Reinlichkeit beim Impfgeschäft, Verwendung von frischer, klarer Lymphe und durch das Unterlassen der Impfung zu Zeiten, in denen Rothlauf, Masern, Scharlach sich zeigen, kann der Impfarzt sich gegen diese so ungemein gefährliche Complication beim Impfen schützen. Die Eltern sind über die Behandlung der Impflinge zu belehren.

Als Ideal ist eine vollständige antiseptische Behandlung der Impfung anzustreben: Reinigung der zu benützenden Hautstelle, Reinlichkeit aller Instrumente, Bedeckthalten der Lymphestäbchen oder der flüssigen Lymphe im Impflocal, Abhaltung von Staub und Fliegen von den Impfgeräthen, Desinfection derselben, aseptischer Verband der Impfstellen u. s. w.

Therapie des Vaccinationserysipels.

Die mittelschweren Fälle des Impferysipels, die nicht über die Achselgegend hinauswandern, geben im Ganzen eine gute Prognose. Gehäufteres Auftreten der Fälle, frühes Eintreten von hohem Fieber und typhösen Erscheinungen sind um so gefährlicher, je jünger die betroffenen Kinder (nach Bohn starben in Findelanstalten von 100 Erkrankten 67,3). Ist die stürmische Allgemeininfection glücklich überstanden, so droht bei Eintritt von Eiterung als neue Gefahr die posterysipelatöse Erschöpfung sowie die Neigung zu septischen Nachkrankheiten.

Die Impfstelle selbst bedarf beim Ausbruch des Erysipels nur ausnahmsweise einer besonderen Berücksichtigung. Beim Früherysipel wird die kleine Wunde meist per primam geheilt und der Ausschlag darüber hinweggezogen sein. Nur in seltenen Fällen ist die Impfstelle missfarbig, mit Flüssigkeit imprägnirt oder emphysematös; alsdann würde eine energische Desinfection vorzunehmen sein. — Bei starker Schwellung des Armes sind hohe Lagerung, Oeleinreibung und Watteverband die nächste und einfachste Ordination. Von Hüter sind 1—2% Carbolsäurelösungen in den Rand der Infiltration eingespritzt worden; dieselben haben im Beginn des Erysipels sehr guten, später aber nur negativen Erfolg. Von den anderweitigen localen Mitteln, als Eisblase, Bepinseln mit Jodtinctur, Collodium u. s. w., sei noch auf die von Volkmann empfohlenen Bepinselungen mit Höllensteinlösung (1 : 8) aufmerksam gemacht; meist folgt ein Abfall der Temperatur nach 12—24 Stunden; beim Aufsteigen des Fiebers können diese Pinselungen öfter wiederholt werden. — Die allgemein übliche Fieberbehandlung hat selbstverständlich nebenher zu gehen, und können Alcohol, kalte Bäder und kalte Einwickelungen nicht entbehrt werden. — Phlegmone verlangt frühzeitige, 6—8 Cm.

lange Parallelincisionen bis zur Fascie mit nachträglichem Höllenstein- oder antiseptischem Verband.

17. Complication der Vaccine mit Syphilis.

Noch im Jahre 1830 hat die Académie de méd. à Paris erklärt, die Impfärzte könnten ohne Sorgen in Bezug auf Syphilis impfen; Syphilis sei in keinem Falle mit der Lymphe übertragbar. Bousquet [7].

Bei Gelegenheit der im Jahre 1856 von der englischen Regierung unternommenen grossen Untersuchung über die Impffrage war an viele hervorragende Aerzte inner- und ausserhalb Englands auch die Frage gerichtet worden:

»Haben Sie irgend welchen Grund anzunehmen, dass Lymphe von einer ächten Jenner'schen Kuhpocke jemals der Träger einer syphilitischen, scrophulösen oder sonstigen allgemeinen Ansteckung für das geimpfte Individuum geworden ist oder dass jemals unter der Hand eines gehörig gebildeten Arztes statt der beabsichtigten Kuhpockenimpfung die Uebertragung irgend einer andern Krankheit eingetreten ist?«

Die Antwort von 542 Aerzten lautete fast einstimmig: »Nein.« Unter diesen Aerzten haben die berühmtesten Grossbritanniens, sämmtlich verneinend geantwortet. Die gleiche verneinende Antwort sandten Chomel, Moreau, Rayer, Ricord, Rostan, Velpeau aus Paris, Hebra, Sigmund, Oppolzer aus Wien u. s. w.

Durch Viennois [55] (1860) und Depaul [56] (1865) sind bereits gegen 300 Fälle von Impfsyphilis zusammengestellt worden.

Eine Zusammenstellung der bis zum Jahre 1867 publicirten Fälle von sogenannter Impfsyphilis findet sich bei W. Heyd [57]. Köbner [58] hat eine Zusammenstellung der gravirendsten Fälle 1871 im Archiv für Dermatologie und Syphilis gegeben. In W. Bohn's Handbuch der Vaccination sind dieselben bis zum Jahre 1875 zusammengestellt. — John Simon giebt — in Public vaccination, in XII report of the medical officer to the privy council, with appendix 1869, London 1870 — ebenfalls eine erschöpfende Sammlung. Die letzte kritische Zusammenstellund von Freund befindet sich in den Verhandlungen des VII. deutschen Aerztetages.

Um die Art der Uebertragung der Syphilis beim Impfact klar zu stellen, sind zahlreiche Experimente gemacht worden, so vor Allem von der französischen Academie, von Heim u. v. A.

Zunächst steht die Thatsache fest, dass mit klarer, blutfreier Lymphe von einer normal entwickelten Pocke des 5.—7. Tages noch niemals Syphilis übertragen worden ist.

Weiter ist von der Syphilis bekannt, dass die pathologischen

Producte, als Schanker, Condylome u. d., sicher anstecken, wenn das Contagium in die kleinste Verletzung gebracht wird. Das Blut der Syphilitischen enthält nur wenig Contagium, lässt sich aber durch Darbietung grosser Absorptionsflächen erfolgreich verimpfen. So hat im Jahre 1862 Pellizari den Dr. Bargioni syphilitisirt mit dem auf eine Vesicatorstelle reichlich applicirten Blut eines Syphilitischen. Die Impfung wurde gemacht am 6./2.; am 3./3. beginnender Vaccinalschanker; am 14./3. geschwollene Achseldrüsen und am 12./4. folgte die Roseola [7]. —

Viennois [55] nimmt eine doppelte Uebertragung an: die der Vaccine durch die Lymphe, die der Syphilis durch übergeimpftes Blut. Ferner ist die Thatsache beobachtet, dass bei unmittelbarer Weiterimpfung von einem syphilitischen Kind auch noch in der III. Generation Syphilisübertragungen vorgekommen sind, also ein mit infectorischer Lymphe geimpftes Kind von Neuem infectorische Lymphe hervorbracht hat. Andere Versuche mit der von Syphilitischen entnommenen blutigen Lymphe haben Fehlerfolge gehabt (Reiter [19]). Köbner [58] nimmt desshalb eine an der Basis der Vaccinepustel sich entwickelnde specifische Schankerbildung an. Ein von dieser Basis mit verimpftes Partikelchen würde mithin beim ersten Stammimpfling nur eine Theilerscheinung der bereits länger bestandenen constitutionellen Syphilis, bei dem aber vor der Impfung gesund gewesenen 2. Stammimpfling das Produkt des ihm überimpften Contagiums darstellen. Rinecker [59] beobachtete einen derartigen Fall, in dem eine latente Syphilis durch die Impfung in Form eines Schankers am 8. Tage im Grunde der Impfpocke sich zeigte. Die Impfung geschah hier mit Lymphe von einem Erwachsenen. Da auch in diesem Impfsyphilisfall der bezügliche Schanker im Grunde der Impfpocke nicht vor dem 8. Tage erschien, so folgt hiermit die fundamentale Regel: niemals nach dem 7. Tage abzuimpfen. In Italien, wo meist erst am 10. bis 14. Tage abgeimpft wird, sind die meisten Fälle von Impfsyphilis vorgekommen. — In wie weit durch den Vaccineverlauf die Syphilis eine raschere Entwickelung zu nehmen im Stande ist, darüber fehlen noch exacte Beobachtungen.

Von den neueren Fällen heben wir hervor:

In Prüm, Regierungsbezirk Trier, wurden am 11. Februar 1871 von einem 3 Monate alten Kinde 150 Schulkinder und Erwachsene geimpft. Die Lymphe floss ungemein reichlich am Arm herab. Es erkrankten 15—20 an Syphilis. Bei Einigen war die Impfung selbst erfolglos gewesen. Der Stammimpfling soll Intertrigo und im September 1871 ein Condylom am After gehabt haben. Vater und Mutter waren 7½ Jahr vorher syphilitisch, im September 1871 anscheinend gesund; ihr ältestes sechsjähriges

Kind war gesund; die 2 folgenden waren 2 Todtgeburten, das 4. Kind starb rasch, das 5. war ein gesundes Mädchen, und das 6. war der Stammimpfling. Der Arzt, der die Mutter 7 Jahre früher selbst an Syphilis behandelt hatte, wurde freigesprochen.

In Lebus wurden 1876 am 26. Juni 26 Schulkinder geimpft. Der 7 Monate alte Stammimpfling war z. Z. gesund und bekam schöne Impfpocken, hatte aber 4½ Monat vorher Furunkel gehabt, die Narben hinterlassen hatten. Einzelne Drüsen waren im Januar 1877 noch geschwellt. Die Mutter hatte ausserehelich geboren. In der Ehe kam das erste Kind zu früh, das zweite todt zur Welt, das dritte starb an Pemphigus, das vierte ist der Stammimpfling. Von den 16 Schulkindern blieben 10 gesund. Diese zeigten normale Impfnarben im Januar 1877. Von den inficirten hatten 3 normale Impfnarben, die anderen Geschwüre. — Der Arzt erlangte Freisprechung.

Für die Beurtheilung eines vorliegenden Falles von Syphilis nach der Impfung sind zunächst die Fälle zu unterscheiden, bei denen es sich um eine durch die Impfung wieder florid gewordene, bisher latente Syphilis handelt. Speciell von der hereditären Syphilis weiss man, dass sie oft bei Neugeborenen Symptome zeigt, dann anscheinend verschwindet und durch äussere Verletzungen oder auch ohne nachweisbare Ursache in späterer Zeit wieder zum Ausbruch kommt. Diese evocirte Syphilis wird nach Beobachtungen von Viennois durch die Impfung direct erweckt. Sieht man 4 Wochen nach der Impfung einen syphilitischen Hautausschlag auftreten, ohne dass an den Impfstellen eine Veränderung vorausgegangen ist, so lässt sich sicher eine Uebertragung durch die Impfung ausschliessen.

Ein sicheres Kriterium, dass die Syphilis durch die Impfung übertragen wurde, ergiebt sich aus der Thatsache, dass in allen Fällen zuerst an der Impfstelle 2—3 Wochen nach der Impfung sich eine Induration oder ein syphilitisches Geschwür gezeigt hat; 5—8—14 Wochen nach der Impfung erscheinen weitere secundäre Symptome. Diese Reihenfolge ist eingehalten bei gleichzeitigem, anscheinend gutem Verlauf der Vaccine, bei mangelhafter Ausbildung derselben und auch in den Fällen, bei denen es zu gar keiner Haftung der Vaccine kam.

Unschuldige Ausschläge im Verlauf der Vaccine haben schon öfter zu voreiligen Anschuldigungen geführt, so die Roseola vaccinica, Lichen, Urticaria-, Eczem und Pemphygus vaccinalis. Die Roseola steht meist nur einen Tag; für die andern Hautausschläge ist aber eine längere Beobachtung vor der Abgabe der Diagnose nicht genug zu empfehlen.

Ueber die Häufigkeit des Vorkommens der hereditären Syphilis fehlt jede Statistik und jede Schätzung. Auch die Zahlen der officiellen preussischen Statistik, wonach Todesfälle an Syphilis vorgekommen sind nach den Standesamtsberichten: 1879 = 307;

1878=301; 1877=224, haben nur in so fern Interesse, als von den Gestorbenen 72%, resp. 74 und 67% auf das erste Lebensjahr entfallen. Die grössere Hälfte dieser registrirten Todesfälle gehört den 64 grössten preussischen Städten an, und sind z.B. 1879 von den 183 Säuglingen 162 innerhalb der ersten 4 Lebensmonate abgestorben. Die Impfung betrifft meist so junge Kinder nicht, und ist infolge des frühzeitigen Absterbens der syphilitisch Inficirten die Gefahr der Uebertragung bedeutend verringert.

Ueber das erste Auftreten der syphilitischen Symptome führen wir hier die ältere Tabelle von Diday [7] an, die im Wesentlichen durch neuere Beobachtungen nicht geändert ist. Unter 158 Fällen von Syphilis hereditaria traten die ersten Symptome auf innerhalb des ersten Lebensmonates bei 86; im 1.—2. Monat bei 45; 2.—3. = 15; 3.—4. = 7; 4.—5. = 1; 5.—6. = 1; 6.—8. = 1; 8.—12. = 1; 12.—24. = 1.

Daraus ergiebt sich für die Praxis die Regel: von Kindern unter einem halben Jahr überhaupt nur dann abzuimpfen, wenn Vater und Mutter als gesund bekannt sind.

Ferner muss die Beschaffenheit der Haut, der sichtbaren Schleimhäute und der Drüsen genau untersucht sein. Erstgeborene sind, sofern der Gesundheitszustand der Eltern nicht bekannt ist, möglichst nicht zu benutzen.

Auch darf nur am 6. bis 7. Tage nach der Impfung die klare und nach leichter Ritzung der Impfpocke spontan ausfliessende, blutfreie Lymphe verimpft werden. Eitrige oder irregulär verlaufene Pocken sind gar nicht zu benutzen. Ebenso ist jedes Drücken und Quetschen, jede Reizung des Pockenbodens zu vermeiden. — Da die Impftechnik meist schon bisher diese Vorsichtsmassregeln eingehalten hat, erklärt sich die Seltenheit der Impfsyphilis, trotzdem in Stadt und Land die hereditäre Syphilis nicht selten ist. Von Revaccinirten, zumal von Erwachsenen, ist bei der Möglichkeit von durch Arzneibehandlung erzeugter Latenz der Syphilis und auch aus andern Gründen nicht abzuimpfen. —

Wenn die Untersuchung des Stammimpflings vollständige Gesundheit ergiebt, so muss man an die Möglichkeit der Uebertragung durch unrein gehaltene Impfinstrumente denken. Die von verschiedenen Regierungen erlassenen Impfinstructionen tragen dieser Möglichkeit Rechnung, in sofern sie Reinigung der Lancetten nach jedem einzelnen Impfact vorschreiben, Magazinnadeln verbieten u.s.w.

Ob mit Innehaltung dieser Vorsichtsmassregeln sich in allen Fällen die Impfsyphilis vermeiden lässt?

Von Freund-Breslau ist in den Verhandlungen des VII. deutschen Aerztetages eine Zusammenstellung sämmtlicher bisher in der Literatur enthaltenen Fälle von Impfsyphilis gegeben worden (Aerztliches Vereinsblatt 1879, pag. 203 ff.). Es handelt sich um 42 Uebertragungen mit 500 Einzelfällen von Ansteckung, die auf viele Millionen von Impfungen vertheilt werden müssen. Freund kommt im Verlauf seiner kritischen Untersuchung zu dem Schlusse, dass die Syphilisübertragung in 25 Fällen leicht hätte vermieden werden können, in denen theils offenliegende Anamnese, ungesetzliches Alter, verdächtige Symptome, zu späte Abimpfung und theils Blutüberimpfung vorlagen. In 17 Fällen fehlen alle näheren Angaben für die Beurtheilung der Vermeidbarkeit. Weil für keinen Fall bis heute die Unmöglichkeit der Vermeidbarkeit sich hat nachweisen lassen, liegt desshalb nach Freund zur Zeit noch kein wissenschaftlicher Grund vor, die bisher übliche Jenner'sche Impfung mit humanisirtem Stoff zu verlassen und sich der animalen Impfung zuzuwenden.

Die grösst mögliche Sicherheit gegen die Mitverimpfung von Syphilis herrscht beim Gebrauche von animaler Lymphe.

Auf dem Genus Rind haftet das Syphiliscontagium nicht nach den Versuchen von Galbiati (1810), Cullerier, Ricordi, Auzias-Turenne, Ricord, Diday, Gamberini, Reiter, Senfft, Köbner, Neumann u. A.

Für die Uebertragbarkeit sind nur eingetreten Zeissl (Lehrbuch der Syphilis, III. Auflage 1875, p. 42) und Bassi (Esperienze comparative sul Vaccino animale etc. sull' umanizato 1874), von denen letzterer ein örtliches Haften ohne nachfolgende Allgemeininfection beim Rind glaubt constatirt zu haben.

H. Köbner in Berlin hat im Jahr 1861 experimentirt; er konnte mit syphilitischen Secreten auf Thieren niemals constitutionell-syphilitische Erscheinungen hervorrufen. Dagegen sind ihm Impfungen mit dem Secret des weichen Schankers gelungen. Impfungen mit solchem Secret riefen, namentlich leicht auf den Lidern des Kaninchens, scharf umrandete, weisslich belegte Ulcera hervor, während anderer Eiter, auch Trippersecret, in Controlversuchen unwirksam blieb; seine Versuche bestätigen die klinisch höchst wichtige Thatsache, dass zur Hervorrufung solcher Ulcera stets eine Verletzung nothwendig ist, einfacher Contact aber nicht genügt.

Die von andern Beobachtern beschriebenen Syphilisbacterien hat Köbner, trotz Anwendung aller neueren Färbemethoden, bisher nicht nachzuweisen vermocht. (Wiener med. Wochenschrift 1883, Nr. 29.)

Neumann-Wien hat mit dem Material frischer Sclerosen und recenter Schankergeschwüre an Affen, Pferden, Schweinen, Kaninchen und anderen Thieren eine Reihe von Impfversuchen gemacht, die sämmtlich negativ ausgefallen sind. Er tritt somit denjenigen Autoren bei, welche die Syphilis lediglich als eine Krankheit des menschlichen Geschlechtes erhlären. (Isidor Neumann-Wien: Ist die Syphilis ausschliesslich eine Krankheit des menschlichen Geschlechtes, oder unterliegen derselben auch Thiere? Wiener med. Wochenschrift 1883, Nr. 8 und 9.) Der Nachtrag (Nr. 29) bestätigt die von Köbner gefundene Verimpfbarkeit des weichen Schankersecretes; Impfungen damit in die Rückenhaut des Kaninchens verursachten linsengrosse, circumscripte Geschwüre mit Lymphangoitis und Lymphadenitis.

Es ist eine übermässige Aengstlichkeit zu befürchten, dass mit der Kinderlymphe auf das Kalb auch Syphilis übertragen werden, dass letztere in latenter Form beharren und beim Abimpfen des Kalbes sich mit der Vaccine vermischen könne. Bei den nach Millionen zählenden Impfungen mit Retrovaccine ist bisher noch nie eine bezügliche Beobachtung gemacht worden. Die jüngsten Experimente von Senfft sprechen gegen diese Möglichkeit; sämmtliche bisher vorgekommene Syphilisverimpfungen sind nachweislich nur mit humanisirten Stoff geschehen. Senfft-Bierstadt konnte 1872, 1879 und 1880 durch Impfungen mit dem Secret von Schanker oder Bubonen nie ein Geschwür bei Kälbern, durch Mischung von Schankersecret mit Lymphe dagegen immer nur Vaccinepusteln erzeugen, deren Inhalt beim Fortimpfen auf andere Kälber immer wieder nur Vaccinepusteln ohne jede Complication ergab.

18. Die gleichzeitige Uebertragung von Thierkrankheiten.

Die Uebertragbarkeit von Thierkrankheiten durch die animale Impfung ist von Professor Bollinger [13] in jüngster Zeit ausführlicher untersucht worden. Milzbrand kommt seines raschen Verlaufes wegen für die Impfpraxis nicht in Betracht; Septicämie und Pyämie erfordern das Ausschliessen von Kälbern, die mit eiterndem Nabel behaftet sind, sowie von solchen die eine Temperatur von über 40° im Rectum zeigen. Diphtheritis, Maul- und Klauenseuche, Erysipelas sind beim Rinde leicht erkennbar.

Bezüglich der Tuberculose und Scrophulose hat der humanisirte Stoff überhaupt kaum einen Vorzug vor dem animalen. Sicher constatirte Ueberimpfungen der Tuberculose und Scrophulose giebt es in der Impfliteratur nicht. Die somit rein theoretisch behauptete Möglichkeit steht ferner nicht in Einklang mit den Erfahrungen bei pathologischen Anatomen, bei Operateuren, Fleischern, bei denen noch nie eine Uebertragung der fraglichen Krankheit vorgekommen ist; ebenso muss insbesondere die Möglichkeit, die Tuberculose durch cutane Impfung zu verpflanzen, bis heute verneint werden. In einer Hinsicht nimmt vielleicht der animale Stoff eine bessere Stellung ein, nämlich insofern, als Perlsucht bei Ochsen und Kühen selten ist (2 % nach Bollinger) und z. B. im Würzburger Schlachthaus nach Gregor Schmidt [61] (III. Impfbericht, München, Finsterlin 1883) unter 150 000 Kälbern nicht ein einziges perlsüchtig gefunden wurde. Sehr ängstliche Gemüther mögen eine weitere Beruhigung darin finden, dass man jetzt, bei der besseren Haltbarkeit der Kälberlymphe, vor dem Gebrauch derselben das Tödten des betreffenden Kalbes und die Beschau durch einen Thierarzt abwarten kann.

Trifft die Impfung zufällig auf scrophulöse Kinder, bei welchen vor der Impfung keine Symptome sichtbar waren, so entwickeln sich letztere mit dem Vaccinefieber gleichzeitig. Auch Variola hat bei scrophulöser Anlage oftmals hochgradige derartige Erscheinungen, z. B. Abscesse, im Gefolge. Aeltere Autoren sprechen davon, dass früher die Blatternkranken sehr oft einen siechen Körper davon trugen. Dieses Siechthum bestand wahrscheinlich in Tuberculose und Scrophulose, wie dies nach jeder erschöpfenden Krankheit beobachtet wird. Dasselbe Auftreten von Scropheln wird beobachtet nach Exanthemen, nach Verletzungen der Haut. Auch ein Vesicans, Einstechen der Ohrlöcher verursachen oft Monate lang nässende Exantheme. Die Zahnungszeit ist erfahrungsgemäss für die Entwickelung der Scrophulose günstig und fällt mit der Impfzeit zusammen. Es giebt kein scrophulöses, rhachitisches Vaccinegift. Auch wenn die Lymphe von exquisit Scrophulösen genommen wurde, bleiben die Impflinge, sofern sie selbst ohne Anlage waren, gesund. — Die Vorsicht gebietet nur, bei scrophulöser Anlage die Impfung bis ins 4. oder 6. Lebensjahr zu verschieben, weil es für solche Kinder hauptsächlich darauf ankommt, die erste Entwickelung nicht zu stören.

In praxi handelt es sich bezüglich der Complicationen des Vaccineprocesses in Deutschland [1]) nur um Syphilis, Erysipel und um Sepsis als Nachkrankheit des Erysipels. Die sonstigen der Impfung gemachten Vorwürfe gehören nicht in das Gebiet des Thatsächichen. Desshalb erlauben wir uns, an dieser Stelle vom Standpunkt des Impfarztes aus, für eine Abänderung in den jüngst vom Reiche eingeführten Fragebogen über den Verlauf des Impfgeschäftes zu

1) Joseph Jones [81, p. 264—287] giebt eine Beschreibung der Vaccine bei den durch Scorbut, Typhus, Inanition und Blattern zu Grunde gerichteten nordamerikanischen Gefangenen in Andersonville, Camp Sumpter und Georgia. — Jones hat im August 1864 an Ort und Stelle die gangränösen Zerstörungen der Impfstellen und Oberarme bei diesen schändlich vernachlässigten Gefangenen untersucht. Die schwerste Schuld trifft wohl die Verpflegungsbehörde, und nicht die Impfärzte.

plaidiren. Scropheln und Tuberculose könnten sonst auf diese Weise officiell auf das Conto der Vaccination kommen. —

IV.

Die relative Immunität der Geblatterten und Vaccinirten gegen die Variola und Vaccine.

19. Differenzirung von Variola und Vaccine.

Die Variola gehört zu derjenigen Gruppe von Infectionskrankheiten, welche in der Regel nur einmal in demselben Individuum ihren typischen Verlauf nehmen können; doch kommt es vor, dass bei Geblatterten nach längeren Jahren die durch einmaliges Ueberstehen der Krankheit erworbene Immunität erlischt und es sind Fälle von zwei- und dreimaliger Erkrankung an Blattern (auch bei Inoculirten) beobachtet worden. Dasselbe Verhalten zeigt die Vaccine: nach ca. 12—15 Jahren ist die einmal erworbene Immunität bereits wieder sehr abgeschwächt. Doch lässt sich nur ausnahmsweise nach dieser Zeit durch eine Revaccination eine typische Vaccine erzielen, während Abortivknötchen sich oft nach wenigen Jahren durch eine zweite Impfung erzeugen lassen.

Variola und Vaccine können sich gegenseitig vertreten in der Erzielung der Immunität gegen die Angriffe des stellvertretenden Contagiums. Die Impfpraxis handelt desshalb nach dem Lehrsatz, dass das betreffende Individuum unempfänglich gegen Variola ist, wenn Immunität gegen Vaccine besteht, und umgekehrt — es ist eine Ansteckung durch Blattern nicht zu fürchten, wenn die Vaccineimpfung nicht haftet; die Immunität gegen Vaccine ist noch nicht vorhanden oder ist erloschen, sobald eine Blatternerkrankung statt hat.

Das gleichzeitige Vorkommen von Variola und Vaccine auf demselben Individuum stösst diesen Lehrsatz nicht um. Aehnliche Thatsachen, in jüngster Zeit für Milzbrand und Hühnercholera beobachtet, bezeugen, dass durch die Umzüchtung des einen Contagiums in ein anderes gutartigeres eine selbstständige Species entstehen kann; die Vaccine hat noch die bis jetzt einzig dastehende Eigenthümlichkeit, dass ein Rückfälligwerden zur früheren Virulenz bei der bisher üblichen Reinzüchtung nicht vorgekommen ist; die Selbstständigkeit der Vaccine ist eine vollständige.

In ihrer äussern Erscheinung können die geimpften Pocken und die Vaccine ganz gleich sein; das gilt nach dem Ausspruch vieler erfahrener Aerzte sowohl für den 7. Tag, als auch für den 10., 12. und 15. Schon Jenner war überrascht davon. Der Impfling d'Hannah Excell, ein Mädchen von 7 Jahren, hatte Vaccinepusteln, die am 12. Tage auch nicht die kleinste Abweichung von Variolapusteln zeigten. Ebenso war nach Jenner das Fieber von William Summer gleich dem der Blattern, obgleich er vergeblich den Körper des Impflings nach discreten Pocken untersucht hatte. Auch der generalisirte Ausschlag stellt sich bei der Vaccine zuweilen ein. Die Structur der Pusteln ist ebenfalls die gleiche. Der einzige Unterschied, den Jenner betont, bezieht sich auf die Beschaffenheit der Lymphe, die bei Vaccinirten bis zuletzt klar und flüssig bleiben soll, ohne Eiterung.

Der durchschlagende Unterschied besteht in dem verschiedenen Grad der Virulenz. Das Contagium der natürlichen Variola ist stärker und zugleich flüchtig, es pflanzt sich daher fort durch Impfung und durch Inhalation und wirkt auf die Entfernung. — Die Vaccine ist gutartiger, fix und kann nur auf dem Wege der Ueberimpfung weiter verbreitet werden.

Die geimpfte Variola steht in der Mitte, indem sie für das geimpfte Individuum einen relativ gutartigeren Verlauf bedingt, aber doch noch »miasmatisch« also bei Eintritt nicht von der Haut aus, auf andere ungeschützte Individuen die alte Virulenz ausübt.

Die anderweiten Mittelstufen, event. Vegetationsformen des Variola-Vaccinepilzes, sind noch nicht näher bekannt.

Zu den letzten eifrigsten Verfechtern des dualistischen Standpunktes in Bezug auf das der Variola und der Vaccine zu Grunde liegende Contagium gehört Bousquet [7], der Verfasser des besten französischen Handbuches über Vaccination. Im Jahre 1863 ist es zwischen ihm und besonders Depaul zu sehr eingehenden Verhandlungen gekommen. Die Academie war in 2 Lager getheilt. Bousquet, Bouley, Leblanc, Reynal, Magne, Chauveau, Devergie u. n. A. schworen auf den Satz Bouley's:

> »Die Experimente sprechen bis jetzt noch nicht dafür, dass die Variola die Quelle des Gegengiftes: Vaccine ist.«

Auf der andern Seite betonten Depaul, Piorry, J. Quérin, Bouillaud, Bouvier und Genossen:

> »Die Vaccine ist nur eine modificirte, abgeschwächte Variola; sie hat beim Durchgang durch die Kuh oder das Pferd einen Theil ihrer Virulenz eingebüsst.«

Vertreter dieser Ansicht sind ferner Jenner, Woodville,

Viborg, Colemann, Jngehouse, Baron, Turner, Hunter, ebenso Thiele, Ceely, Badcock u. s. w.

Aus den Verhandlungen der Academie de méd. de Paris des Jahres 1863 heben wir folgende historisch interessanten Thesen heraus:

Depaul:

1. Es giebt keine Vaccine.
2. Das neutralisirende, antagonistische Virus der Vaccine ist Variolavirus.
3. Pferde- und Rinderpocke sind identisch mit Variola,
4. vielleicht auch die Pocken beim Schwein, Schaaf, Affen.
5. Die Local- und Allgemeinerscheinungen bei Mensch, Pferd und Rind sind gleich; nur die Pustelform hat wegen der Eigenthümlichkeit der Haut eine andere Beschaffenheit.
6. Beim Pferd und Rind kommt der Ausschlag, wie beim Menschen, sporadisch und epidemisch vor.
7. Das Virus ist vom Pferd auf das Rind und umgekehrt, leicht zu verpflanzen;
8. ebenso von der Kuh leicht auf den Menschen, falls er nicht vorher Blattern gehabt hat.
9. Die Verwendung der Lymphe vom Pferd ist nicht thunlich wegen der bei Pferden vorkommenden Rotzkrankheit.
10. Vom Menschen ist Variola auf das Pferd und das Rind verimpfbar.
11. Epidemische Variola kann sich auf Rinder und Pferde ausdehnen.
12. Eine solche Epidemie kann bei den Thieren beginnen.
13. Inoculation der Variola in die Haut bringt bei Mensch und Thier eine viel geringere Generalisirung des Ausschlages hervor.
14. Bei Inoculirten sind die Secundärpocken meist um den Impfstich herum localisirt.
15. Der Secundärausschlag ist gering, die Pusteln abortiren.
16. Die Gefahren der Inoculation sind gering.
17. Bei der Variola der Thiere sind die Pusteln weniger zahlreich als bei der des Menschen.
18. Aphtheuse Ausschläge kommen beim Menschen und bei Thieren vor.
19. Aphthen haben nichts gemein mit Variola.
20. Die Vaccine ist nur unter Variola abzuhandeln.

Bousquet:

1. Vaccine ist nie epidemisch.
2. Variola ist miasmatisch, Vaccine nur contagiös.
3. Variola ist immer eine schwere Krankheit, Vaccine immer leicht.
4. Variola hat 8 Tage Incubation, Vaccine 3.
5. Die natürliche Variola hat nur allgemeinen Hautausschlag, die geimpfte localen und generalisirten; Vaccine nur localen.
6. Variola ist allgemein verbreitet; cowpox ist sehr selten.
7. Ein Keim für Variola und Vaccine widerspricht allen Thatsachen der Pathologie.
8. Variola ist nicht verimpfbar auf Kühe; Vaccine ist verimpfbar.
9. Die Experimente von Ceely und Thiele sind zu wiederholen.
10. Gleichzeitige Impfung von Variola und Vaccine giebt beide Krankheiten.
11. Welches sind die Modificationen der Variola in der Kuh?
12. Warum nimmt die Vaccine, wenn auf den Menschen zurückgebracht, nicht alsbald wieder den Charakter der Variola an?

Heute neigt sich, auf Grund der mitgetheilten Experimente, der Sieg den Anhängern der Lehre zu, welche behaupten:

»Durch die Uebertragung der Variola auf die Haut des Menschen und auf die Haut der Kuh hat die Variola die angenehme Umwandlung zur milderen Varioloide und zur Vaccine erreicht.«

Es kommt der alte Fundamentalsatz Jenner's zur Anerkennung, dass das Contagium der Kuhpocken und der Pferdepocken denselben Ursprung wie das Contagium der Menschenpocken habe. Er selbst hat keine bezüglichen Impfexperimente gemacht. (»May it not be reasonably conjectured, that the source of the small-pox is morbid matter of a peculiar kind, generated by a disease in the horse, and that accidental circumstances may have again arisen, still working new changes upon it, until it has acquired the contagions and malignant form under which we now commonly see it making its devastations amongst us« [25, pag. 52].)

Ueber das Zustandekommen der Sättigung der einzelnen Individuen mit Variola, mit Vaccine und mit beiden Contagien zu gleicher Zeit, sowie über den Eintritt der Schutzwirkung gegen die Angriffe des stellvertretenden Virus liegen eine lange Reihe von Beobachtungen vor:

20. Schutz der Variolation gegen Variola.

Ueber das zweimalige Befallenwerden desselben Individuums sind in den neueren Lehrbüchern von Curschmann, Bohn u. s. w. die Belege zu finden. Reiter hat [4, pag. 46] Successivimpfungen mit Variola in gut beobachteten Fällen zusammengestellt. (Siehe auch Abschnitt II: Inoculation und Revariolation.) Die Literatur der alten Inoculatoren enthält ungemein lehrreiche Beobachtungen und Experimente nach dieser Richtung hin, auf die wir verweisen, da ähnliche Versuche heute nicht mehr zulässig und auch nicht mehr nothwendig sind [71].

21. Schutz der Vaccination gegen Vaccine.

Siehe in Abschnitt III die Successivimpfungen von Bryce, Jahn u. A. Impft man demselben Kind an 6 aufeinanderfolgenden Tagen jeden Tag je eine frische Vaccinestelle, so gehen dieselben bis zum 5. Tage alle an, reifen zusammen am 12. Tage, und die Krusten fallen ziemlich zur gleichen Zeit ab. Vom 6. Tage an kommt nur noch eine abortive Reaction zu Stande. (Siehe auch den Abschnitt: Revaccination und dritte Impfung.)

22. Schutz der Variola gegen Vaccine.

Bezügliche Fälle sind bei Reiter [4, p. 46] zusammengestellt.

23. Gleichzeitige Impfung mit Variola und Vaccine.

Diese Art der Impfung ist zur Zeit Jenner's irrthümlicherweise von verschiedenen Impfärzten geübt worden, ehe man die von Jenner gelehrte Reinzüchtung des Vaccine-Contagiums richtig begriffen hatte. Als Beleg sei das Verfahren von Woodville [61] angeführt, der seine heute sehr interessanten, aber unreinen Experimente im Londoner Pockenhospital machte.

»Wird ein Mensch einen Tag um den andern mit Kinder- und Kuhpocken-Eiter so lange geimpft, bis das Fieber entsteht, so nehmen alle Impfungen ihren Verlauf, und scheinen, sobald das ganze System zu erkranken anfängt, alle in gleichem Grade zur Reife gekommen zu sein.« Die Vaccinepusteln sind grösser, unregelmässig, eitrig; die Variolapusteln kleiner und kreisrund.

Da Woodville bei seinen ersten Impfungen von der Kuh noch nicht hinlängliche Ueberzeugung hatte, dass eine gelungene Vaccination vor der Variola schütze, so wurden in den ersten Wochen nach der Vaccination die Vaccinirten am 5. bis 11. Tage nochmals mit Kinderpocken, d. i. Variola, inoculirt. Dadurch ist seine Lymphe unrein geworden. Thomas Buckland, am 21. Januar 1799 mit einem Stich am Arme direct von der Kuh vaccinirt, bekam am 7. Tag neben der Vaccinepustel noch 2 neue Pusteln, welchen am 10. und 11. Tage noch mehrere am Körper und an den Gliedern nachfolgten. »Sie waren etwas kleiner als Kinderpocken; aus einer derselben nahm ich eine ichoröse Flüssigkeit und impfte Sarah Price damit. Sarah Price bekam einen Pustelausschlag am Körper. Von der Sarah Price, wurden 4 Personen geimpft, welche 40, 102, 200 und 300 Pocken bekamen. — Sein 500. Vaccinationsimpfling starb an der Variola; im Inoculationshospital hatte er bis dahin eine Mortalität 1 : 600. 5 Monate später, im Juni 1799, gesteht Woodville indirect seine Fehler ein; er hatte nur localen Erfolg, seitdem er nur von gelinder und deutlich verlaufender Vaccine abimpfte.

Sacco beschreibt [32, p. 57] seine Versuchsreihe folgendermassen:

»Mehrere gesunde und muntere Kinder, die ich mir zu diesem Zwecke ausersehen hatte, vaccinirte ich auf gleiche Weise und zu gleicher Zeit auf einem Arm und impfte nachher je zweien von ihnen in verschiedenen Zeiten bis zur Abtrocknung hin die Pocken auf dem andern Arm ein. Die Impfungen vom ersten bis fünften Tage brachten am siebenten bis elften Tage verschiedene Pockenpusteln hervor, die, mit der Vaccine complicirt, ihre Perioden durchliefen. Die Variolapusteln durchliefen ihre Perioden flüchtig, der Inhalt derselben vertrocknete rasch ohne Krustenbildung. Die am 6. bis 7. Tage inoculirten Kinder bekamen nie einen allgemeinen Ausschlag, sondern es zeigte sich meist blos auf den Impfstichen eine leichte Veränderung, und bei einigen trockneten die auf die Stiche beschränkten Pusteln mit der grössten Schnelligkeit ein. Die Impfungen vom 8.—11. Tage erzeugten nur eine leichte Aenderung und selten eine kleine örtliche Pustel, die, kaum erschienen, wieder abtrocknete. Nach dem 11.—13. Tage zeigte sich nicht einmal eine örtliche Aenderung, und nach dieser Zeit schien es mir unnütz, die Impfungen fortzusetzen.« »Das Ende der Reifung der Vaccinepustel ist als die bestimmte und abgeschnittene Zeit anzusehen, wo die Vaccination anfängt, für die Pocken unverletzlich zu sein.«

Diese Sacco'schen Impfversuche sind 1803 in ganz ähnlicher Weise von dem

Comité central de vaccine in Paris (Rapport 1803, p. 257) in methodischer Weise durchgeführt worden. Mongenot, Mitglied der Commission, berichtet:

Ein mit Erfolg geimpftes Kind wurde am 5. Tage nach geschehener Vaccination inoculirt. 6 Tage später erschienen 4 Variolapocken, die sich deutlich als solche markirten, die aber hart und fast ganz trocken waren und beim Weiterverimpfen auf ein anderes Kind keinen Erfolg gaben.

Ein anderes Kind wurde am sechsten Tage nach gelungener Vaccineinsertion inoculirt. 4 Variolapusteln entstanden, die am 7. Tage nach der Inoculation ohne jede Allgemeinerscheinung bereits am Eintrocknen waren.

Bei einem dritten Kind, am 18. brumaire geimpft und am 25. brumaire variolisirt (7. Tag), beobachtete man nur eine unbedeutende Entwickelung der Variolapusteln, welche am 5. Tage bereits am Verschwinden waren.

Das gleiche Verhalten zeigten noch einige am 5. und 6. Tage der Vaccination inoculirte Kinder.

Dr. Jadelot, ein anderes Mitglied der Commission, impfte am 8. Tage nach geschehener Vaccination 3 Kinder mit Variola durch je 2 Stiche auf jeden Arm. Die Vaccinepusteln nahmen ungestört ihren Verlauf, und die Variolainoculation hatte gar keinen Erfolg, nicht einmal eine Entzündung der Stiche.

Dr. Martin hatte bei Inoculationen am 9. Tage nach geschehener Vaccination denselben Misserfolg.

Aehnliche Resultate liegen aus dieser ersten Zeit der Vaccination noch zahlreich vor. Sie ergeben, dass die Variolainoculation nicht im Stande ist, eine 5—6 Tage alte Vaccination zu überholen, dass die Schutzkraft der Vaccine am 5. Tage bereits vorhanden ist, d. h. nach 4 × 24 Stunden. Hat die geimpfte Variola dagegen 4 Tage Vorsprung, so behält sie die Oberhand.

Von dieser Regel kann eine Ausnahme statt haben, da eine Verzögerung der Entwickelung des inserirten Vaccine-Contagiums in seltenen Fällen von 2—3 Tagen bis zu Wochen beobachtet ist.

Es würden hier auch noch die Versuche einzureihen sein, die vorgenommen wurden mit Vaccinelymphe, welche gleichzeitig neben Variola gewachsen war. Kraus hat bereits 1801 ein bezügliches Experiment mitgetheilt. Er hatte von einem mit Menschenpusteln übersäten Kind aus einer floriden Vaccinepustel desselben abgeimpft. Das Resultat waren normal verlaufende Schutzpocken.

Leroux fand eine Vaccinepustel bei einem Blatterkranken, die förmlich in eine Blatternpustel eingewachsen war; er verimpfte von beiden Pusteln die Lymphe getrennt und bekam von der einen nur Kuhpocken, von der anderen nur Variola. — Bousquet [7, p. 555] beobachtete 1831 zwei Kinder, die Variola und Vaccine gleichzeitig hatten. Er nahm Variolagift von dem einen und Vaccine von dem anderen Kind und impfte mit den beiden Lympharten 3 Kinder; davon bekamen 2 Vaccine und das dritte Vaccine nebst Variola discreta; letztere vereiterte und hinterliess tiefe Narben.

Aehnliches bei Thiriar, Journal de Brux. 1876, Janvier.

Ebenso erklären sich auch die alleinigen Uebertragungen des Vaccinestoffes, der von solchen Vaccinirten abgenommen wurde, die einige Tage nach dieser Abnahme an Pocken erkrankten.

24. Gleichzeitiger Verlauf der natürlichen Blattern und der Vaccine.

Der Verlauf gestaltet sich ganz abweichend. Weil die natürlichen Blattern eine längere Incubation haben als die geimpften (incl. Initialstadium 12—13 Tage und mehr), so kann bei einem Vorsprung der Vaccine um 4 Tage das Variola-Contagium schon 9 Tage in Thätigkeit sein, und es ist möglich, dass eine 4 Tage alte Vaccine von der schon 11 Tage alten Variola überholt wird, die 8 Tage alte Vaccine von der 15 Tage alten Variola u. s. f. Bei Annahme des von Curschmann, Bohn etc. angegebenen Minimum der Incubation für Variola von 8 Tagen dürfte demnach, wenn man für eine 5 Tage alte Vaccine eine Schutzwirkung erhofft, mindestens 3 Tage, bei einer 13tägigen Incubation mindestens 9 Tage vor der Impfung keine Berührung des Impflings mit Variola-Contagium, stattgehabt haben. Ein soeben Geimpfter kann sich dagegen ohne Gefahr einem Blatternkranken nähern. Der spätest beobachtete Termin nachfolgender Blattern ist der 17. Tag der Vaccination. Bousquet führt den Fall von Tarbès an; hier war es der 14. Tag; es hatte sich die Vaccine um 4 Tage verspätet und erschien erst am 8. Tage der Impfung. Die früher beschriebene Latenz der Vaccine erklärt diese Ausnahmen, und man braucht nicht anzunehmen, die Vaccine werde in solchen Fällen durch die grössere Virulenz des Variola-Contagiums gewissermassen erdrückt oder verdrängt. Durch mangelhafte Datirung des Anfangspunktes oder Zählung der Tage, ist viele Confusion in diesen Berechnungen entstanden. — Für die Praxis wird die Regel, dass man in einem von Blattern befallenen Hause sofort impfen soll, nicht verändert; vom 1. Tage der Impfung an kann sich der bis dahin noch von Variolaansteckung freie Impfling der stärksten Blatternatmosphäre aussetzen.

25. Schutz der Vaccine gegen Variola.

Aus den letzten Jahren des vorigen Jahrhunderts liegen von verschiedenen Ländern Beobachtungen vor, dass zufällig durch Kuhpocken Angesteckte von den Blattern nicht mehr befallen wurden oder die künstliche Einimpfung derselben nicht haftete. Diese Erfahrungen [26] waren nach Jenner's [1]) Mittheilungen sowohl unter dem Landvolk in Glocestershire, als auch z. B. in Holstein

1) Edward Jenner [69], geboren 1749, gestorben 1823 in Berkley, Glocestershire.

nach Mittheilungen im Glückstädtischen Anzeiger 1765, in den Allgemeinen Unterhaltungen 1769 (Göttingen) pag. 302 und 306, nach Hellwag 1801 allgemein gekannt. Ebenso berichten darüber Sutton und Fewster in England 1765, Rabaut-Pommier in Montpellier 1781, Plett in Rackendorf bei Kiel 1792 u. s. w., ohne dass der weitere Schritt zur absichtlichen Impfung und Wiederimpfung gemacht wurde. Jenner hat vor seinem Hervortreten an die Oeffentlichkeit (1798) durch eine lange Reihe von Jahren jene Erfahrungen durch zahlreiche Beobachtungen und Experimente sicher gestellt. Vom Jahre 1775 an hat er das ältere Variolisationsverfahren geübt; im Jahre 1789 noch an seinem eigenen Sohn! — Am 14. Mai 1796 wurde von ihm ein Knabe von der Kuhpocke eines Melkmädchens (also mit humanisirter Lymphe) geimpft. Zwei nachfolgende Variolisirungen an demselben Knaben waren ohne Erfolg. Ein zweiter Versuch, direct mit Kuhpockenlymphe, wurde von ihm 1798 in London gemacht, und nun trat er in demselben Jahre mit seiner ersten Publication hervor, der 1799 eine Fortsetzung folgte. Diese Schriften enthalten die weiteren entscheidenden Beobachtungen: dass schon Geblatterte von den Kuhpocken meist frei bleiben (Fall VI), dass ausnahmsweise auch schon Geblatterte für Kuhpocken empfänglich sind (Fall VII), dass ausnahmsweise ein und dasselbe Individuum zu öfteren Malen für Kuhpocken empfänglich ist (Fall IX), dass Kuhpocken, den Menschen absichtlich eingeimpft, dieselbe Wirkung haben, wie die zufällig erworbenen, und dass dieselben auf andere Menschen successiv fortgeimpft werden können (Fall XVII). Nachdem in kurzer Zeit in England das Jenner'sche Experiment zunächst durch Pearson und Woodville in tausendfacher Anzahl wiederholt, in einigen, durchaus untergeordneten Punkten die Jenner'schen Anschauungen richtig gestellt (Pearson, examination pag. 182) und an Tausenden von Vaccinirten das Nichthaften der nachfolgenden ein- oder mehrmaligen Variolation constatirt worden war, erfolgte rasch die allgemeine Verbreitung in England und in den nächsten Jahren im übrigen Europa. Am 2. December 1799 wurde in London das erste Impfinstitut mit Dr. Pearson als Impfarzt eingerichtet, und bis Ende des Jahres 1800 waren schon über 12000 Menschen mit humanisirter Lymphe geimpft.

26. Die Zahl der anzulegenden Impfstellen.

Ueber die Zahl der anzulegenden Impfstellen gehen heute noch die Ansichten sehr auseinander.

Jenner und die älteren Impfärzte impften nur eine Blatter ein; Heim [50] machte auf jedem Arm 3 Impfstellen; Marson 2 × 3 oder 1 × 6; Bousquet 6, selbst bei Neugeborenen; in den englischen Vaccinating-stations und in Frankreich macht man 5 oder 2 × 3, in Deutschland meist 2 × 3 oder 2 × 4; für die Revaccination des deutschen Heeres sind 12 Stiche vorgeschrieben. Principiell macht man mehr als 1—2 Impfstellen, weil oft Pusteln ausbleiben. Die Entwickelung einer vollkommenen Vaccinepustel genügt gesetzlich, z. B. in Sachsen und Württemberg, nicht dagegen in S.-Gotha und Hannover. Bei nur einer entwickelten Pustel bringt eine sofortige Nachimpfung oft noch eine, wenn auch abgeschwächte Wirkung hervor.

Heim motivirt auf Grund der im Königreich Württemberg erhobenen Pockenstatistik in A. Henke's Zeitschrift für Staatsarzneikunde 1880, p. 40 die von ihm empfohlene Mehrzahl von Impfstellen folgenderweise:

»Bei den vielen Fällen mit nur einer erzielten Kuhpocke in Württemberg wurde auch nicht in einem Falle die leiseste Fiebererregung beobachtet, woher es auch zu erklären ist, dass diese Einpockigen sich bei uns sowohl im Widerstand gegen das variolose als Vaccine-Contagium sehr wenig Ruhm erworben haben. Denn das Verhältniss hinsichtlich der Immunität oder des Befallenwerdens von der Variola vera oder der Variolois bei den nur mit einer Impfnarbe Versehenen stellte sich in unseren Pockenepidemien auffallend ungünstiger heraus als bei den unter gleichen Umständen mit mehreren Impfpusteln Vaccinirten, da von 28 kaum der vierte Theil der Ansteckung widerstand und bei den 22 von ihr Erreichten das Verhältniss der Variola vera zur Variolois sich wie 7 : 4 gestaltet, indess unsere Epidemieen ein Totalverhältniss der geimpften Variolakranken zu den Varioloidkranken von fast 5 : 1 ergaben.

Wenn das Reactionsfieber zum Wesen des Kuhpockenprocesses, und ein gewisser Grad desselben zur nachhaltigen Wirkung desselben gehört, wenn der Grad des Reactionsfiebers von der Zahl der Kuhpocken abhängig und es unbestritten ist, dass eine geringe Zahl der Incisionen eben diesen schützenden, die Pockenanlage völlig delirenden Grad des Reactionsfiebers in vielen oder wohl den meisten Fällen zu erreichen nicht im Stande ist, so fordert uns sowohl diese Rücksicht als die Analogie mit dem intensiveren, aber nachhaltiger schützenden Blatternfieber, noch mehr aber die bittere Erfahrung, auf dem betretenen Wege das Ziel nicht erreicht zu haben, zum Abweichen von ihm und zum Einlenken auf die von der besseren Schule vorgezeichnete Bahn, nämlich zur Vermehrung der Impfstellen auf.

Denn so gleichgültig für die Schutzkraft die Anzahl der Pocken bei den natürlichen Blattern ist (und selbst dieser Satz erleidet unserer Erfahrung nach eine Modification, da die heftigsten Fälle des zweimaligen Befallenwerdens Individuen trafen, welche das erstemal nur wenig Blattern hatten), so ist diese doch von bedingendem Werthe bei der Vaccine, weil das durch den Giftstoff bewirkte und die Schützung bedingende Reactionsfieber bei den Menschenpocken sich zur Pustelzahl wie Ursache zur Wirkung, bei den Kuhpocken aber wie Wirkung zur Ursache verhält. Dort bedingt das primäre Fieber die der individuellen Empfänglichkeit genügende Pockenzahl, und es hat z. B. bei der Inoculation nicht bei der Zahl der inoculirten Pocken sein Verbleiben, sondern es bilden sich deren gerade so viele aus, als zur Tilgung der Pockenanlage erforderlich sind — hier aber erregt die Anzahl der geimpften Pocken, bei der es sein Verbleiben hat, einen ihr adäquaten, die Pockenreceptivität nicht immer vollkommen tilgenden Grad des Reactionsfiebers.«

Für das Anlegen einer Mehrzahl von Pocken spricht entschieden eine Erfahrung von Dr. Feiler in Berlin. Die ohne Impfschein zur Schule angemeldeten Kinder mussten, um den vorschriftsmässigen Schein zu erhalten, noch einmal im 6. Jahre geimpft werden. Diese Impfung haftete bei Kindern mit einer Narbe fast immer, bei Kindern mit 4—8 Narben fast ausnahmslos nicht; F. hat desshalb seine Methode, 4 Pocken auf jedem Arme zu inseriren, beibehalten.

Aus der Beschaffenheit der Narben läst sich kein Schluss auf das Maass des durch die Vaccination erzielten Schutzes gegen Variola ziehen; häufig kommen ganz gelungene Revaccinationen bei bester Beschaffenheit der durch die erste Impfung hervorgerufenen Narben vor. Deutliche Narben sprechen nur für die Güte der ersten Impfung, sind aber auch, wie Lalagade im Gegensatz zu den englischen Impfstatistikern behauptet, ein Zeichen dafür, dass das betreffende Individuum grosse Disposition für Vaccine und Variola besitzt, also besonders gefährdet sein kann.

Ein characteristisches Merkmal für die gelungene und auf Jahre hinaus schutzkräftige Vaccination giebt es nicht. Es sind lediglich subjective Ansichten, wenn von einzelnen Autoren behauptet wird, dass, je röther und flammiger der Hof, je fester das unterliegende Zellgewebe, desto günstiger die Prognose für den erhofften Schutz zu stellen sei, oder dass Mangel der Areola und des Fiebers dem Verdacht fehlerhafter Vaccine Raum geben. Auch die fieberlos verlaufende Vaccine ist ebenso ansteckend wie die febrile. Die Beobachtungen sind ferner nicht selten, dass Febris vaccinalis sine exanthemate, am 8. oder 9. Tage auftretend, Schutz gegen spätere Vaccinationen gegeben hat.

Die sicherste Gewährschaft bietet die Vaccination, wenn die Pocken normal verlaufen, ausgesprochene Randröthe, ausgesprochenes Eruptionsfieber, nachfolgende Exacerbation des Fiebers bei Eintritt der Eiterung und characteristische Narbenbildung haben. Aber es können einzelne Merkmale fehlen, und doch haften spätere Probeimpfungen nicht. Jedenfalls ist es mit Rücksicht auf die Impfpraxis zu weit gegangen, als Kriterium des Schutzes zu verlangen, dass eine nochmalige Impfung, welche 24—48 Stunden nach dem Erscheinen der Randröthe bei dem geimpften Individuum mit Stoff aus den bereits vorhandenen Pusteln desselben vorgenommen worden, nicht haften darf.

Eine Zusammenstellung der Fälle von bei Geimpften nur mangelhaft eingetretenem Schutze siehe Reiter l. c. p. 100 u. f.

Ebendaselbst sind pag. 4—13 eine ganze Reihe von Fällen zweimaliger Erkrankung an Variola erwähnt.

27. Beeinträchtigung des Impfschutzes durch das Abimpfen.

Darf man abimpfen? Es hängt die Beantwortung dieser Frage mit der Entscheidung darüber zusammen, wenn die Wirkung der Vaccine auf den Körper ihr Ende erreicht hat. — Die Einen behaupten, beim Abfall der Krusten; die Anderen nehmen einen früheren Zeitpunkt an.

Wenn die locale Röthe, die Schwellung der Achseldrüsen und das allgemeine Unbehagen als Zeitpunkt des eintretenden Impfschutzes betrachtet werden, so ist die Voraussetzung gemacht, dass erst zu dieser Zeit durch ein Resorptionsfieber die Eigenschaften der Vaccine in den Körper gelangen; die Vaccine wird aufgefasst als ein Localleiden bis zu dem Moment, in dem die Lymphe sich reichlich in den Pusteln ausgebildet hat und von da aus in den Circulationsstrom aufgenommen wird.

Die andere Ansicht ist die in Abschnitt I vertretene, nach welcher die Pustel nur ein unwesentliches Symptom der Krankheit ist und fehlen kann. Das Ausschneiden der Kuhpocke an der Kuh schon am zweiten Tag nach der Impfung hat doch den Erfolg, dass eine nachträgliche Impfung nicht haftet. Es vollzieht sich eine Allgemeininfection mit gleichzeitiger, event. nachträglicher Localisation, aber zuweilen auch ohne dieselbe.

Nach der ersten Anschauung bleibt die Vaccine also bis zum 9. Tage stationär, local; folglich schädigt ein Abimpfen den nun erst sich entwickelnden Schutz. — Im zweiten Falle geht die Infection gleichzeitig mit oder vor der Pustelbildung einher, und der Impfschutz ist vor dem üblichen Abimpfungstermin am 7. Tage schon vorhanden; das Abimpfen kann auch am 5.—6. Tage ohne Schaden vorgenommen werden.

Erfahrungen über stattgehabte Schädigung des Impfschutzes liegen nicht vor; es sind lediglich theoretische Bedenken, die der Abimpfung sich entgegen stellen, die auch zu folgender entgegengesetzten extremen Anschauung geführt haben. (Hennequin und Bousquet):

»Die Zahl der Impfstellen ist gleichgültig; eine einzige genügt zur Erzielung vollständigen Impfschutzes und von dieser kann beliebig abgeimpft werden. Der Impfschutz ist vorhanden, sobald das Impfbläschen erscheint, und selbst, ehe es erscheint, und selbst, ohne dass es erscheint. — Die schönste Pustel hat nicht mehr Werth als die kümmerlichste; sie kann am 2., 3. oder 4. Tage zerstört werden.«

28. Die behauptete bessere Schutzkraft der animalen Vaccine.

Zu erörtern bleibt noch die Frage, ob die durch Impfung mit animalem Impfstoff erzeugte Schutzkraft länger andauert, als die durch die Verwendung von Kinderlymphe erzielte. Wenn man die sehr reichhaltige Literatur über diesen Streitpunkt durchmustert, so betonen auf der einen Seite z. B. Reiter, Hunger, Gianelli die reactionskräftigere Erscheinung der Pusteln bei den mit animalem Stoff geimpften Kindern; sie schliessen daraus auf eine grössere Schutzkraft. Andererseits berichten Thiele, Ceely, Gregory von einem langsameren Verlauf, geringerem Fieber, schwächerer Randröthe und schwächerer Narbenbildung bei Verwendung dieses Stoffes.

In neuerer Zeit ist besonders in Italien die animale Impfung bevorzugt und liegen verschiedene statistische Zusammenstellungen von dort vor, die besseren Schutz, seltenes Befallenwerden mit Blattern bezeugen sollen [63, pag. 69]. Die italienische Regierung hat den Anschauungen der Impfärzte in so fern Rechnung getragen, als für die Vornahme der officiellen Impfungen der animale Stoff vorgeschrieben ist, dass um der Controle willen animaler Stoff nur auf dem linken und humanisirter Stoff nur auf dem rechten Arm verimpft werden sollen. Die DDr. Breganze, Pogliani, Grancini, Dell' Aqua, Trezzi, Serafino und viele andere sind aus obigem Grund warme Lobredner des animalen Stoffes. Die Bevölkerung von Mailand und Neapel hatte allerdings in den letzten Jahrzehnten auffallend wenig von Blattern zu leiden, »Dank der daselbst seit 60 Jahren geübten animalen Vaccination«. Von den 907 752 Einwohnern in der Provinz Neapel, von denen ein reichliches Drittel durch die dort seit 60 Jahren eingeführte animale Vaccination geschützt war, erkrankten während der Pockenepidemie anfangs der siebenziger Jahre nur 2,16 pro Mille, während anderorts in Italien diese Zahl auf 6,21 und 7,84, ja 17,0 und 26,61 stieg. Freilich ist in Bezug auf die Bevölkerung dieser Territorien das Verhältniss der Zahl der Geimpften zu den Ungeimpften nicht anggeben.

29. Die Theorieen zur Erklärung des Impfschutzes.

Der erste Versuch dieser Art, der durch die Autorität, von

der er ausging, eine gewisse Berühmtheit s. Z. hatte, rührt von Hoffmann her (Abhandlung von den Pocken B. I, §§ 121—133). Er nimmt an, dass die ganze Oberfläche des Menschen vom Scheitel bis zur Fusssohle mit unzähligen Pockendrüsen bedeckt sei, welche dicht neben einander liegen, unter die ausdünstenden Organe gehören und den sogenannten Pockendrüsensaft absondern. Diese Drüsen werden nun alle in der Pockenkrankheit vom Pockengift inficirt, und die Wirkung davon ist, dass sie alle nebst ihren Ausführungsgängen verwachsen, was zur Folge hat, dass sich in ihnen nie wieder Pockengift erzeugen und dass somit der Mensch nie zweimal die Pocken bekommen kann. Hufeland (Bemerkungen über die Blattern, p. 176) fragt mit Recht, ob es demnach auch noch Masern-, Scharlachdrüsen etc. in der Haut gebe? Brandis (Pathologie, §§ 135. 136) sagt: »Wenn nach Krankheiten, welche die ganze Tendenz afficirt haben, die mit Fieber entstanden sind und eine vollständige anomale Bildung gemacht haben, die Anomalie im vegetativen Systeme aufhört, so tritt die ursprüngliche Tendenz zur Zweckmässigkeit wieder in ihre Rechte, das anomale Gebilde wird weggeschafft, der Organismus wieder möglichst vollkommen hergestellt und die Disposition für längere oder kürzere Zeit aufgehoben« (?). Bach spricht von geänderten Mischungsverhältnissen des Organismus, Schönlein (B. II, p. 272) von einer Naturalisation des Giftes; Henle (Path. B. II, p. 472) vergleicht zuerst die Durchseuchung mit der Erschöpfung eines Bodens oder einer Flüssigkeit durch die darin vegetirenden organischen Gebilde; »es mussten also jedem Körper von Geburt an so viel specifische und nicht regenerirbare Materien in bestimmter Quantität mitgegeben sein, als ihn möglicherweise miasmatisch-contagiöse Krankheiten erreichen können.«

Diese Theorieen, den heutigen Kenntnissen und Anschauungen über die parasitäre Natur der Seuchenkrankheiten angepasst, kehren jetzt wieder. Die hauptsächlichsten der neueren Hypothesen sind:

1) Die Pasteur'sche sogenannte Erschöpfungstheorie, darauf basirend, dass die Bacterien die im Körper vorhandenen Stoffe, welche die Disposition zu Infectionskrankheiten bedingen, durch ihren Lebensprocess vernichten. Chauveau hat dieselbe als unhaltbar nachgewiesen durch seine erfolglosen Milzbrandimpfungen an Schafen aus der Berberei.
2) Die Gegengifttheorie, gestützt auf die Ermittelungen von Bouley, Klebs, Wernher, Salkowski, dass im Harn bei acuten Infectionskrankheiten Stoffe gefunden wurden als

Umsetzungsproducte, die, wenn sie im inficirten Körper sich anhäufen, als Gift auf die Mikroorganismen wirken.

3) Die Anpassungstheorie von Grawitz, nach welcher ein »Kampf ums Dasein« zwischen den Zellengruppen und den Mikroorganismen stattfindet. Gegen diese Theorie führen Lichtheim, Jaffé, Gaffky u. A. ernstliche Bedenken an.

4) Nach Flügge ist an eine Abnahme der Wachsthumsenergie zu denken, welche nicht mehr hinreicht, die z. B. durch die Nieren statthabende Ausscheidung zu ersetzen und zu überflügeln, oder z. B. trotz reactiver Entzündung den Platz zu behaupten,

5) oder es könnte auch die Production deletärer Stoffe seitens der Bacterien fehlen, und würde damit die Waffe fallen, mittelst welcher die Pilze bis dahin sich ihr Terrain eroberten u. s. w.

6) Wolffberg [8] nimmt das Rete Malpighii als Prädilectionsstelle für das Variola-Vaccine-Contagium an, auch bei nicht von der Haut aus stattgehabter Infection. Die Immunität soll erfolgen durch Umstimmung der Zellen des Rete.

7) Nach den Untersuchungen von J. Pohl-Pincus [1]) kommt es nach einer ersten Vaccineimpfung in die Haut des Kalbes zunächst zu einer Strömungshinderung um die Impfstellen herum und innerhalb dieser inficirten Hautgebiete zu einer Vermehrung des Infectionsgiftes. Vom Impfheerde wird dann eine Umstimmung in den Saftwegen der einzelnen Zellen (pag. 425) erzeugt, durch einen Körper, welcher vermittelst des Infectionsstoffes aus den Zellen und Säften des Infectionsheerdes abgespalten wird. Diesen specifischen Körper bezeichnet P. als Variolin (resp. Morbillin, Anthracin, Tuberculin); P. schätzt die Menge dieses Stoffes bei einem vaccinirten Kalbe (pag. 431) auf einige Gramm.

Dr. Geyer (Durlach) [2]) kommt auf Grund ähnlicher Anschauungen ebenfalls zu der Annahme, dass es durch künstliche Züchtung verschiedener Pilze in Zukunft vielleicht noch gelingt, jenen hypothetischen Stoff, welcher Immunität bewirkt, in einer Flüssigkeit gesondert von den Pilzen zu erlangen und den thierischen Organismus durch directe Einführung desselben immun zu machen.

1) Virchow's Archiv, 36. B. 1884.
2) Aerztliche Mittheilungen aus Baden. 1884. Nr. 12.

Auf eine Kritik der bisher aufgestellten Hypothesen über die Theorie der Schutzwirkung werden wir uns nicht einlassen, da immer noch viele Lücken des Wissens bezüglich des Vaccinationsprozesses auszufüllen sind. Warlomont [13] hat jüngst, nach Analogie der von Pasteur u. A. vorgenommenen Abschwächungen des Milzbrandcontagiums durch Cultur bei 42 und 43 ° C., die Abschwächung der Variola auf dem Pferd und Rind mit der Zunahme der Körperwärme dieser Thiere in Zusammenhang gebracht. Die Blutwärme steigt von 37,0 beim Menschen auf 37,6 beim Pferd, auf 38,8 beim Schwein, 39,2 beim Kalbe und 40 beim Schaf und bei der Ziege. Die Intensität des Blatternprozesses bei diesen Thieren fällt aber nicht in derselben Reihenfolge ab; auch müssten dann Kinder mit einer 0,3—0,4 ° höheren Körperwärme als Erwachsene weniger an Blattern zu leiden haben als diese, was aber nicht der Fall ist.

30. Die Agitation gegen die Vaccination.

In den bisher mitgetheilten Experimenten und Erfahrungen ist ärztlicherseits die Begründung für Einführung der Vaccination gegeben.

Die von Jenner entdeckte Schutzkraft einer gut überstandenen Vaccination gegen Blatternerkrankung ist eine Thatsache. Ein Irrthum war der von Jenner behauptete lebenslängliche Schutz.

Diese Thatsache wird zunächst durch die tägliche Erfahrung der praktischen Aerzte und dann vor allen Dingen durch das Zeugniss von Männern beglaubigt, die die Gewalt des Pocken-Contagiums aus eigener Anschauung vor und nach Einführung der Schutzpockenimpfung gekannt haben. Für die jetzt Lebenden (Aerzte und Laien) ist das Grässliche der Pockennoth der früheren Jahrhunderte kaum glaublich, nachdem selbst Blatternarbige, früher in grosser Zahl vorhanden, zur Seltenheit geworden sind. — C. W. Hufeland z. B. schreibt 1824 (die Pockenepidemie der Jahre 1823 und 1824): »Vor 30 Jahren würden zu einer solchen Zeit Tausende befallen, Tausende ein Opfer des Todes geworden sein. Dies war freilich jetzt nicht mehr möglich bei der allgemein eingeführten Vaccination, und wir wollen für diese himmlische Wohlthat von Herzen danken.«

Der gutartige Verlauf der Blattern bei Geimpften ist in der grossen Epidemie der zwanziger Jahre durch die Aerzte in Frankreich, England, Dänemark, Holland, Württemberg, Ungarn, Genf, Mailand, Berlin bestätigt worden.

Von der Statistik ist lediglich eine Bestätigung dieser Thatsachen zu verlangen, und darf nicht, wie von den neuesten Impfgegnern mit Aufwendung eines anscheinend grossen wissenschaftlichen Apparates geschieht, die Vaccination nur nach der Statistik aus kleinen und kleinsten Bezirken beurtheilt werden. Es ist a priori undenkbar, eine ganze Reihe unmessbarer und deshalb nicht vergleichsfähiger Factoren, wie sie der lebende, stetigen Aenderungen unterworfene Körper und dessen kosmische und sociale Umgebung darbieten, in Zahlen hineinzuzwängen, und ebenso undenkbar, alle die Nüancen im Zustand eines Geblatterten, Geimpften oder Revaccinirten: Alter, Ausgiebigkeit der Impfung, Sättigung mit dem Contagium und sonstige Gesundheitszustände unter grosse allgemeine Gesichtspunkte zusammenzufassen. — Hier ist der Tummelplatz, auf dem sich die mit den grundlegenden Experimenten nicht vertraute Laienwelt einen billigen Ruhm als Impfgegner erworben hat, und wo durch ungeschickte oder böswillige Rechenkünstler die Wahrheit zu beugen versucht worden ist. Die Grundregeln der Vaccinationslehre erfahren an der Hand der Statistik eine Bestätigung nach allen Richtungen hin.

Bousquet [7] hat eine Zusammenstellung gegeben über das Verhalten der Vaccinirten in 30 grossen Blatternepidemieen von 1816—41. Unter 16051 Blatterkranken waren 6075 Vaccinirte und 34 Rückfälle an Blattern. Es kamen auf die Epidemie von Marseille 1828 allein 4000 Vaccinirte. — In gewöhnlichen Zeiten bieten die Vaccinirten mehr Widerstand; aber auch in Epidemieen weisen sie eine viel geringere Sterblichkeit auf. Es starben von den Vaccinirten je 1 96, von den an Variola vera Erkrankten 1 : 6, von den mit rückfälliger Variola Behafteten 1 7.

Gut geimpfte Bevölkerungsgruppen werden repräsentirt durch die revaccinirten Soldaten in den meisten deutschen Staaten.

In der bayerischen Armee ist die Revaccination seit 1843 obligatorisch, und von dieser Zeit bis 1857 war weder ein Todesfall durch Pocken, noch selbst ein Fall von echten Pocken vorgekommen. Aehnlich sind die bezüglichen Erfahrungen in der schwedischen, dänischen, englischen Armee und anderwärts; diese Armeeverwaltungen machen alle die Revaccination der Truppen zur unumgänglichen Pflicht.

Nach Generalarzt Dr. Roth hatte die deutsche Armee im letzten Kriege von 1870—71 nur 12000 Todesfälle durch Krankheiten gegenüber 28000 durch Waffen. Pockentodesfälle hatten nur 261 statt. In der sächsischen Armee kamen auf 13344 (?) Erkrankungen nur 123 an Pocken [ohne Todesfall]. Die hessische Armee hatte unter 498 an Krankheiten Gestorbenen 33 Pockentodesfälle, die bayerische unter 1261 nur 39, die württembergische unter 700 nur 1.

Während in Frankreich eine mörderische Blatternepidemie viele Tausende von Soldaten (und Civilisten) hinraffte, blieben die deutschen Soldaten fast frei, obgleich sie in den angesteckten Orten und Zimmern hausten und in den ungereinigten Betten schliefen. Wenn nach den deutschen die französischen Soldaten wieder einrückten, bekamen diese massenweise die Blattern.

Die französische Armee verlor nach einer französischen Quelle (Wiener med. Wochenschrift 1872, 31. Aug., Nr. 35, pag. 896) in dem letzten Kriege 23469 Mann an Blattern.

Die Civilbevölkerung ist, abgesehen von einigen kleineren deutschen Staaten, nur im Königreich Bayern, und zwar hier seit nun 75 Jahren in einer nahezu gleichen Vollständigkeit geimpft. Dr. v. Kerschensteiner schildert das Verhalten der Bevölkerung gegen die Angriffe des Blatterncontagiums (Friedreichs Blätter f. gerichtl. Med. VI. 1882) folgendermaassen:

An Blattern

im Königreiche Bayern

	erkrankten		starben		
1860:	820	. . . . . .	53= 6,4%	der	Erkrankten.
1861:	218	. . . .	23=10,5 »	»	»
1862:	476	. . . . . .	44= 9,2 »	»	»
1863:	782	. . . . .	57= 7,4 »	»	»
1864:	804	. . . . .	73= 9,0 »	»	»
1865:	2172	. . . . .	185= 8,5 »	»	»
1866:	4695	. . . . . .	370= 7,8 »	»	»
1867:	9275	. . . . .	912= 9,8 »	»	»
1868:	5608	. . . . .	639=11,3 »	»	»
1869:	2948	. . . . .	332=10,8 »	»	»
1870:	3963	. . . . .	506=15,3 »	»	»
1871:	30742	. . . . .	4784=15,5 »	»	»
1872:	15650	. . . . .	2121=15,5 »	»	»
1873:	6952	. . . . .	869=12,3 »	»	»
1874:	1427	. . . . .	215=15,7 »	»	»
1875:	499	. . . . .	75=15,0 »	»	»
1876:	412	. . . . .	54=13,1 »	»	»
1877:	564	. . . .	73=12,7 »	»	»
1878:	499	. . . . .	68=13,6 »	»	»
1879:	145	. . . .	22=15,7 »	»	»
1880:	404	. . . . .	58=14,3 »	»	»
1881:	559	. . . . .	78=13,7 »	»	»
Summa:	79534	. . . .	11300=14,2%	der	Erkrankten.

Auf jedes dieser 22 Jahre fallen mithin durchschnittlich je 3615 Blatternerkrankungen mit 513 Todesfällen.

Das Ereigniss, dass von den 30742 im Jahre 1871 in Bayern an Blattern Erkrankten 29429=95,7% geimpft und 1313=4,3% ungeimpft waren, welche Thatsache die impfgegnerische Presse mit grosser Emphase als Beweis gegen den Nutzen der Schutzpockenimpfung vorgebracht hat, erklärt sich selbstredend aus dem Umstande, dass nahezu die gesammte bayerische Bevölkerung, welche das erste Lebensjahr überschritten hat, geimpft ist, weil gesetzlich die Kinder während des ersten Lebensjahres zur Impfung vorstellig gemacht werden müssen. Wenn nun bei einer so gewaltigen Blatterinvasion, wie sie 1871 in schwerer Kriegszeit aus Frankreich über Deutschland hinzog, in Bayern nur 0,68% der Gesammtbevölkerung erkrankten, so dürfte doch wohl die Annahme gerechtfertiget sein, dass dieser in so geringem Verhältnisse von der Blatternkrankheit befallenen Bevölkerung ein besonderer Schutz zur Seite gestanden sei; und man darf die Frage aufwerfen: wie wäre wohl die bayerische Bevölkerung von dieser Krankheit heimgesucht worden, wenn ihr dieser Schutz nicht zur Seite gestanden wäre? Die Geschichte der früheren Blattern-Epidemieen giebt auf diese Frage die Antwort.

Das entscheidende Moment jedoch, welches bei der Frage über den Werth der Schutzpockenimpfung bei der Blatternepidemie des Jahres 1871 in Bayern in die Betrachtung zu nehmen ist, ist aber weniger die Zahl der Erkrankten, als vielmehr die Zahl der an der Blatternkrankheit Verstorbenen unter Geimpften und Ungeimpften. Hiedurch wird das Criterium der Schutzkraft der Vaccine gebildet.

In dieser Hinsicht gestalten sich die Zahlenverhältnisse folgendermassen:

Von den geimpften 29429 Erkrankten sind

25435=86,4% genesen,

3994=13,6% gestorben.

Von den ungeimpften 1313 Erkrankten dagegen sind

523=39,8% genesen,

790=60,1% gestorben.

Von den 776 Revaccinirten sind

712=91,8% genesen,

64= 8,2% gestorben.

Sohin betrug die Sterblichkeit

der Ungeimpften:	60,1%,
der einmal Geimpften:	13,6% und
der wiederholt Geimpften:	8,2%.

Es lässt sich schwer eine Vorstellung von der Verheerung machen, welche, ohne den Schutz der Vaccination, die Blattern während des Krieges bei einer Sterblichkeit von 60% und bei erheblich erhöhter Krankheitsziffer in Bayern angerichtet hätten. Wenn man je Ursache hatte, in Bayern dankbar zu sein für die Einführung der Schutzpockenimpfung, so war es in den Jahren 1870 und 1871.

Dieselben Ergebnisse liefern die alljährlich veröffentlichten »Uebersichten über die Erkrankungen und Todesfälle an den Pocken in Bayern«, von denen die der letzten fünf Jahre nachstehend mitgetheilt werden.

»Im	Jahre	1881	erkrankten	an	Blattern	559,	starben	78=13,9%	der Erkrankten.
»	»	1880	»	»	»	404,	»	58=14,4 »	» »
»	»	1879	»	»	»	145,	»	22=15,2 »	» »
»	»	1878	»	»	»	499,	»	68=13,8 »	» »
»	»	1877	»	»	»	564,	»	73=12,9 »	» »

Von den im Jahre 1881 559 Erkrankten waren

466 einmal geimpft, davon starben	48=10,3%
37 waren wiederholt geimpft, davon starben	3= 8,1%
56 waren ungeimpft, davon starben	**27=48,2%**

Von den im Jahre 1880 404 Erkrankten waren

336 einmal geimpft, davon starben	43=12,8%
41 waren wiederholt geimpft, davon starben	5=12,2%
27 waren ungeimpft, davon starben	**10=37,0%**

Von den im Jahre 1879 145 Erkrankten waren

110 einmal geimpft, davon starben	15=13,6%
18 waren wiederholt geimpft, davon starben	0= 0,0%
17 waren ungeimpft, davon starben	**7=41,1%**

Von den im Jahre 1878 499 Erkrankten waren

424 einmal geimpft, davon starben	50 = 11,8%
37 waren wiederholt geimpft, davon starben	3 = 8,1%
38 waren ungeimpft, davon starben	15 = 39,5%

Von den im Jahre 1877 564 Erkrankten waren

483 einmal geimpft, davon starben	52 = 10,8%
49 waren wiederholt geimpft, davon starben	4 = 8,2%
32 waren ungeimpft, davon starben	17 = 53,1%

Diese Ergebnisse bedürfen keines Commentars. Wer offene Augen und redlichen Sinn besitzt, kann sich gegen die Folgerungen aus den Erfahrungen eines Staates, welcher dem Impfwesen seit bald 80 Jahren seine Fürsorge zuwendet, nicht beharrlich negativ verhalten. Ein Rückschritt auf diesem, wohl dem dankenswerthesten Gebiete der öffentlichen Gesundheitspflege, wäre als ein grosses nationales Unglück zu bezeichnen.«

Als Muster für die Untersuchung des vorhandenen Impfschutzes in kleineren Bevölkerungskreisen erwähnen wir die Flintzer'sche Statistik [46] aus Chemnitz für die Jahre 1870 und 71.

Zu den neuesten Gegnern gehört unter Anderen auch Dr. Böing [63], welcher die oben mitgetheilten grundlegenden Experimente von Jenner, Sacco u. s. f. als Fabeln erklärt. Kritiken über die Schrift von Dr. Böing sind von Voigt, L., [64], von Dr. Wolffberg im Ergänzungsheft I zum Centralblatt für allgemeine Gesundheitspflege 1883 [70] und von Dr. Wägner [65] erschienen.

Nach dem Bericht des Metropolitan Asylum Board, welcher die letzte Londoner Blatternepidemie bis zum 30. April 1872 schildert (The lancet, August 3, 1872, p. 157), ergiebt sich aus 3085 Fällen, in denen die Impfnarben untersucht wurden, das Resultat, dass ohne Impfnarben die Sterblichkeit betrug 47,5%; bei einer undeutlichen Narbe 25%; bei einer deutlichen Narbe 5,3; bei 2 deutlichen Narben 4,1; bei 3=2,3 und bei 4=1%. Der Berichterstatter sagt: »Angesichts dieser Zahlen erscheint es fast unmoralisch, nachlässig oder unvollständig zu impfen, weil, wenn wir so handeln, wir die Gefahr für unsere Impflinge, blatternkrank zu werden und an den Blattern zu sterben, in hohem Grade vermehren.«

Dr. Lotz in Basel, Berichterstatter an dem Schweizerischen Bundesrath, hat die einschläglichen Verhältnisse gründlich studirt und in einer 1880 erschienenen Schrift [66] zusammengestellt. Er kommt zu dem Schluss:

»Ueberall, wo die Impfung gut durchgeführt ist, haben die Pocken aufgehört, eine Kinderkrankheit zu sein, und rufen nur im ersten Lebensjahre, vor der Vollziehung der Impfung, und unter der dem Impfschutz wieder mehr oder weniger entwachsenen älteren Bevölkerung eine nennenswerthe Sterblichkeit hervor.«

Für den Vorwurf, den man der Impfung gemacht hat, dass andere Krankheiten durch sie hervorgerufen und dadurch die allgemeine Kräftigkeit der Bevölkerung geschwächt und die Mortalität besonders im Kindesalter eine bedeutendere geworden sei, haben die Gegner den Beweis nicht zu liefern vermocht. (Siehe den Abschnitt III: Complicationen der Vaccine.) —

»Die Frage über den Werth oder den Unwerth der Impfung, über den Nutzen oder den Schaden derselben, ist eine rein ärztliche Frage. Anders steht es mit der Frage über den Impfzwang. Diese Frage ist rechtlicher und politischer Art, und ich glaube, dass die Aerzte bei Entscheidung derselben nicht unmittelbar eingreifen sollten. Sie haben nach meiner Meinung die Aufgabe, denen, die zu entscheiden haben — dem Staate, seinen Rechtsgelehrten und Gesetzgebern — die medicinische Grundlage zu bieten, damit sie sich ein Urtheil bilden können über die politische Zweckmässigkeit und über die rechtliche Erlaubtheit des Impfzwanges.« (Zinn, Verhandlungen des deutschen Reichstages vom 6. und 9. März 1874.)

V.

Die Degeneration der Vaccine.

31. Abkürzung des Vaccineverlaufes auf Kindern und auf dem Kalbe.

Dass auf dem Kalbe und auf den Kindern Veränderungen der Vaccine statthaben, darüber legen besonders die Aerzte Zeugniss ab, die Gelegenheit hatten, einen alten, humanisirten Lymphestamm von 100 und mehr Ahnen mit einem jungen, lebenskräftigen Cowpoxstamm zu vergleichen. Viele der sogenannten Cowpoxstämme haben keine besonderen Vorzüge gehabt. Gute Stämme, vielleicht direkt aus Variola hominis entstanden, waren z. B. der Beaugency- und der Passy-Stamm, der holsteinische Stamm Reiters, der neue Voigt'sche Stamm. Heute sind solche Vergleiche, wenigstens in Deutschland, nicht mehr möglich, weil vielfach animaler Stoff mit eingemischt ist in die Cultur der gebräuchlichen Lymphestämme, und weil die Fortzüchtung von einem Kinderarm zum andern durch die Einschiebung der Glycerinlymphe ganz verlassen worden ist. Bekanntlich impfte man in den ersten Decennien der Vaccination in den Impfanstalten das ganze Jahr hindurch und schloss hier jede Conservirung der Lymphe aus. Der Verfasser hat trotz vieler Mühe noch keine, seit mehreren hundert Generationen nur auf Kindern gezüchtete Vaccinelymphe erhalten können. So bleibt heute nur noch der Vergleich übrig zwischen den mit Glycerin-Kinderlymphe und den durch animalen Stoff, resp. junge Variola-Vaccine erzielten Vaccinepusteln.

Die Literatur über die sogenannte Degeneration der Jenner'schen humanisirten Lymphe ist eine ganz colossale. Sie beginnt anzuschwellen, als 15—20 Jahre nach der Entdeckung Jenners die Behauptung eines lebenslänglichen Impfschutzes als nicht stichhaltig sich erwies und die Ursachen dafür noch in Aeusserlichkeiten des Vaccinationsprocesses gesucht wurden. (Siehe die Abschnitte Revaccination und Impfschutz.)

Kinglake, Mayer und Brisset [67] berichten bereits 1814, 1817 und 1818, dass die Pusteln der Jenner'schen Bläschen kleiner, die Areola schwächer, die Narben oberflächlicher geworden seien. Die gleichzeitig häufiger auftretenden Fälle von Blattern bei Geimpften führen B. dahin, eine Auffrischung der Vaccine und eine Reinigung derselben von den durch fortgesetzte Humanisirung erhaltenen Eigenschaften zu verlangen.

Nicolai [44] berichtet 1833, als die Jenner'sche Lymphe bereits in 1600 Generationen von Kind zu Kind fortgepflanzt war, dass die früher am 6.—8. Tage bei den Impflingen beobachteten Allgemeinerscheinungen, als: Schwere in den Gliedern, Mattigkeit, Achselschmerzen, Steifheit und Fieber sich 1833 nur noch selten zeigten. Die Pocken hatten nicht mehr die bläuliche, bleierne Farbe. Die in dem ersten preussischen Reglement vom 31. X. 1803 empfohlene Vorsicht, um nicht durch die Impfung eine lebensgefährliche Krankheit zu erzeugen, sei 1833 nicht mehr nöthig gewesen.

Dr. Reiter in München, der erfahrenste und weitsichtigste unter den deutschen Forschern, hat bereits im Jahre 1830 Versuche mit frischem Kuhpockenstoff, von Prof. Dr. Ritter aus Kiel bezogen, durchgeführt. (Beiträge p. 150.)

»Der Kuhpockenstoff aus Holstein entwickelte sich lebhafter zu viel grösseren Kuhpocken, die am neunten Tage bläulich aussahen, mit einem tiefen, breiten Nabel versehen, ganz glatt waren, sich härter anfühlten, in einem geraden Winkel sich über die Haut, in der sie sehr tief sassen, nicht hoch erhoben und, wenn sie angestochen wurden, eine grosse Menge klebriger Lymphe entleerten, die beim Verimpfen sicher haftete und von Arm zu Arm nie fehlschlug. Die örtliche Umgebung war in grössere Mitleidenschaft gezogen. Die Röthe zeigte sich sehr ausgebreitet, ins Bläuliche spielend, und sass auf einem bedeutend angeschwollenen, sich sehr hart anfühlenden Zellgewebe. In der Nähe der geimpften Blattern zeigten sich sehr viele frieselförmige Bläschen, öfter auch wirkliche Blätterchen. Die allgemeinen Erscheinungen, als: Blässe des Gesichtes, Unruhe und Fieber der Impflinge, waren sehr bedeutend. Ging die Entwickelung der Blattern gleich sehr lebhaft von Statten, so brauchten sie doch immer eine längere Zeit zu ihrer Entwickelung und Rückbildung. Die Krusten fielen später ab, waren ganz braun, hart, am Bruche glänzend, sehr gross und zeigten nach oben eine ebene, etwas hohlrunde Fläche. Die Narben zeigten sich viel grösser, tiefer in der Haut sitzend und waren in ihrem Umfang gegen die gesunde Haut hin noch so ausgeprägt, wie in der Mitte, und desshalb scharf gegen dieselbe begränzt. In der Narbe zeigten sich die schwarzen Punkte sehr deutlich. Die Narben wurden mit der Zeit wohl grösser, aber nicht undeutlicher.

Die Kuhpocken vom Münchener Kuhpockenstoff entwickelten sich träger, blieben oft mehr als um die Hälfte kleiner, sahen am neunten Tage gelblicher aus und hatten eine rauhere, zum Selbstöffnen geneigte, sich weicher anfühlende, mit einem kleineren und seichteren Nabel versehenen Oberfläche, erhoben sich unter einem stumpfen Winkel von der Haut, in der sie nicht tief sassen, höher über dieselbe und entleerten angestochen eine mehr wässrige Lymphe in geringer Menge, die, selbst von Arm zu Arm verimpft, nicht sicher haftete. Die Röthe um die Blattern war blässer, weniger ausgebreitet, und das Zellgewebe unter derselben nur wenig angeschwollen. Das allgemeine Leiden war viel geringer, die Kinder waren nicht besonders unruhig und fieberten weniger. Die Blattern brauchten bei ihrer trägen Entwickelung doch kürzere Zeit, um ihren Kreis zu durchlaufen. Die früher abfallenden Krusten waren kleiner, gelblich, leicht zu zerbröckeln, zeigten einen matten, ungleichen Bruch und boten eine erhobene Oberfläche dar. Die Narben waren kleiner, flacher in der Haut sitzend, und ihre Ränder verwischten sich mit derselben. Später wurden sie unregelmässig, undeutlich und verloren sich zum Theil ganz.«

Ueber die Auffrischung der Vaccine durch Benutzung des Retrovaccinationsverfahrens schreibt Reiter (Beiträge pag. 154):

»Ich impfte (in den Jahren 1830 und 31) von den mit Erfolg geimpften Kühen unmittelbar Kinder, und es entstanden bei diesen sehr schöne Kuhpocken, die in ihrer Form und in den allgemeinen und örtlichen Erscheinungen, unter denen sie verliefen, jenen Kuhblattern glichen, die der Holsteiner Stoff hervorbrachte; nur schienen sie ein wenig kleiner zu bleiben und sich mehr über die Haut zu erheben. Sie waren aber viel characteristischer, ergriffen den Organismus örtlich und allgemein viel heftiger und liessen viel deutlichere Narben zurück, als Impfstoff, der schon durch viele menschliche Organismen gegangen war. Diese Eigenschaften behielten sie auch in mehreren Verimpfungen von Menschen auf Menschen bei. Auch schlug der Stoff, der, unmittelbar von der Kuh auf den Menschen verimpft, gewöhnlich unsicher anschlägt[1]), daher man immer mehrere Blattern impfen muss, wenn man von einer Kuh einen Menschen impft, weil beinahe mehrere Stiche[2]) fehlschlagen, ganz sicher an, sobald man ihn von Menschen auf Menschen fortimpfte.

Verimpft man Kuhpockenstoff, der schon sehr oft durch Menschen gegangen ist, auf eine Kuh, so zeigt auch er beim Verimpfen von der Kuh auf Menschen die soeben bemerkten Erscheinungen, gewinnt schon im Durchgang durch die Kuh wieder an Kräften und wird auf diese Weise gewisser Massen regenerirt.

Ich theilte im Jahre 1831 mehreren erfahrenen Impfärzten regenerirten Stoff mit, und dieselben fanden, dass er sich von dem bisher gebrauchten alten Impfstoffe wesentlich auszeichne.«

Seit dem März 1835 wird von der K. B. Centralimpfstelle nur noch regenerirter Impfstoff an die öffentlichen Impfärzte abgegeben; dieselben stimmen im Jahre 1836 sämmtlich darin überein, dass sich derselbe in Beziehung auf die Sicherheit der Wirkung und auf die Entwickelung und Form der Blattern, sowie auf die locale und allgemeine Reaction im Organismus der Impflinge als vorzüglich bewähre.«

Während der ältere Impfstoff, mit dem die k. bayerischen Impfärzte vor dem Jahre 1835 impften, 1½ bis zu 3% Fehlimpfungen ergab, kamen solche bei Verwendung des regenerirten Impfstoffes in den Jahren 1835 bis 1845 nur bei ½ bis ¾ % der geimpften Kinder vor.

Im Jahr 1838 hat die Academie royale des sciences de France einen Preis ausgeschrieben über Untersuchung der vielfach behaupteten Degeneration des Impfstoffes. Im Jahre 1845 ist der Preis von 2000 Fr. an die DDr. Bousquet, Fiard und Steinbrenner [68] vertheilt worden. Alle 3 Autoren sprechen sich für eine stattgehabte Abschwächung der Vaccine aus.

Zu Grunde gelegt sind die Vergleiche des alten Impfstoffes mit der am 22. März 1836 in Passy entdeckten und von der Hand der Frau Fleury entnommenen jungen Cowpoxlymphe. Diese neue Passylymphe gab rascher die localen Lebenszeichen an der Impfstelle von sich und — wie Reiter genau ebenso schildert — verlief langsamer. Bousquet sagt, zwischen dem alten humanisirten Stoffe und dem neuen Passystamm sei ein Unterschied gewesen, wie zwischen Variola confluens und Variola discreta oder wie zwischen Variola und Varioloiden. »Man weiss, dass der Verlauf der Variola je gutartiger um so rascher ist, und umgekehrt, dass die intensivere Variola eine längere Dauer hat. Ebenso ist das Verhalten des neuen Passystammes.« Wenn am 8. Tage der alte Jenner'sche Stamm zurückgeht, dann wächst der neue noch, so dass im

---

1) Weil ohne Pockenboden von der Kuh abgenommen. Anm. des Verf.

2) Stichmanier jetzt bei animaler Impfung durch Schnitte ersetzt. Anm. des Verf.

Gesammtverlauf ein Unterschied von 8 Tagen vorhanden ist. Diese Langlebigkeit der Pustel ist der Ausdruck ihrer Stärke; selbst am 11.—15. Tage enthält sie noch lebenskräftiges Contagium. — Auch mehr Reactionsfieber ist im neuen Stamm am 9.—10. Tage vorhanden. Schliesslich spricht auch der Impferfolg bedeutend mit, insofern von 776 Impfstellen beim alten Stamm nur 628 angiengen, beim neuen Stamm kein Stich fehlschlug.

Alter Stamm 1836.	Passy-Stamm 1836.
1. Am 1.—2. Tage: nichts zu bemerken.	Am 2. Tage: ein rother Punkt.
2. Am 3.—4. Tag: eine röthl. Härte.	Röthe schon sichtbar.
3. Am 5. Tage: Pustel mit leichter Depression.	Deutlicher, flüssiger Inhalt.
Am 7. Tage: Areola beginnt; Lymphe fliesst leicht aus.	Deutlichere Areola.
4. Am 8. Tage: Areola breiter; am 9. Tage: Areola blasser; Pustel gelb; in der Mitte ein brauner Punkt.	Am 8.—9. Tage: Pustel entwickelt; Areola beginnt sich auszubreiten; Virus transparent und durchsichtig; Pustel grösser.
5. Am 10.—12. Tag: fortschreitende Eintrocknung; gelbe Kruste; kein Inhalt mehr vorhanden.	Pustel ohne Veränderung; lebhafte Areola; Achseldrüse geschwollen; kein Fieber; Virus trübt sich.
6. Am 15. Tage: Kruste fällt ab; Narbe röthlich. —	Noch flüssiger, transparenter Inhalt; Areola besteht noch.
	Am 15.—17. Tag: Eintrocknung beginnend; Pustel braun; Areola blasst ab.
	Am 21. Tag: Abfall; Narbe tiefer.

Nach Bousquet.

Die Abbildungen der mit der alten Jenner'schen Lymphe von der Jenner society in London 1831 und der mit der Passylymphe von 1836 erzeugten Pusteln, von M. Chazal im Auftrag der Academie royale de méd. angefertigt, sollen diesen Unterschied deutlich erkennen lassen. Am 14. Tage ist die Jenner'sche Pustel nur noch Kruste, klein, trocken, schwarzbraun, zum Abfallen reif, während die Passypustel erst $^2/_3$ ihres Verlaufes genommen hat.

Aber bereits im Jahre 1848 hatten die mit Passylymphe erzielten Vaccinepusteln ein anderes Aussehen; die Areola war nur noch schwach, die Pustel kleiner, nicht so glänzend, weniger fest und der Verlauf rascher.

Andere Stämme haben in Frankreich nicht die Berühmtheit

des Passystammes erlangt. Die Rouenlymphe vom März 1838, die Dijonlymphe von 1841, die Fiard'sche vom Jahr 1844 u. dg. waren sämmtlich wenig vom Jenner'schen Stoffe unterschieden. Erst der im Jahr 1865 in Beaugency entdeckte Stamm hat sich wieder dem Passystamm genähert und hat die Quelle abgegeben für die vielen in Holland, Frankreich, Amerika, Deutschland u. s. w. mit ächtem Cowpoxstamm arbeitenden Institute für animale Vaccine.

Ueber den neuen Voigt'schen [31] Stamm vom Jahr 1882 siehe Abschnitt II.

		Reifung und Eintrocknen der Pusteln	Abfall der Schorfe	Differenz
Beim Passy-Cowpoxstamm	1836 1844	am 17. Tage » 14. »	am 23.—26. Tage —	3 Tage in 8 Jahren
Beim Beaugency-Cowpoxstamm	1865 1883	— —	am 17. Tage am 12.—16. Tage	3 Tage in 16 Jahren
Bei Voigts neuem Stamm	1882 1883	— —	am 22. Tage am 17.—18. Tage	4 Tage in 1 Jahr
Bei Jenners Stamm (humanisirt)	1799 1844	am 17. Tage » 12. »	— —	5 Tage in 39 Jahren

Zur Beurtheilung der Virulenz der Variola-Vaccine führt Voigt an, dass der Beaugencystamm im Jahre 1865 verimpfbar war vom 3. bis zum 7. Tage; Voigt's neuer Stamm im Januar 1882 nach 6 × 24 Stunden, im Januar 1883 nur noch nach 4 × 24 Stunden. Dieser junge Cowpoxstamm haftetete ausserdem sehr leicht auf Kindern, war länger haltbar und lieferte späteren Abfall der Borken.

Voigt fasst seine Beobachtungen über die Degeneration des bis zum Jahre 1882 von ihm benutzten Beaugencystammes in folgende Worte zusammen:

»Die Pustel wächst jetzt ebenso schnell wie vor 16 Jahren; sie wird aber bald eitrig, und die Borken fallen wohl durchschnittlich 4 Tage früher ab als damals. Die Wirksamkeit des Pustelinhaltes, früher am 5., 6. und 7. Tage am grössten und eigentlich fast ausnahmslos sicher, bewährt sich jetzt am 4. und 5. Tage. Am 6. Tage ist die Lymphe von geringem Werth und am 7. höchstens im kalten Winter, und auch dann eigentlich nicht brauchbar. Dagegen hat meine Variola-Vaccine ganz dieselben Eigenschaften, wie die junge Beaugencylymphe: Unbedingte Wirksamkeit der Lymphe am siebenten, ja selbst am achten Tage; ungewöhnlich stattliche Pusteln mit bis zum achten, später bis zum siebenten Tage klarem Inhalt, langsam eintrocknend und in der zweiten Generation erst nach 22 Tagen, später vom 17. und 18. Tage an abborkend.«

Unter den Tropen ist bereits nach 2 Jahren jeder frisch aus Europa eingeführte Lymphestamm degenerirt. Ueber den schädlichen Einfluss der feuchten Hitze giebt Azéma [80] auffallende Beobachtungen.

32. Die Regeneration und Reinigung der Vaccine.

Aus den bisher mitgetheilten bezüglichen Thatsachen haben wir es für berechtigt gehalten, den Schluss zu ziehen, dass die Vaccine durch Umzüchtung der Variola in die Haut des Rindes zu einer selbstständigen Species geworden ist. Dasselbe gilt, mutatis mutandis, für die Equine, vielleicht auch für die Ovine.

Der letzte Einwand der Dualisten, dass die vollständige Rückzüchtung von Vaccine zu Variola unmöglich sei, wird sich auch noch beseitigen lassen. Der lehrreiche Versuch von Voigt giebt Anhaltepunkte, dass es vielleicht gelingt, durch gleichzeitige Züchtung von Variola und Vaccine auf demselben Individuum der Vaccine einen höhern Grad der Virulenz wieder anzuzüchten. L. Voigt sagt ausdrücklich, dass sein alter und matter Beaugencystamm dadurch neues Leben bekommen habe [30, pag. 399]. Auch die Benutzung des Pferdes, das nähere Studium des Vaccineblutes und der Infection des Rindes von den Lungen aus können neue Wege zeigen.

Die guten Eigenschaften von jungen, durch directe Variolisirung des Kalbes oder der Kuh erhaltenen Variola-Vaccinestämmen sind in Kapitel II beschrieben.

Fruchtbringende und einwurfsfreie Versuchsreihen gehen natürlich der Kosten und der Arbeitslast wegen über die Mittel des einzelnen Impfarztes hinaus. So vollkommen durchgeführte Versuche, wie die der Lyoner Commission, sind von dem Einzelnen wohl nimmermehr zu erwarten. Sie müssen in mit materiellen Mitteln und gemeinschaftlichen Arbeitern genügend ausgestatteten Instituten vorgenommen werden. Die Herstellung junger, kräftiger Lymphstämme, nach unsern jetzigen Kenntnissen nur durch die schwierige Impfung der Variola in die Haut des Kalbes erreichbar, ist ein Bedürfniss der Impfpraxis. Der anscheinend für den Variolapilz fremde Nährboden in der Haut des Rindes bedingt einmal viele Fehlimpfungen und nach Voigt eine viel raschere Degeneration, d. h. Abkürzung des Vaccineverlaufes auf dem Rinde, als am Menschen bei Anwendung Jenner'scher Lymphe beobachtet ist (s. Abschnitt 31). Daher auch das seit dem Jahre 1816 immer wieder auftauchende Bestreben nach der Erlangung sogenannter ächter Cowpoxlymphe (siehe auch den Abschnitt 35).

Was man von Seiten der praktischen Impfärzte gewöhnlich als Degeneration des Impfstoffes, des humanisirten und auch des animalen, bezeichnet, hat mit der eigentlichen Abschwächung des Variola-Vaccine-Contagiums wohl kaum etwas zu thun. Wenn in heissen Sommertagen die Impfpusteln nur kümmerlich gedeihen, wenn bei Verwendung alter Glycerinlymphe die Pusteln rasch platzen und ohne Narben heilen, oder mit starker Randröthe und dünnflüssigem Inhalt vereitern, so können solche Erscheinungen auf mangelhafte Reinzüchtung des Vaccinepilzes, auf Beimischung anderer Infectionsstoffe, auf eine »Verschmutzung« bezogen werden. Ein Vergleich dieser degenerirten Impfpusteln mit den Abortivformen der Vaccine bei Geblatterten und Geimpften ist nicht zulässig, weil diese decrepite Vaccine sich wieder zum mehr typischen Verlauf heranbilden lässt, wenn man bereits am dritten oder vierten Tage den Inhalt entnimmt und weiter verimpft, entweder auf Kinder, oder noch besser auf ein Kalb. — Auch ein Zusatz von Thymol scheint die Lymphe gegen derartige sogenannte Degeneration zu schützen. Umänderung des Nährbodens bewirkt wahrscheinlich mehr eine Reinigung der Vaccine von unliebsamen Beimischungen als eine wirkliche Aufmunterung der Vaccine. Zur Erhöhung der Virulenz (und der Schutzkraft?) wird man wohl die Variola öfter frisch umzüchten müssen.

VI.

Die Impftechnik.

33. Die Impfinstrumente.

Die jetzt gebräuchlichen Impfinstrumente sind im Wesentlichen noch dieselben, welche seit dem Jahre 1722 von den alten Inoculatoren zur Einpfropfung der Kinderblattern in Anwendung gebracht wurden. Nur haben sich mit der Einführung der Kälberimpfungen und durch die allgemeinere Anwendung von conservirter Lymphe in den letzten Jahrzehnten einige neue Instrumente eingebürgert.

Die Inoculation der Variola geschah meist mittelst kleiner Messerchen, und fast jeder Inoculator hatte seine besondere Form der Klinge oder des Heftes. Geimpft wurde mittelst Schnittes, meist an der Ansatzstelle des Deltoideus, oder an der Wade, oder an allen 4 Extremitäten zugleich mit je einer daumenlangen, die Haut bis zum Fettpolster durchdringenden Insertion, von Lobb z. B. auch noch tiefer. Auf die Richtung dieser Schnitte, ob quer zur Längsachse des Gliedes oder längs derselben, auf die Einbringung der Impffaden und auf den nachfolgenden Verband mit einer reizenden Salbe, wurde grosses Gewicht gelegt. Es gab auch besondere Inoculationsschnepper, die nicht nur den Einschnitt machten, sondern auch zugleich den Impffaden in die Wunde legten.

An Stelle des Schnittes wurde von einzelnen Inoculatoren eine Schabfläche angelegt, auf welche Charpie mit Variolaciter gedrückt oder pulverisirter Pockenstoff befestigt wurde. Auch die bei einigen asiatischen Völkern in Gebrauch befindliche Methode, zwischen Daumen und Zeigefinger einen inficirten Faden direct durch eine Hautfalte als Haarseil zu ziehen, wird beschrieben. Einige Inoculatoren impften nur mittelst Anlegung kleiner Fontanelle oder auf kleinen, am Tage vor der Inoculation besonders hergestellten Vesicatorflächen.

Durch Dimsdale, Sutton und Gatti ist das Inoculationsverfahren von dem unnützen Beiwerk gesäubert worden, und besonders Gatti verdient den Ruhm, das einfachste Impfinstrument, die Nadel, wieder zu Ehren gebracht und dadurch die Blatterninoculation vor vielen Gefahren behütet zu haben. —

Für die Ausführung von Vaccinationen sind in der ersten Zeit dieselben Methoden und dieselben Instrumente gebräuchlich gewesen. Sacco impfte mit Nähnadeln oder mit einer gerinnten Lanze, ebenso Jenner. Bei tadellosem, frischem Impfstoff wurden 1—2 Stiche, bei Stoff aus reiferen Pusteln 3—4 Stiche auf einem Oberarm gemacht. Sacco entnahm Stoff für bis zu 130 Impfungen aus einer einzigen Pustel. Auch Dornen von stacheligen Gewächsen, Lanzetten aus Knochen, Elfenbein, Silber, Gold (nicht aus Eisen) u. d. m., mit dem Impfstoff armirt, kamen zur Verwendung. Für die Benutzung des auf Fäden eingetrockneten Impfstoffes wurde die heute übliche Schnittmanier angewendet; mittelst kleiner Pincetten wurde ein Stückchen Faden, mit Speichel oder Wasser angefeuchtet, in den auseinander gezogenen Schnitt gelegt und darüber mit Binden ein Pflasterverband befestigt. — Sacco hat den Impfstoff auch schon in kleinen Glasröhrchen aufgesammelt und reservirt und aus denselben mittelst Stichmanier weitergeimpft.

Knochen-, Elfenbein- und Fischbeinspatel, zur trockenen Conservirung der Lymphe, haben sich bereits im ersten Jahrzehnt der Vaccination eingeführt.

1. Instrumente zur Impfung mittelst Stichs.

Neben den gewöhnlichen Abscesslanzetten, den Lanzetten mit Haferkorn- oder Gerstenkornklinge, sind besondere Impflanzetten (Fig. 2) in Gebrauch. Eine Rinne, längs der Achse der Klinge bis in die Spitze verlaufend und zur Aufnahme der flüssigen Lymphe bestimmt, hat keine Bedeutung. Abgesehen davon, dass nur eine geringe Menge Impfstoff zu verwenden ist, hat man wohl zu berücksichtigen, dass, weil nach jeder Einzelimpfung, um die Uebertragung von Blut von einem Impfling zum andern zu verhüten, das Instrument gründlich gereinigt werden muss, diese Reinigung leicht ausgeführt werden kann. — Die Clementovsky'sche Impfnadel, welche eine flache, löffelartige Ausbuchtung an der Spitze zur Aufnahme des Impfstoffes hat, bietet diesen Vortheil ebensowenig wie die gerinnte Impfnadel. — Um die flüssige Lymphe leicht bis zu 1 mm seitlich unter die Epidermis bringen zu können, hat man der Klinge eine leichte Krümmung nach der Fläche gegeben; in Utrecht benutzt man eine bajonnetartige Nadel, welche sich in den hölzernen Stiel zurückschieben lässt; auch hat man Impfnadeln, deren Klinge 1 mm entfernt von der Spitze eine knotige Verdickung hat, damit die Nadel nicht über die gewünschte Tiefe in die Haut eindringen kann. Von einigen Impfärzten werden die Staarnadel, die Paracentesennadel und ähnliche Instrumente verwendet.

Fig. 2.

Um Kindern und sensibeln Personen den Anblick der Lanzette zu ersparen, hat man verschiedene Instrumente mit cachirten Nadeln construirt. Allen derartigen Erfindungen haftet der Nachtheil an, dass die Werkzeuge sich schwer reinigen lassen, so dass bei event. eintretenden Impfschädigungen dem Impfarzt der Vorwurf einer Uebertragung von fatalen Krankheitskeimen gemacht werden kann. Für besondere Einzelfälle, in denen ein jedesmaliger Ersatz der Nadeln des Instrumentes durch ungebrauchte möglich ist, sind diese Erfindungen eine angenehme Hülfe.

Als Typus der Nadelinstrumente kann das Instrument von Chassagny (Fig. 3) gelten. Die hier vorstehend gezeichneten Nadeln sind in dem untersten kleinen Einschiebcylinder versteckt; bei Druck auf die Haut geht dieser kleine Cylinder federnd zurück, und die Nadeln dringen so tief ein, als man durch eine Einstellung mittelst des unteren schraffirten Ringes vorher markirt hat. Die flüssige Lymphe muss vorher auf die betreffenden Stellen aufgetragen werden.

Fig. 3.

Die Impfinstrumente von Rosa, Short u. A. sind ganz ähnlich eingerichtet. Sie contrastiren mit den einfacheren Instrumenten, z. B. in dem heute noch erhaltenen alten Etui des Berliner Impfarztes Brehmer sen., die nur aus kurzen Nadelspitzen, in Holz gefasst, bestanden.

2. Instrumente zur Impfung mittelst Schnittes.

Hierzu eignen sich am besten die gewöhnlichen Lanzetten ohne Rinne oder sonstige Abänderungen. Die Instrumente müssen sich leicht reinigen lassen und dürfen selbstverständlich zu anderen chirurgischen Zwecken nicht verwendet werden.

Da bei Massenimpfungen in öffentlichen Terminen die Finger durch das Halten kleiner Lanzetten leicht erlahmen, sind solche mit festem Stiel oder in Bleifederform vielfach in Gebrauch.

Fig. 4.

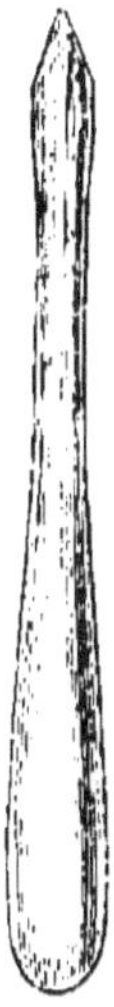

Fig. 5.

Das Impfmesser von Kerstein (Fig. 4) hat eine vorn halbkreisförmige Schneidefläche. — Die Impffeder von Risel in Halle (Fig. 5) ist ganz aus Nickel gefertigt [1]); sie hat den Vorzug, dass die sehr elastische Schneide auch bei langem Gebrauche sich nicht abnützt, nie rostet und sich leicht reinigen lässt. Die Impflanze [2]) von Chalibäus in Dresden mit festem Stiel hat eine besonders dicke, nicht zu scharfe Klinge, um ein tiefes Eindringen in die Haut und stärkere Blutung bei der Schnittführung zu verhüten. Die Schnitte klaffen schon bei leichter Anspannung der Haut und sind somit zur Aufnahme des Stoffes besonders geeignet. An den sogenannten Impfbeilchen [3]) ist das schneidende Ende der Klinge nach der Seite zu beilartig angesetzt; die schneidende Fläche ist, wie bei Fig. 4, halbkreisförmig gestaltet.

Um ein tieferes Eindringen des Messers als bis in die Oberhaut zu verhüten, haben Meinhardt und Güntze-Löwenhardt besondere Vorrichtungen an der Klinge angebracht, und

---

1) Zu beziehen von Instrumentenmacher F. Hellwig in Halle a. S. Barfüsserst. 9.

2) Zu beziehen von Instrumentenmacher Deike, Dresden, Johannisstr. 6. Preis $2^1/_2$ Mark.

3) Zu beziehen vom Instrumentenlager Artem orbi in Bern.

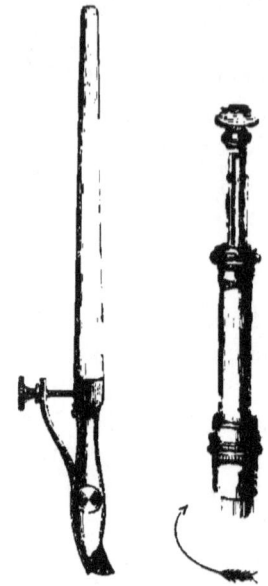

zwar (Fig. 6) durch eine schaalenartige Hülse, in der die Klinge mittelst einer Schraube gestellt werden kann. Die Reinigung des Messers ist auch hier mit Schwierigkeiten verknüpft.

Fig. 6. Fig. 7.

Der Inoculateur à aiguille von M. Macchiavelli besteht aus einem hohlen Cylinder, von der Grösse einer Subcutanspritze, unten zugespitzt wie eine Schreibfeder. Ein kleines, geknöpftes Messer macht beim Aufsetzen des Instrumentes einen flachen Schnitt. Warlomont's Impftrephine[1]) (Fig. 7) ist dem künstlichen Blutegel von Heurteloup nachgebildet. Zum Gebrauch wird das Instrument auf die Impfstelle aufgesetzt und mit Daumen und Mittelfinger festgehalten, während man mit dem Zeigefinger auf die verschiebbare Stange drückt. Beim Einsinken der Stange wird eine rotirende Bewegung des kleinen, unten vorstehenden, scharf schneidenden Cylinders erzeugt, welcher die Impfstelle kreisförmig verwundet. Die Tiefe dieser Wunde lässt sich durch Stellung an dem untersten dicken Theil der Hülse regeln. Die Lymphe wird mittelst Stäbchen eingerieben. — Ein Bajonettverschluss an dem oberen Ende der Hülse ermöglicht compendiöse Unterbringung in der Tasche. — Auch dieses Instrument lässt sich schwer reinigen.

Der Friedinger'sche Impfschnepper (Fig. 8) macht anstatt der durch das vorige Instrument verursachten kreisförmigen Impfwunde 3 Parallelschnittchen, ca. 3 mm lang. Durch Druck auf den vorstehenden Cylinderkopf wird eine Feder gespannt, die, wenn man auf die schwarz markirte Arretirung drückt, sich loslöst. Die Tiefe des Schnittes wird durch die in der Oeffnung befindliche Schraube regulirt.

Fig. 8.

Ume's scarificateur vaccinal

1) Beim Instrumentenmacher H. Denis, Rue du Marché aux herbes 79, Bruxelles, für 20 Frs. zu haben.

ist nach demselben Princip eingerichtet. (Abbildung bei Warlomont. 1883. Fig. IV [10]). Ganz ähnliche Construction hat auch das von den Brüsseler Impfärzten neuerdings angewendete Buys'sche Instrument (zu haben bei Instrumentenmacher Lindenmaier, Boulevard Anspach, 107, in Brüssel; Preis 10 frs.) mit 3 Klingen, das durch Hebeldruck und Schraubenstellung die Impfschnitte in gewünschter Grösse und Tiefe herstellt.

Der Impfapparat nach Meinhoff (Fig. 9) hat eine durchbohrte Klinge, welche rückwärts mit einem Glasreservoir communicirt, das dazu bestimmt ist, die Lymphe aufzunehmen. Durch eine Drehung an dem grossen Ring bewegt sich ein in dem Glase befindlicher Stempel und treibt, je nach Bedürfniss, beim Impfen die nöthige Lymphe zur Lanzettenspitze, oder saugt beim Abnehmen von Lymphe aus den geöffneten Impfpusteln durch die Bohröffnung in sich ein. Das Instrument ist zu Massenimpfungen bestimmt, lässt sich aber ebenfalls nur unvollkommen reinigen. —

Fig. 9.

3. Instrumente zum Abnehmen des Impfstoffes.

Bei directer Impfung von Arm zu Arm oder vom Kalbe auf das Kind dient am einfachsten die Impflanzette zur Abnahme der jedesmal nöthigen Lymphemenge. Als Ersatz kommen zunächst die verschiedenen Arten von Impfstäbchen in Frage. Durchgehends fertigt man dieselben jetzt aus Elfenbein oder aus den entfetteten und gut gebleichten Röhrenknochen des Pferdes, da sich eine glatt polirte und nicht aufsaugende Fläche aus anderem Knochenmaterial nicht herstellen lässt. Impfstäbchen aus Hartgummi haben eine zu ölige Oberfläche; auf schwarzen Fischbeinstäbchen kann man etwa anhängenden Schmutz nicht erkennen. In den ersten Jahren nach Jenner hatten die Stäbchen die Dicke einer Stopfnadel, die Länge von etwa 2 cm. Abbildungen dieser alten Impfstäbchen befinden sich z. B. auf den französischen Impfmedaillen vom Jahr 1800 an. (Pfeiffer und Ruland. Pestilentia in nummis. Nr. 399—421.)

Jetzt sind sehr verschiedene Formen in Gebrauch; der Hauptsache nach sind solche mit schneidender Spitze und solche mit abgerundeter Fläche zu unterscheiden. Die von Warlomont-Brüssel gebrauchten sind zugespitzt, klein und haben eine flache Furche am Ende. Die sogenannten englischen Stäbchen (Fig. 10) sind vorn schneidend und in den englischen, holländischen und amerikanischen Impfanstalten in 3 Grössen gebräuchlich. Es kosten 100 Stück, 3 cm lang, 0,7 cm breit, bei C. Geister in Weimar 5 M. Sie haben den Nachtheil, dass man mit ihnen keinen glatten, reinen Schnitt ausführen kann.

Fig. 10.

Die seit 1837 in Weimar gebräuchlichen Impfstäbchen, aus den Röhrenknochen des Pferdes hergestellt, sind 7 cm lang, 0,5 cm breit, nach dem Stiele zu dünner werdend und vorn abgerundet wie das Kerstein'sche Impfmesser (Fig. 4), aber stumpf. Es kosten 100 Stück bei C. Geister in Weimar 4 M. Zum Zweck längerer Aufbewahrung der Lymphe giebt man denselben nach dem Trocknen derselben noch einen dünnen Ueberzug von Gelatine oder Gummi.

Die Darke'sche englische Impfnadel (pin-point) gleicht diesen Spateln. Die Nadel ist lanzenförmig und dient zum Anlegen der Impfschnitte; auf einem gläsernen Knopf befindet sich die getrocknete Lymphe. Das Instrument soll nur für je eine Impfung gebraucht werden.

Für das Abnehmen der Lymphe in flüssiger Form und zum Aufbewahren derselben sind Haarröhrchen gebräuchlich. Dieselben sind aus weissem oder gelbem Glase hergestellt, cylindrisch oder nach Bretonneau mit einem Bauche in der Mitte versehen und von verschiedener Grösse. Die kleinsten (Nro. 1) sind für je eine Impfung, Nr. 2 für 3—4 Impfungen, Nr. 3 für ca. 10 Impfungen bestimmt. Die grösste Form kann bis zu 1 g Inhalt fassen [1]). Vor dem Gebrauche werden die etwa noch zugeschmolzenen Enden kurz abgebrochen. Die Füllung geschieht entweder direct an den geöffneten Impfpusteln oder aus Uhrgläsern, in denen die Lymphe durch besondere Instrumente gesammelt, mit Glycerin gemischt oder sonst wie einer Zubereitung unterworfen worden ist. Die Haarröhrchen saugen sich beim Anhalten des einen Endes an die Lymphe und bei möglichst tiefem Senken des andern Endes von selbst voll. Die grösseren Nummern müssen mit einem Gummischlauch angesaugt werden. — Sobald das 6—9 cm lange Haarröhrchen zu $^3/_4$ gefüllt ist, wird es fortgenommen und das freie Ende an einer Spiritusflamme oder Aerobile zugeschmolzen, ohne dass die Lymphe mit der Wärme in Berührung kommt. Beim Erkalten rückt die Lymphe in den luftverdünnten Endraum nach und wird nun auch das andere Ende an der Flamme oder mit Lack geschlossen. Zur Sicherung des Luftabschlusses werden nach dem Erkalten beide Enden noch in geschmolzenes Paraffin oder in

1) Bei Glasbläser Juffa in Halle a.S. Schmeerstr. 29 u.b. C.Geister in Weimar zu haben.

Collodium getaucht. — M. Chambon sticht die Enden der gefüllten Röhrchen in ein Stück Paraffin ca. 2 mm hinein, wodurch ein kleiner Stöpsel sich bildet. Durch Eintauchen in eine gefärbte Collodiummasse [1]) (Capsulage artificielle) wird ein eleganter und sicherer Abschluss bewirkt. — Ein guter Lack lässt sich auch herstellen durch Zusammenschmelzen von Asphalt und Heftpflaster, oder nach Risel von Guttapercha mit Gummi ammoniacum. Feiner Siegellack oder gutes Baumwachs leisten dieselben Dienste. Für längeren Transport, z. B. über See, lässt Melsens durch Anhalten der Enden des Haarröhrchens an einen Oeltropfen je einen kleinen Oelcylinder in dieselben eintreten und schmilzt dann zu.

Zur Entleerung der gefüllten Haarröhrchen dient das Glasrohr von la Roche, welches unten auf Haarröhrchendicke sich verengt und dadurch ein bequemes Ausblasen ermöglicht.

Behufs Aufbewahrung der getrockneten Lymphe benützt man auch 2 gleich grosse Glasplättchen; für flüssige oder breiförmige Lymphe hat eine der Platten eine eingeschliffene Vertiefung. Die Aufbewahrung der Lymphe zwischen solchen Glasplatten ist z. B. noch in Holland, in Hamburg, in Leipzig in Gebrauch. An den Rändern der aufeinandergelegten Platten wird durch geschmolzenes Paraffin, durch Lack oder Staniol der Luftzutritt abgehalten.

Zum Sammeln der Lymphe in grösseren Grammgläschen, wie solche für die Glycerinlymphe üblich sind, leistet der Börner'sche Impfspatel (Fig. 11) gute Dienste. Derselbe hat Lanzettenform ohne schneidende Ränder.

Fig. 11.

Der Apparat von Wortmann zum Sammeln von Kinderlymphe (Fig. 12) besteht aus einem dem aufsaugenden Glasröhrchen angehängten Glasreservoir, aus welchem durch einen Gummiball die Luft ausgesaugt wird. Die im Reservoir gesammelte Lymphe wird durch Abschrauben des untern Theiles in ein Uhrglas entleert, hier mit Glycerin gemischt und entweder in Haarröhrchen oder auf kleine Gläschen gefüllt. —

Fig. 12.

Die Lymphesammelgläschen haben zur bequemen und ökonomischen Entnahme von Lymphe aus denselben einen eingeschliffenen, bis zum Boden reichenden Stöpsel. Die in den Apotheken als Ammoniakfläschchen vorräthig gehaltenen kleinen Gläser sind ganz gut zu verwenden. —

1) Zu beziehen als sogenannter kalter Flaschenlack von C. Geister in Weimar.

Zur Zumischung des Glycerins beim Herstellen von Glycerinlymphe sind die sogenannten Tropfenzähler aus den Apotheken zu empfehlen. —

4. Instrumente für die Kälberimpfung.

Die Kälberimpfung ist nach Methode und Technik von der gewöhnlichen Kinderimpfung ganz verschieden. Es muss für die Lymphe eine möglichst grosse Contactfläche hergestellt werden, und geschieht desshalb überall die Impfung nicht mit Stich, sondern mittelst Schnittes, durch Schaben oder Scarificirung der Impfstelle. Weil die Kälberpocken überhaupt weniger ergiebig sind an flüssiger Lymphe, sind die Impfstellen im Laufe der letzten Jahre in den verschiedenen Impfinstituten immer grösser angelegt worden. Reissner-Darmstadt [76] macht einfache, auf der Impfstelle sich hinwindende Schnitte von mehr als 1 m Länge; vom Verfasser sind seit 1882 fast nur noch handgrosse Flächen zur reichlicheren Cultur der animalen Lymphe durch Schraffirung angelegt worden. Zur Inserirung der Pusteln auf dem Kalbe sind in Mailand und in andern italienischen Instituten besonders stark gebaute, lanzenartige Messer in Gebrauch. Die gewöhnlichen Lanzetten erfüllen denselben Zweck. Für die Herstellung von grösseren Impfflächen benutzt Verfasser das in Fig. 13

Fig. 13.

abgebildete Messer[1]). An der drehbaren Welle sind 3—5 Klingen in Entfernung von 2 mm von einander befestigt. Durch einen sechskantigen Dorn an der Welle lassen sich die Klingen mit verschiedener Neigung zur Längsachse des Instrumentes stellen, so dass nach Belieben mehr die Spitzen oder die schneidenden Seiten der Messer zur Wirkung gelangen. Mittelst regelmässiger, kreuzförmiger Schraffirung der Impffläche wird ein chagrinartiges Besetztsein mit Impfpocken erzielt.

---

1) Verfertiger: C. Hellwig, Halle a. S. Ein neueres Modell ist nach der Einrichtung des Charrière'schen Bistouri's aus Nickel gebaut und hat den Vorzug, sich leichter reinigen und schärfen zu lassen.

Die Abnahme des Impfstoffes vom Kalbe geschieht am 4.—5.—6. Tage; in dieser Zeit sind die Pocken noch wenig saftreich, und ist der wirksame Impfstoff in der Substanz der Pocke selbst enthalten. Flüssige Lymphe lässt sich am 4. Tage nur mittelst besonderer Quetschpincetten erhalten. Da die Pocken oft ungleich reifen, ist die Abnahme auf 1 und 2 Tage für die verschieden vorgeschrittenen Pocken vertheilt. — Zum Ausschaben des Pockenbodens mit Glycerin sind stärker gebaute Spatel oder die Volkmann'schen schneidenden Löffel in Gebrauch.

Die Conservirung des animalen Impfstoffes hat in den letzten Jahren erhebliche Fortschritte gemacht. (Siehe den Abschnitt über die Conservirung der Lymphe.) In Darmstadt sind besondere Vorrichtungen in Gebrauch zum Trocknen der Pockensubstanz; Fürst in Leipzig hat einen sinnreich construirten Trockenschrank in Benutzung. Zum Verreiben und Mischen der Pockensubstanz mit Glycerin sind Achatmörser, zum Pulverisiren der getrockneten Substanz besondere Reibschalen und Drahtsiebe u. s. w. nöthig.

Kälberimpftische. Man unterscheidet solche mit feststehender und solche mit beweglicher Tischplatte. Für Impfinstitute, welche nur von einem Kalbe auf ein anderes Kalb fortimpfen, sind deren mindestens 2 erforderlich.

Die in Hamburg gebräuchliche Form hat feststehende Tischplatte und ist dem früher in Haag gebräuchlichen Modell nachgebildet. Eine Abbildung und genaue Beschreibung befindet sich in der Dtsch. Vierteljahrsschrift f. öffentl. G. 1876, pag. 548.

Der in Haag neuerdings gebräuchliche Impftisch mit beweglicher Platte ist 78 cm hoch, 50 cm breit und 161 cm lang. Die Tischplatte ist 180 cm lang, 96 cm breit, in der Mitte des Ausschnittes 60 cm breit. Die senkrechte Eisenstange ist 85 cm hoch. — Eine Abbildung befindet sich bei Bollinger, Ueber animale Vaccination 1879, pag. 67 und 68. Preis in Holland 50 Gulden.

Der vom Verfasser gebrauchte Impftisch (Fig. 14) ist dem Modell in Brüssel und Haag nachgebildet und aus Holz hergestellt. Auf einem soliden Gestell ist die Tischplatte mittelst eiserner Charniere beweglich angebracht, so dass die Platte leicht eine senkrechte Stellung erhalten kann. Es hat diese Einrichtung vor dem Hamburger Modell den Vortheil voraus, dass man das Kalb noch im Stehen an die Platte anschnallen und mit der Tischplatte zugleich in die Höhe heben kann, wodurch es sofort horizontal auf die linke Seite zu liegen kommt. — Der Kopf, sowie die beiden Vorderfüsse und das linke Hinterbein werden mit weichen Stricken befestigt, welche durch Löcher hindurchgezogen werden. Der rechte Hinterfuss ist an einer aufrechtstehenden Stange befestigt, wodurch die Haut zwischen den Hinterbeinen des

Fig. 14 a.

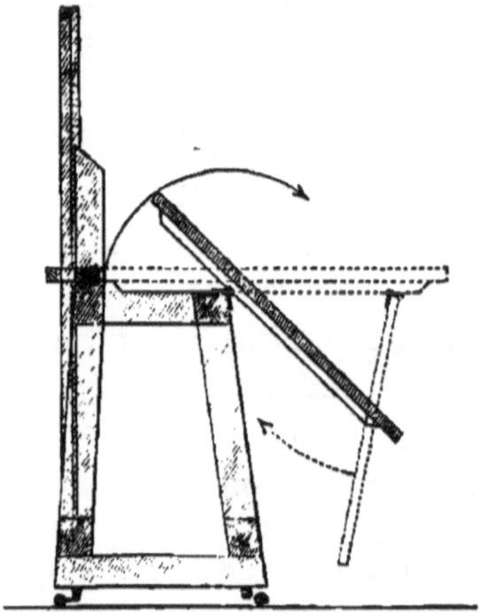

Fig. 14 b.

Thieres gespannt erhalten wird. (Bei dem Brüsseler Modell hat die Stange oben einen Ausschnitt in Gestalt eines Stiefelziehers und ist gepolstert.)

Die Tischplatte (170 cm lang, 76 cm breit, 4 cm dick) hat auf der vordern Längsseite einen dreieckigen Ausschnitt von 36 cm Tiefe, welcher die bequeme Annäherung an die Impfstelle des Thieres gestattet. Ein mit Blech ausgekleidetes grösseres Loch in der Nähe der senkrechten Stange ist bestimmt, etwaige Dejectionen des Thieres in ein untergestelltes Blechgefäss abzuleiten. Zur soliden Feststellung des Tisches hat die Tischplatte noch 2 bewegliche Beine. Zum Anknüpfen des Schwanzes ist ein besonderer Ring mit einem Gummischlauch vorhanden. Preis bei C. Geister in Weimar 32 Mark.

Quetschpincetten. Die gerade Quetschpincette von Beluzzi in Bologna (Fig. 15) ist der von Lanoix im Jahre 1865 eingeführten fast gleich. Durch einen Ring werden die beiden Branchen beliebig einander genähert. Art und Weise der Anwendung erhellt am besten aus umstehender Zeichnung. Nach der neapolitanischen Methode wird oberhalb der angelegten Pincette die vorstehende Pocke einfach ausgeschnitten und weiter zum Verimpfen präparirt. — Die in Haag verwendete Quetschpincette hat vorn eine fast halbkreisförmige Krümmung und zierliche Branchen (zu beziehen von Instrumentenmacher Oldenkirchen, Papenstraat 28, Haag, zu $4^1/_2$ Gulden; in München bei Instrumentenmacher Katsch, Schillerstrasse). Die in Hamburg gebräuchliche Form (Fig. 15) hat stärkere Branchen, die Annähe-

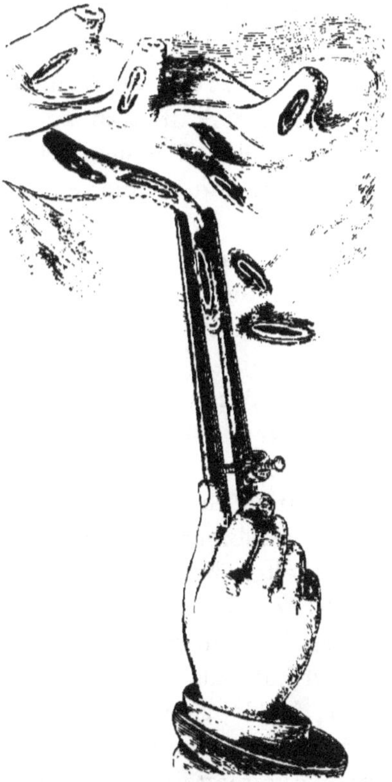

Fig. 15.

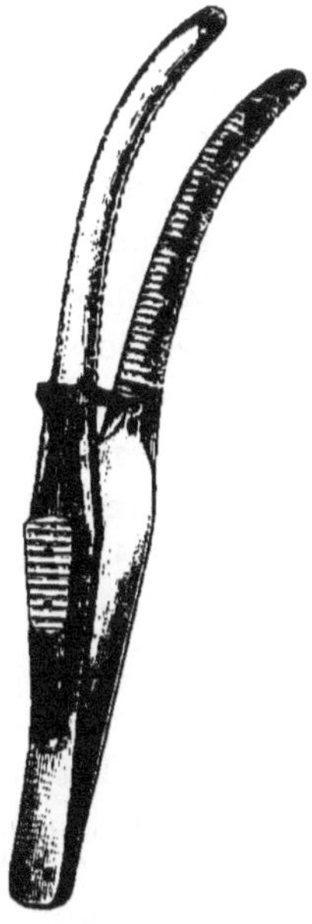

Fig. 16.

rung geschieht durch die in der Zeichnung rechts sichtbare, excentrisch laufende Rinne (zu beziehen von Instrumentenmacher Dannenberg in Hamburg).

5. Instrumente zum Trocknen der Kälberlymphe.

Der humanisirte Stoff sowohl, als auch die Kälberlymphe behalten, wenn einmal trocken und in gut geschlossenen Glasbehältern gehalten, ihre Wirksamkeit sehr lang. — Fäulnissvorgänge sind dadurch ausgeschlossen.

Fig. 17.

In Fig. 17 sind besondere Exsiccatoren abgebildet. Die Kästchen mit den Impfspateln bekommen auf dem Holzgestell oder auf einem Platindrahtgestell ihren Platz. Die Kälberlymphe wird auf mikroscopischen Objectträgern oder auf Uhrgläsern flach ausgebreitet und trocknet in 1½ bis 2 Tagen so aus, dass sie entweder mittelst einer andern Glasplatte gut verschlossen oder zu Pulver verrieben werden kann. — Die auf kleine Grammfläschchen gefüllte Pulvermasse wird ebenfalls in dem Exsiccator bis zum Gebrauche aufbewahrt. Die von Reissner in Darmstadt eingeführten grossen, mit passendem Gestell versehenen Exsiccatoren sind zu beziehen von C. Geister in Weimar.

L. Fürst in Leipzig hat zur raschen Austrocknung der animalen Lymphe einen eigenen Trockenschrank construirt (Abbildung in Band XXXIII, pag. 64 des Korrespondenzblattes des ärztl. Kreisvereins etc. in Sachsen. 15. X. 1882). Wegen der langsamen Wirkung der Exsiccatoren (mit Schwefelsäure oder Chlorcalcium besetzt) benutzt er einen mässig erwärmten, gut ausgetrockneten und völlig reinen Luftstrom, der durch Hinstreichen über den auf Glasplatten dünn vertheilten Lymphebrei das Wasser in einer Stunde entzieht, ohne jedoch zu einer Zersetzung des Stoffes Zeit und Veranlassung zu geben. Der bezügliche Schrank ist ein viereckiger, aus Kupferblech gearbeiteter, vorn mit einer gut verschliessbaren Thür versehener Kasten, dessen Innenluft mittelst eines leicht regulirbaren, auch höher und niedriger stellbaren Gasbrenners auf einem bestimmten Temperaturgrad (38° C.) erhalten wird. Die Lufterneuerung im Schrank geschieht mittelst einer sogenannten Wasserpumpe, welche von der städtischen Wasserleitung gespeist wird und durch ihre Wirkung fortwährend Luft aus dem oberen Theile des Kastens absaugt. Die unten frisch zutretende Luft wird erst durch Watte filtrirt und durch Chlorcalcium getrocknet und streicht alsdann über die erwärmte Fussplatte in die Etagen des Kastens. Durch Hürden, die abwechselnd an einer oder an der andern Seite des Kastens eine kleine Lücke lassen, ist der Luftstrom genöthigt, in Windungen durch den Schrank aufwärts zu ziehen.

Nach Verlauf von im Mittel 50 Minuten ist der auf den Glasplatten vertheilte und für ca. 10 Kinderimpfungen berechnete Lymphebrei getrocknet. Durch Bedecken mit einer zweiten Glasplatte und Verschluss der gemeinschaftlichen Randflächen wird für den animalen Stoff, an einem kühlen, trockenen Orte aufbewahrt, nach Fürst's Erfahrungen eine wochen- und selbst monatelange Haltbarkeit erzielt. Vor dem Gebrauch wird von dem Inhalt der Glasplatten die gerade für 1—2—10 Impfungen nöthige Menge des Inhalts mit wenig Wasser angefeuchtet und verrieben, und dann wird der Stoff mittelst Schnittmanier verwendet.

34. Die Beschaffung der humanisirten Lymphe.

Von den die Impfung begleitenden Gefahren kommt ein nicht kleiner Theil auf die geringe Sorgfalt, die man der Beschaffung der Lymphe zuwendet. Die Einführung der Glycerinlymphe [48] hat die bisher geübte direkte Impfung von Arm zu Arm ganz in den Hintergrund gedrängt, und haben sich mit der grosse Bequemlichkeiten bietenden Verwendung solcher Glycerinlymphe [1]) eine ganze Menge von Missständen und Missbräuchen eingeschlichen. Die animale Impfung würde sicher nicht in der Weise, wie es geschieht, an Terrain gewinnen, wenn man sich von den lieb gewordenen Gewohnheiten und kleinen Vortheilen, die mit dem Gebrauch der Glycerinlymphe verbunden sind, wieder würde trennen wollen. Gewiss ist es auch dem vom Publikum der Vaccination entgegengebrachten Vertrauen nur schädlich gewesen, dass mit allgemeiner Einführung der conservirten Lymphe fast jede Controle über die Güte der Lymphequelle in Wegfall gekommen ist. Die traurige Thatsache, dass in neuerer Zeit verschiedene Impfärzte haben gestraft werden können wegen Verwendung schlechter Lymphe, hat auch innerhalb ärztlicher Kreise die Nothwendigkeit, dem Impfgeschäft mehr Sorgfalt und staatliche Aufsicht zuzuwenden, zur Geltung gebracht.

Zunächst ist bei der Beschaffung von humanisirtem Stoff die goldene Regel Jenners und der älteren Impfärzte ins Gedächtniss zurückzurufen: nur von regelrechten Vaccinepusteln abzuimpfen.

»Nur die unberührten, runden, abgeebneten Pusteln, die auf dem Orte der Impfung entstehen, geben eine gute Lymphe; alle gekratzten, zerstochenen oder sonst gereizten muss man verwerfen. Man darf die Materie weder aus den erschlafften Pusteln kachektischer Personen von schwacher Faser nehmen, noch aus blos örtlichen Pusteln oder Vaccinetten; sondern man nehme sie von gesunden, starken Menschen, und besonders von Kindern.« Sacco, p. 92 [33].

Weiter ist zu beachten, dass die Abnahme des Impfstoffes zu geschehen hat, ehe die Randröthe an den Pusteln erscheint. Sacco, der erfahrene Impfarzt, schreibt vor pag. 86:

---

1) Auch die »Mischlymphe«, von mehreren Kindern entnommen, ist nach der Circularverfügung vom 4. Oct. 1878 für Impftermine zulässig, sofern der Impfarzt seinen eigenen Namen in die betreffende Rubrik der Tabellen einträgt.

»Da ich immer von einem Arm auf den andern vaccinirte (eine weit leichtere und sicherere Methode), so bemerkte ich oft, dass die Pusteln im Moment ihrer Erscheinung, d. h. am fünften Tage nach der Impfung, die beste Materie zu Impfungen gaben, indem keine derselben fehlschlug. Eben dasselbe gilt vom sechsten und siebenten Tage. Am achten fing schon die Kraft der Materie an, sich zu verringern; am neunten Tage wuchs die Zahl der vergeblichen Impfungen; am zehnten, wenn die Pustel mit dem rothen Rand umgeben ward, noch mehr, und so verminderte sich von Tag zu Tag die eigenthümliche Wirksamkeit der Materie mit dem Vorwärtsschreiten der Pustel.«

»Im Stadium der Entzündung und des Wachsthums ist die keimende Kraft der Vaccine höchst extensiv, im Stadium der Abnahme fast nichtig.«

»Aus schönen, bestimmt gebildeten Pusteln ist die gute Progression die Regel; aus wässrigen Pusteln oder aus solchen, die, angestochen, die klare Lymphe schnell ganz von sich spritzen, ist die Materie oft unwirksam. Die gute Lymphe quillt langsam und in glänzenden Tropfen aus.«

Nach dem 8. Tage sind die Pusteln gehaltreicher, das Abimpfen leichter, aber auch der Inhalt mit Eiter gemischt und Fehlimpfung oder starke Entzündung die öfter eintretende Folge. Die Oeffnung des zelligen Inhaltes darf nur an der Oberfläche geschehen, und der Pockenboden muss hier, um Gewebsfetzen und event. Syphilis nicht mit abzuimpfen, auf jede Weise geschont werden.

Eine regelwidrige Entwickelung der Vaccine ist nur dadurch zu umgehen, dass immer nur von den gesündesten Kindern und von den schönsten Pocken abgeimpft wird. Die englische Impfinstruktion bestimmt in nachzuahmender Weise: Sorgfältig ist auf die Wirksamkeit und Reinheit der Lymphe zu achten. Jeder Fall ist zu notiren, bei dem der Vaccineverlauf ein zu rascher oder sonst unregelmässiger ist oder bei dem irgend eine lokale Reizung sich zeigt; kommen gleiche Ereignisse bei andern mit derselben Lymphe Geimpften vor, so ist von dem ferneren Gebrauch dieser Lymphe abzusehen. Auch muss frische Lymphe beschafft werden, wenn bei den Impflingen zur Zeit der gewöhnlichen Revision am gleichnamigen Tage der nächsten Woche sich an den Pocken eine bereits stark entwickelte Randröthe zeigt. Grössere Auswahl unter den Impflingen und der Lymphe ist desshalb zur gedeihlichen Fortführung des Impfgeschäftes eine Vorbedingung. Es ist gerade diese letzere Schwierigkeit der Grund gewesen, warum zuerst für die Wintermonate und jezt auch allgemeiner für die sommerliche Impfsaison zur Conservirung der Lymphe geschritten worden ist.

Man rechnet bei einer Pocke, die durch einfachen Stich angelegt ist, im Durchschnitt auf 4—6 Weiterimpfungen oder auf die Armirung von 8—12 Elfenbeinstäbchen, vorausgesetzt, dass ohne Drücken und Schaben nur der klare Lympheinhalt abgeschöpft wird. Die zum Zwecke des späteren Lympheabnehmens grösser angelegten Pusteln sind dem obigen Verhältniss entsprechend auszunutzen.

Die gleichmässigsten und schönsten Erfolge ergibt die direkte Impfung von Arm zu Arm, die leider immer seltener geübt wird (in England ist dieselbe noch die Regel, und müssen dort die passenden Kinder mit guten Pocken mit zu den Impfterminen gebracht werden). Keine der jetzt üblichen Modificationen kann sich an Sicherheit und Regelmässigkeit des Impfverlaufes mit dieser ursprünglichen Methode messen. Keine verlangt aber auch grössere Mühe und Aufmerksamkeit von Seiten des Impfarztes als diese Methode, wenn sie in ununterbrochener Reihe fortgeführt werden soll.

Jenner (Varieties and modifications of the vaccine pustule, pag. 13) sagt: »Eine allgemeine Kenntniss der Sache ist nicht hinreichend, den Betreffenden zur Vornahme von Impfungen zu befähigen; er muss eine ganz genaue Kenntniss besitzen und, was ich am meisten zu betonen wünschen muss als die Hauptsache, eine ganz genaue Bekanntschaft mit dem regelrechten Verlauf der echten Kuhpocke.« »Der Impfarzt muss es sich ängstlich angelegen sein lassen, ein vollständiges Verständniss dieses wichtigen Zweiges der Heilkunde sich anzueignen.«

Im Jahre 1863 schon verlangen Buchanan und Seaton in England die Anstellung besonderer Impfärzte, um gleichmässigere Impfresultate zu erzielen, als sie leider auf ihren Revisionen beobachtet hatten. Bei nahezu 500 000 revidirten Kindern soll nur bei $^1/_8$ die Impfung als eine regelrechte anzusehen gewesen sein. Auch Dr. Stevens berichtet: »Nur ein sehr kleiner Theil der geimpften Bevölkerung hat einen solchen Impfschutz bekommen, den eine regelrechte Impfung geben müsste.«

Als die Grenze der möglichen Fehlimpfungen bei der Methode von Arm zu Arm gibt Seaton auf Grund der Mittheilungen von erfahrenen englischen Impfärzten das Verhältniss 1 : 150 an, und sollen 90% aller angelegten Impfstellen erfolgreich sein. Marson hatte viel günstigere Resultate, bis zum Verhältniss von 1 : 1000 und mehr. — In der Blackfriar's station of the national vaccine establishement ist unter 9000 seit 1859 gemachten Impfungen nur 1 Fall verzeichnet (Seaton, pag. 175). — Für die in Capillaren oder auf Spateln conservirte Lymphe (ohne Glycerin) wird in England die Grenze der Fehlimpfungen nach Seaton zu 1 : 20 angenommen. Einzelne besonders geübte Impfärzte haben auch hier Erfolge, die denen der Arm- zu Armmethode sich nähern. Die Unsicherheit der Haftung, wie auch eine behauptete Verschlechterung der Qualität der Pusteln bei Verwendung konservirter Lymphe sind die Gründe, wesshalb die Impfung von Arm zu Arm ihre eifrigsten Vertheidiger gerade unter den erfahrensten Impfärzten findet.

Ueber künstliche Züchtung von Kuhpockenimpfstoff ausserhalb des menschlichen oder thierischen Körpers sind im December 1883 die ersten Mittheilungen von C. Quist [73] in Helsingfors gemacht worden. Er brachte kleine Stückchen der von der Impfpustel eines Kindes am 8. Tage abgenommenen Epidermis auf eiweisshaltige Nährflüssigkeit, bei einer Wärme von 20—21°C. und bei Zutritt von Luft, und will reichlichen Impfstoff erzielt haben. Bestätigende Beobachtungen über diese Vervielfältigung des Impfstoffes fehlen z. Z. noch, und merkwürdig ist es, dass man im Reichsgesundheitsamte keine für die Züchtung der Vaccine geeignete Nährsubstanz auffinden konnte, während Quist eine ganze Reihe derselben zur Verfügung hatte.

Folgende Vorsichtsmassregeln bei der Beschaffung des Impfstoffes sind zu empfehlen:

Der Abimpfling soll gut genährt sein, muss am ganzen Körper untersucht werden und muss frei sein von allen Krankeiten an der Haut, den sichtbaren Schleimhäuten und den Lymphdrüsen.

Der Abimpfling soll mindestens 6 Monate alt sein, ausgenommen solche Fälle, in denen der Gesundheitszustand der Eltern dem Impfarzt bekannt ist.

Die zur Abimpfung bestimmten Pusteln müssen vollständig regulären Verlauf haben, und dürfen nur 6—8mal 24 Stunden vorher eingeimpft worden sein; sie müssen unverletzt, perlglänzend und nur mit schmaler Randröthe versehen sein. Von Pocken mit zu rascher Entwickelung oder mit Erysipel darf nicht abgeimpft werden.

Das Oeffnen der Pocken zum Zwecke der Lymphabnahme geschieht mittelst feiner Stiche oder Parallelschnittchen. Kleine

Blutcoagula auf der Oberfläche der Pocken sind vor der Entnahme von Lymphe zu entfernen. Bei stärkerer Blutung darf nicht abgeimpft werden.

Nur die wasserhelle, eiterlose, unblutige und nicht durch Gewebsfetzen verunreinigte Lymphe darf verimpft werden.

Jedes Drücken und Quetschen der Pocke mit den Fingern, der Lanzette oder mit andern Instrumenten, um eine grössere Menge Lymphe zu erhalten, ist zu vermeiden.

Das Ansammeln und Mischen der Lymphe von mehreren Kindern in Sammelgläsern und das Verimpfen solcher Lymphe ist zu widerrathen.

Für die Impfung jedes einzelnen Impflings ist möglichst nur die Lymphe von einem einzelnen bekannten Impfling zu benutzen.

Von Revaccinirten ist nicht abzuimpfen.

35. Die animale Impfung und ihre Technik.

Als animaler Stoff wird zur Zeit noch von vielen Impfärzten nur die Lymphe betrachtet, die zufällig an Kühen gefunden, durch Reinzüchtung von einem Kalb auf ein zweites, drittes Kalb u. s. f. gewonnen wird. So hatten einige holländische Anstalten, z. B. die in Rotterdam, den sogenannten Beaugencystamm bis zum Jahre 1878 bereits durch 456 Kälber hindurch fortgepflanzt. Auch die Mehrzahl der anderen Anstalten für Gewinnung von Kälberlymphe betont den reinen Stammbaum ihrer Lymphe.

Ein Grund, nur derjenigen Kälberlymphe, welche ihren Stammbaum bis nach Beaugency, Passy u. d. m. nachweisen kann, die Bezeichnung als »animaler Stoff« zu gestatten, besteht nicht, da es besondere, sogenannte originäre Kuhpocken mit ganz besondern geheimnissvollen Eigenschaften nicht gibt.

Ist es doch auffallend, dass bis jetzt noch Niemand originäre Kuhpocken an Ochsen oder Stieren entdeckt hat. Wenn eine ähnliche Ausschlagskrankheit bei einer andern Thierspecies originär vorkommt, z. B. bei den Schafen, so beschränkt sie sich niemals nur auf das eine Geschlecht, und ist es durchaus noch nicht erwiesen, dass die Thiergattung Rind einer ihr eigenthümlichen Pockenkrankheit unterworfen ist. Was man an Kühen ab und zu wahrnimmt, ist durch die Hände des Melkpersonals dahin übertragen. Soweit das Impfexperiment für diese Thatsache beweisend eintreten kann, ist die Variola des Menschen und, nach Einführung der Vaccination in alle Culturvölker, auch die Vaccine die Ursache der bei den Kühen vorkommenden Pockenform, der sogenannten originären Cowpox. In Abschnitt II sind einige Beispiele der Einschleppung von Variola in Kuhställe und von der Weiterverbreitung daselbst durch die pockenkranken Hände des Melkpersonals mitgetheilt.

Bollinger erwähnt [13, p. 28] 5 Fälle von zufälliger Uebertragung der Vaccine auf Rinder.

Eine Schutzmassregel, die in einem Kuhstall ausgebrochenen Kuhpocken nicht weiter zu verbreiten, wird von den Landleuten in Württemberg geübt: sie melken die befallenen Kühe immer zulezt. Die von einem Kuhstall zum andern eilenden Händler, welche die Milchkühe am Euter auf Milchanhäufung prüfen, haben mit ihren ungewaschenen Händen schon wiederholt die Ursache der Weiterverbreitung abgegeben.

Nach den bisherigen Erfahrungen lässt sich die Cowpox auf dem Rinde erzeugen (Abschnitt II)

1) durch Inoculation mit Variola,
2) durch Impfung mit Equine aus natürlicher (?) oder mit Vaccine erzeugter Horsepox,
3) durch Impfung von Kalb zu Kalb resp. Rind,
4) durch Rückverimpfung von humanisirtem Stoff auf das Kalb resp. Rind.

Für die Impfpraxis sind diese 4 Methoden principiell wohl als gleichwerthig zu betrachten. Die Benützung des Pferdes zur regelmässigen Cultur animalen Stoffes jedoch verbietet sich, weil beim Pferd die auf den Menschen übertragbare Rotzkrankheit vorkommt.

Für die Fortzüchtung der Cowpox von einer Kuh zur andern Kuh ist zuerst Negri in Neapel eingetreten und nach ihm Lanoix [77] in Paris (1865), Pissin [1]) in Berlin (1866). Die Möglichkeit der Syphilismitverimpfung bei Verwendung humanisirten Stoffes hat zu dieser Methode geführt. Negri benützte eine Stammlymphe aus England, Lanoix eine solche aus Beaugency. Warlomont hat in Brüssel fünfmal Gelegenheit gehabt, neue Stämme zu cultiviren; niemals hat der neue Stamm den alten übertroffen. In Württemberg werden fast alljährlich solche gefunden.

Die Rückimpfung von Kinderlymphe auf Kühe und Kälber ist von besonderer Wichtigkeit für die allgemeinere Einführung des animalen Stoffes. Die mit dieser Methode gewonnene Retrovaccine ist in Bezug auf Bau und Entwickelung der Pusteln, auf Schutzkraft und Gebrauchsfähigkeit der sogenannten echten

1) Allgem. med. Centralz. 1866, Nr. 65 u. 66 und: Reform der Schutzpockenimpfung. Berlin 1868.

Cowpox mindestens gleichwerthig, wenn nicht sogar überlegen. Es wiederholt sich nach dem Urtheil der Impfärzte, die sich mit Kälberimpfung beschäftigen, in Bezug auf Vaccine dieselbe Erfahrung, die schon früher bezüglich der Variola mitgetheilt ist: das schwerere Haften der Vaccine auf dem genus Rind — eine Beobachtung, die dafür spricht, dass die Haut des Rindes ein weniger geeigneter, vielleicht fremder Nährboden ist für den Variola-Vaccinepilz. Ferner haben die Untersuchungen von Voigt [31] gezeigt, dass die lange Fortzüchtung z. B. bei dem Beaugencystamm die Reifung der Pusteln um 1—2 Tage verfrüht, die Vaccine in ihrem Verlaufe überhaupt energieloser erscheinen lässt, und dass eine Retrovaccine nach diesen Seiten hin einem alten Cowpox stamme überlegen ist. Nur ganz junge Variola-Vaccine verursacht einen noch länger dauernden Verlauf des Impfprocesses. Der Beweis, dass damit auch die Schutzkraft für den betreffenden Impfling verlängert wird, fehlt jedoch noch.

Aus diesen Gründen ist in der nachfolgenden Beschreibung der verschiedenen Impfmethoden beim Kalbe keine besondere Betonung auf die Verwendung originärer Cowpox gelegt. Allzu ängstliche Gemüther, die sich vor der Uebermittelung von Syphilis bei dem Gebrauche von Retrovaccine fürchten, trotzdem alle Experimente die völlige Unwahrscheinlichkeit erwiesen haben, sind allerdings auf die Fortimpfung von Kalb zu Kalb angewiesen.

Das Retrovaccinationsverfahren ist schon zur Zeit Jenners mehrfach geübt worden. Zunächst war es das wissenschaftliche Experiment, durch welches von Männern wie Woodeville, Coleman, Valentin, Frank u. A. der Beleg geliefert werden sollte, dass die Reproduktion der Vaccine auf Kühen stattfinde. Andere, so besonders Sacco, welcher als Impfapostel in Italien in 8 Jahren allein gegen ½ Million Vaccinationen ausführte und dadurch an vielen Orten den herrschenden Menschenblattern einen raschen Stillstand gebot (Jenneri aemulum nennen ihn seine Verehrer in Bologna auf einer der ihm zu Ehren geschlagenen Medaillen), ebenso Junker, Prinz [74], de Carro, Osiander, Bremer u. A. bedienten sich des Retrovaccinationsverfahrens, um die Vaccine lebenskräftig zu erhalten und für zahlreichere Impfungen die genügende Menge Impfstoff zur Verfügung zu haben. Wieder von anderer Seite wurde die Retrovaccine empfohlen als dem humanisirten Stoff an Schutzkraft überlegen. Bereits im Jahre 1818 sind im Königreich Württemberg auf staatliche Anordnung hin sogenannte Lymphregenerationsanstalten eingerichtet worden. Die

Beobachtung, die damals zahlreicher gemacht wurde, dass auch bei Geimpften die Blatternkrankheit nicht gar so selten sich einstellt, hat dem Glauben an eine Degeneration der lange von Kind zu Kind fortgepflanzten Vaccine nur Vorschub geleistet.

Die frühesten Erfahrungen über die Retrovaccine liegen vor aus Italien. In ausgedehnter und methodischer Weise hat auf deutschem Boden der Münchener Impfarzt Dr. Reiter vom Jahr 1830 an das Verfahren geübt, und zwar mit gutem Erfolg. Er hatte 1831—34 eine Fehlimpfung auf je 52, 1835—47 auf je 136 und 1848—60 auf je 180 Kinder. Die von R. zum Impfen ausgesuchten Thiere waren junge Kühe; dieselben wurden am 7. Tage abgeimpft, während schon Sacco die Reifung der Retrovaccine auf Kühen am 4. Tage betont.

Von Schnappauf in Dölitz (1837), von Prinz [74, pag. 21] in Dresden und von Dr. Hunger in St. Florian in Steiermark (1840) sind grössere, auf Retrovaccine basirte Institute eingerichtet worden. Hunger impfte während der Jahre 1840—60 in den Kuhställen seiner Gegend gegen 320 Kühe, allerdings mit noch recht mangelhaftem Erfolg, insofern nur bei 100 Kühen ein guter, bei ca. 60 ein ungenügender Erfolg und bei 160 Kühen ein gänzliches Misslingen der Impfung verzeichnet ist. Unter 2400 Kindern hatte die Retrovaccine Erfolg bei ca. 93%; zweifelhaft war derselbe bei 4%, und es fehlte derselbe gänzlich bei 3%. Von diesem Institut aus wurden 120 steierische Aerzte mit Lymphe versorgt, und in den 20 Jahren seines Bestehens sind noch gegen 8000 Lympheportionen an Aerzte in Deutschland, Schweden, Russland, Griechenland, in Asien und Amerika verschickt worden. Mit welchem Erfolge geimpft worden ist, darüber fehlen die Angaben.

Die allgemeine Einführung der Retrovaccine hatte damals, abgesehen von den sehr zahlreichen Misserfolgen beim Impfen der Kühe, noch mit dem Vorurtheil zu kämpfen, dass die geimpften Kühe eine Gefahr der Ansteckung für andere Kühe seien, und war man geneigt, auch eine miasmatische Ausbreitung auf Menschen anzunehmen. Nachdem durch Bousquet 1840 und auch durch die heimischen Experimente der DDr. Lentin und Weilinger in Weimar die Ungefährlichkeit der geimpften Kühe für andere Kühe und für Menschen bekannter geworden war, gewann das Verfahren in Deutschland, Frankreich und in Italien grössere Ausdehnung.

Von Lanoix [77] ist der sogenannte originäre Impfstoff 1864 in Paris, von Warlomont 1865 in Brüssel, von Pissin 1865 in

Berlin eingeführt worden. Neuerdings sind auch in Wien, Bern, Basel, Rotterdam, Petersburg, Hamburg (Kostenaufwand für 180 bis 200 Kälber à 25 M. = ca. 5000 M.), Utrecht (3000 Gulden), Haag (2122 Gulden), Brüssel (12000 francs), Dresden (1879 für 20 Kälber 889 M.), Leipzig (1879 für je ein Kalb 57 M.) u. s. w. Impfinstitute eingerichtet worden. Der Kaufpreis betrug in den Privatinstituten ca. 1½—2 M. pro Lymphportion, ist aber in den letzten Jahren in Folge zahlreicheren Angebotes gesunken, so dass man für eine zu 10—15 Impfungen hinreichende Lymphemenge ca. 2,50 M., für eine solche zu 100 Impfungen ca. 15 M. bezahlt.

Viele der bisher dem animalen Stoff gemachten Vorwürfe bestehen nicht mit Recht. So wird behauptet, dass der animale Stoff häufig eine starke örtliche Entzündung hervorbringe, eine Art Phlegmone mit starker Schwellung der benachbarten Drüsen, mit Zerfall der Krusten und Zurücklassung langsamheilender Geschwüre, conf. pag. 122, al. 3); und was die Haftsicherheit und Conservirung des animalen Stoffes betrifft, so liegen speciell aus Deutschland ganz günstige Berichte vor, und haben sich von Jahr zu Jahr die bestehenden Mängel verringert.

Wenn man die Literatur, die seit 1840 über dieses Thema recht reichhaltig vorliegt, durchblättert, so findet man die Impfärzte in zwei ziemlich gleich starke Lager getheilt. Auf der einen Seite betonen die Lobredner der Retrovaccine, wie Reiter, Hunger, Gianelli, die reactionskräftigere Erscheinung der Retrovaccinepusteln und schliessen daraus auf eine grössere Schutzkraft. Es sind sogar bezügliche statistische Daten, wenn gleich von zweifelhaftem Werth, neuerdings von Ciaudio [62] nach Dell'Aqua aus Italien recht zahlreich angeführt worden.

Andererseits behaupten Thiele, Ceely, Gregory u. A., dass nach ihren Experimenten die Retrovaccine die gutartige Veränderung der Vaccinewirkung noch mehr abschwächt, dass der Fieberverlauf, die Randröthe und die Narbenbildung einen langsameren und milderen Character zeigen. — Dagegen wiederum berichtet im Jahre 1867 M. Degatt, dass die Retrovaccine sich nicht in dem Verlauf von dem der Vaccinepocken unterschieden habe, die zu jener Zeit mit der 2 Jahre früher in Beaugency entdeckten und rein fortgezüchteten ächten Cowpoxlymphe erzeugt waren.

Unseren eigenen Erfahrungen nach [78], die bis zum Jahre 1867 zurückreichen, haben sowohl der früher oft bezogene und versuchsweise gezüchtete sogenannte originäre Stoff, als auch die

Retrovaccinelymphe des früheren Impfarztes Weilinger und auch die von uns alljährlich in der Impfsaison cultivirte Retrovaccine nicht immer den gleichen Verlauf gehabt. So war im Frühjahr 1871 die von einigen Kühen entnommene Lymphe besonders energisch und gab zu vielfachen Klagen Veranlassung. Stärkere erysipelatöse Röthe am 7. bis 12. Tage kam öfter zur Beobachtung. Ebenso wurden alljährlich einige Fälle beobachtet, in denen statt der Eintrocknung eine Heilung durch eiternde Granulationen erst nach dem 21. Tage erfolgte. Diese Fälle aber gehören zu den Ausnahmen und sind seltener geworden, seitdem von dem Kinderarme möglichst bereits am 6. Tage die Lymphe zur Kälberimpfung und von dem Kalb die Retrovaccine kurz nach Ablauf von 4 × 24 Stunden abgenommen wird.

Aus einer langen Reihe von Vergleichen über die Wirkung der Retrovaccine und die des humanisirten Stoffes haben sich uns als constante Eigenthümlichkeiten ergeben:

1) Am 5. Tage nach der Impfung ist bei Verwendung von humanisirtem Stoff die Bläschenbildung schon deutlich ausgesprochen; bei Retrovaccinelymphe zeigt sich diese Entwickelung entschieden später.
2) Am 7. Tage sind die Retrovaccinepusteln kleiner, runder, blasser und der Entzündungshof weniger roth.
3) Die eingetrockneten Borken der Retrovaccinepusteln fallen einige Tage später ab.

Diese Erscheinungen erinnern an den Verlauf des von Voigt geschilderten Cowpoxstammes; nur sind sie hier weniger deutlich und oft verwischt.

Es muss zugegeben werden, dass der gleichmässig schöne Vaccineverlauf, wie er bei der jetzt mehr in den Hintergrund gedrängten Impfung von Kinderarm zu Kinderarm und bei guter Auswahl der Abimpflinge beobachtet wurde, viel seltener ist bei originärer Variola-Vaccine und Retrovaccine.

Die Fortimpfung der Retrovaccine von Kalb zu Kalb bessert den Stoff nicht. Im Gegentheil sind meist in der 3.—4. Generation die dadurch auf dem Kalbe erzeugten Pustelnfrühreif und trocknen rasch ein, oder zur Zeit der üblichen Abimpfung ist es nur zur Knötchenbildung gekommen. Das ist eine Erfahrung, die durch gleichzeitige Verimpfung von solch älterer Retrovaccine und von einem andern Lymphestamm auf dasselbe Kalb leicht controlirt werden kann. Einzelne Beobachter wollen eine Fortzüchtung bis zur 10. Generation erreicht haben; diese Fälle sind als Ausnahme zu betrachten. Dem jetzt öfter ausgesprochenen Verlangen, die Retrovaccine nicht früher als nach mehrmaliger Fortpflanzung auf Kälbern zu verwenden, steht diese bis jetzt noch nicht überwundene, rasche Degeneration derselben auf dem Kalbe entgegen.

Ferner hat der Gesundheitszustand des Kalbes einen ganz entschiedenen Einfluss auf den Entwickelungsgang der Retrovaccine. Ein kräftiges Kalb liefert im Allgemeinen grosse, reichhaltige Pusteln; ein an Diarrhoe erkranktes giebt schwächlichen Erfolg. Es wiederholt sich hier nur das, was längst bei der gewöhnlichen Impfung von Arm zu Arm beobachtet worden ist. Geschieht mit humanisirtem Stoff die Fortpflanzung auf schwächlichen oder sonst kranken Kindern, so degenerirt die Vaccine rasch, und wird die so verschlechterte Vaccine der Chef eines Stammes, deren Abkömmlinge noch weniger geeignet sind, die guten Eigenschaften festzuhalten. So erschöpfen sich in der Praxis oft einzelne Impfstämme durch die Cultur auf falschem Boden.

Bei der animalen Impfung ist diese Degeneration leichter zu umgehen durch die Beschaffung gesunder und kräftiger Stammimpflinge. Zu junge Thiere aber, die leicht an Diarrhoe oder Blähsucht erkranken, sowie auch Oberflächlichkeit bei der Technik des Impfens führen hier leicht zu derselben Degeneration oder Sterilität der Lymphe. Doch ist die Degeneration der Retrovaccine für die Praxis insofern von geringerer Bedeutung, als beim Kälberimpfen durch die Mischung von 2—3 Lymphestämmen humanisirten Ursprunges sich fast mit absoluter Sicherheit auf eine Lymphe hoffen lässt, die die gleichen Eigenschaften hat, wie eine schon durch längere Generationen fortgepflanzte Variola-Vaccine.

Die Technik und die verschiedenen Methoden der animalen Impfung.

Für die Technik der Impfung von Kälbern sind schon bei der Beschreibung der Impfinstrumente die allgemeinen Gesichtspunkte angegeben worden.

Abweichend von den Vorschriften für die Kinderimpfung ist hier auf die Herstellung grösserer Contactflächen zu achten, und muss die Abnahme der erzeugten Lymphe bereits nach 4—5mal 24 Stunden geschehen. Da ferner die wirksamen Bestandtheile der Pocke in dem Gewebe derselben enthalten sind, so ist die Pockensubstanz selbst beim Abimpfen mit zu sammeln. Von diesen Gesichtspunkten aus hat die Praxis die nachfolgend beschriebenen Impfmethoden ausgebildet.

Kühe oder erwachsene Thiere wird man immer nur in Ausnahmefällen benutzen: wenn die nöthigen Vorrichtungen zur Impfung von Kälbern fehlen, wenn es sich um geringe Mengen zu erzeugender Lymphe handelt, oder wenn man die immerhin bedeutenden Ausgaben für die Benutzung von Kälbern umgehen will.

Es hat die Ausführung der Impfung bei den erwachsenen Thieren ihre ganz besonderen Schwierigkeiten. Für die Fesselung grosser Thiere hat Warlomont [10, p. 232] einen Tisch beschrieben und abgebildet, auch [pag. 233] eine ganz besondere Art der Fesselung angegeben, wozu er noch 5 Gehülfen nöthig hat. In der Regel aber wird von den Eigenthümern das Fesseln und Werfen der Thiere nicht gestattet, und muss desshalb die ganze Procedur im Stehen vorgenommen werden. Kühe mit unruhigem Temperament sind gar nicht zu benutzen. Die Beschränktheit des Operationsfeldes zwischen den Hinterfüssen, mangelhafte Beleuchtung, die natürlichen Leibesöffnungen, zahlreiche Fliegenschwärme und die fatalen Schwanzbewegungen machen das Geschäft zu einem recht mühevollen und anstrengenden. Ein Abschaben des Pockenbodens, wie es bei gefesselten Kälbern geschehen kann, ist bei Kühen selbstverständlich auch nicht möglich.

Bei den Kühen wird der Milchspiegel mit einem scharfen Bistouri an den anzulegenden 10 bis 30 Impfstellen unter Anwendung von Seife zunächst rasirt und dann mit warmem Wasser abgewaschen. Die Inserirung der Impfschnitte und die Einreibung der Lymphe findet in der gewöhnlichen Weise Statt. Das Abnehmen der am 4.—5. Tage zur Reife gelangten Impfpusteln geschieht in der Regel mit Knochenstäbchen, auf welchen nachträglich durch gegenseitiges Verreiben und Benetzen mit Glycerin eine gleichmässige Vertheilung des genommenen Stoffes ermöglicht wird.

Diese im Jahre 1835 in Weimar eingeführte Impfung von Kühen an dem sogenannten Milchspiegel ist mehr und mehr verlassen worden, seitdem, zuerst im Jahre 1871, in grösserem Umfang der Versuch gemacht wurde, die sämmtlichen Impflinge des Bezirks mit animalem Stoff zu impfen und die auf das Impfinstitut in Weimar angewiesenen Impfärzte mit solcher Lymphe zu versehen. Der geringe Kostenaufwand bei der Benutzung von Kühen wird nicht aufgewogen durch das mühsame und selbst gefährliche Operiren an den nicht gefesselten Thieren. Auch der geringe Ertrag je einer Kuhimpfung (im Durchschnitt 63 Portionen) hat nach und nach zur Benutzung von Stieren und seit 1878 zur ausschliesslichen Verwendung von Schlachtekälbern geführt.

Gegen die Benutzung junger Bullen spricht die Widerspenstigkeit derselben; bei der Fesselung kommt ab und zu eine Beschädigung der Thiere oder des Hülfspersonals vor. Die Impfstellen werden meist ausschliesslich am Hodensack inserirt, und ist in Stuttgart folgendes Verfahren üblich:

Im Stalle selbst werden zunächst gute, hänferne Stricke um die Fesselgelenke beider Hinterfüsse gelegt und alsdann die Hinterfüsse nach dem Troge zu an einem Ring daselbst befestigt. Danach wird der Kopf kurz an der Raufe angebunden. Um den Hals des Thieres wird die Schleife eines Seiles geschlungen, dessen Ende an der Seite des Körpers nach rückwärts über den Oberschenkel läuft und in der Wand durch einen eisernen Ring gezogen wird, so dass auf diese Weise das Thier möglichst sicher an der Wand des Stalles befestigt ist. Der Schwanz wird an der Wand nach vorn gezogen. — Dem so befestigten Thier wird nun der Hodensack gut gereinigt und rasirt. Der Operateur sitzt dicht hinter dem Thier, zieht den Hodensack zwischen den Hinterfüssen nach rückwärts und impft das Thier mittelst 50—60, ungefähr 2 cm langer, seichter Schnitte. — Die Abimpfung geschieht mit Quetschpincetten. Bei sehr unruhigen Thieren geht eine Menge Impfstoff verloren.

In Basel ist die Farrenimpfung ebenfalls üblich. Es wird die Fesselung in ähnlicher Weise bewirkt, und kommen ca. 50 einzelne, je 25 mm lange Scarificationsstellen auf die rasirte Fläche des Scrotums. Der Erfolg ist auch hier ein relativ geringer; man gewinnt nur Stoff zu ca. 25—100 Kinderimpfungen.

Das Fesseln von 1—1½jährigen Farren geschieht hier und da auf sogenannten Fleischerschragen. Bei genügender Hülfe ist diese Methode für den Impfarzt noch die angenehmste.

Farren überhaupt empfehlen sich, weil die Unkosten sehr gering sind, insofern besonderer Aufwand für Pflege, Wartung, Leihgebühr nicht erwächst. — Bei Bedarf von viel Lymphe ist aber die Impffläche am Scrotum allein zu klein.

Für die Benutzung von Kälbern sind in dem Abschnitt von den Impfinstrumenten die üblichen Tische (Fig. 14) beschrieben worden. Der Gesundheitszustand des Kalbes wird, wenn möglich, bereits am Tage vor der Impfung geprüft durch Feststellung des Gewichtes, durch Einlegen des Thermometers in den After (39,3° C. ist die normale Blutwärme), durch Untersuchung des Nabels und des gesammten Ernährungszustandes. Oeftere Diarrhoe, stark blutiger Stuhlgang, Nabelentzündung, Windbauch, Verweigern der Milch und eine Temperatur von mehr als 40° C. während des Verlaufes der Impfung bedingen Einstellung des Abimpfens. — Die Erfahrung hat gezeigt, dass Alter und Geschlecht des Kalbes keinen Einfluss auf den Verlauf der Kultur üben; weibliche Thiere haben den Vorzug, dass die Pusteln nicht mit Urin benetzt werden; bei männlichen Thieren lassen sich dagegen am Scrotum die gehaltreichsten Impfstellen anlegen. In der Regel wird wenige Stunden nach geschehener Abimpfung das Kalb geschlachtet und vom Thierarzt besichtigt. Meist haben die Kälber bei passender Pflege einige Pfund an Gewicht zugenommen. Erkrankungen von Kälbern sind beobachtet worden, besonders bei einem Aufenthalt derselben in kalten, feuchten Ställen und bei Verabreichung kalten Getränkes.

Kälber, die noch nicht 8 Schneidezähne haben, also jünger als 3—4 Wochen sind, soll man wegen des leichten Eintrittes von Darmerkrankungen nicht wählen.

Die Nahrung der Kälber besteht aus einer täglich dreimal gereichten Milchmenge von je 4—6 Liter, event. auch mehr, die entweder »kuhwarm« oder auf 39° erwärmt gereicht wird. Kälber, welche nicht trinken wollen, erhalten die Milch aus einer grossen Saugflasche. Ein Zusatz von Haferschleim zur Milch ist nicht nöthig, jedoch das Füttern von 2—4 rohen Eiern räthlich.

Der beste Aufenthalt für Impfkälber während der 4—5tägigen Dauer des Impfprocesses ist ein mit Vieh bestandener, gut gelüfteter und hinreichend warmer Kuhstall, sofern nicht besondere bauliche Vorrichtungen in den Impfinstituten vorgesehen sind. In dem Kuhstall mag man einen ca. 4 □m grossen Raum einzäunen, in dem das mit einem Maulkorbe versehene Kalb sich frei bewegen kann. Eine Art von Schnürleib, um den Schmutz vom Bauche abzuhalten, ist nicht nöthig, falls man das Lager sauber aus reichlichem Haferstroh herstellen lässt; ebensowenig ein besonderer Kranz aus Holzstücken für den Hals, um das Lecken der Impfstelle zu verhüten.

Gewöhnlich beziehen die Impfinstitute ihre Impfkälber von Viehhändlern oder Fleischern, welche nach ortsüblichen Preisen für jedes Kalb eine Entschädigung von 6—20 Mark erhalten. An weiteren Unkosten kommen hinzu an das Wartepersonal, für Milch und Eier, für Rasiren und sonstige Hülfeleistungen noch 15 Mark und mehr, und sind von diesen Gesichtspunkten aus die oben mit angegebenen Kostenaufwände in den einzelnen Impfinstituten zu beurtheilen.

Die Zahl der wöchentlich zu impfenden Kälber richtet sich danach, ob mit humanisirtem Stoff oder nur von Kalb zu Kalb weiter geimpft wird. Bei den einzelnen Impfinstituten hat sich ein bestimmter Usus eingebürgert, auf den später hingewiesen und der natürlich nach den localen Verhältnissen und Bedürfnissen sich ändern wird.

Für die Impfung selbst sind in den verschiedenen Impfinstituten eigene Methoden in Anwendung, welche bei der Beschreibung des Lympheabnehmens im nächsten Abschnitt eingehender geschildert werden sollen.

Um dem Leser das Nachschlagen über die hauptsächlichsten Gesichtspunkte bei der Ausführung der Kälberimpfung zu ersparen, seien hier kurz noch einmal die betreffenden Regeln wiederholt. Es gehören lange Uebung, sorgfältige Beobachtung und eine Emancipation von dem bei der Kinderimpfung geübten Verfahren dazu, um den Pockenverlauf und den richtigen Zeitpunkt der Reife, bei verschiedener Hautfarbe des Thieres, zu erkennen. Wenn von Seiten der Impfärzte mit Kälberimpfungen keine günstigen Erfahrungen gemacht werden, so dürfte oft der Grund darin zu suchen sein, dass Fehler beim Impfen und, vor allen Dingen, bei der Abnahme des Impfstoffes vorgekommen sind.

Für die ersten Versuche mit der Impfung von Kälbern empfiehlt es sich, neben Anwendung der nachfolgend als allgemein üblich beschriebenen Schnittmanier auch einigemal eine Anzahl von Stichen mit zu inseriren, um den Verlauf der isolirten Pocke genauer studiren zu können.

Conservirte Kinderlymphe, in Breiform conservirter, animaler Stoff und getrocknete Lymphe stehen, was den Erfolg betrifft, der directen Verimpfung von Kalb zu Kalb oder vom Kinderarm auf das Kalb nach. Jedenfalls ist besondere Sorgfalt bei Uebertragung der Lymphe nöthig. Auf jede Impfstelle wird die drei- bis vierfache Menge der Lymphe, die für eine auf dem Kinderarm zu inserirende Pocke nöthig ist, langsam und sorgfältig eingerieben. Die pedantische Genauigkeit bei der ganzen Procedur und Berücksichtigung jedes einzelnen Schnittchens beim Einreiben der Lymphe sichern allein den Erfolg.

Schon nach 60—70 Stunden kann man den Inhalt eines ausgeschnittenen Knötchens mit Erfolg verimpfen. Nach dem alten neapolitanischen Verfahren ist es erlaubt, vom 3. bis zum 6. Tage abzuimpfen.

Der Verlauf der Impfung ist kurz folgender:

Die durch das Einreiben verursachte traumatische Röthung, welche zumal bei hellfarbigen Kühen und Kälbern zu beobachten ist, wird am zweiten Tage kaum noch bemerkt. Der am dritten Tage auftretenden Induration der Impfstelle folgt am vierten Tage das Erscheinen der Papel. Bei heissem Stall ist von jetzt ab täglich eine ein- bis zweimalige Inspektion der Pocken nöthig. Dieselben sind zum Abimpfen reif, sobald die schmale Randröthe sich gebildet hat, rund um den Rand der Pocke herum die bläschenartige Auflockerung der Epidermis sich zeigt, und die in dem Centrum der Pocke sitzenden Impfschnitte gehoben erscheinen. Bei hervortretend entwickelter Randröthe am vierten bis fünften Tage, ohne den durchscheinenden Blasenrand der Pocke, und bei stark ausgesprochenem Schorf an der Stelle der centralen Impfschnitte ist die Entwickelung der Pocke eine überstürzte, und die Resultate der Impfung sind negative.

Die Erfahrung hat gelehrt, dass bei der Verwendung von Stoff aus Pocken mit frühzeitig eintretender, starker Randröthe leicht die typische Randröthe am Oberarm der Impflinge zu erysipelatöser Ausdehnung inclinirt, und sollen desshalb solche Kälberpocken nicht benutzt werden.

Die Zeit der Reife ist nicht für alle Pocken derselben Kuh oder desselben Kalbes die gleiche. Zuweilen werden zwei bis drei Pocken am Ende des fünften Tages, die anderen erst am sechsten Tage zum Abimpfen geeignet. Am siebenten bis neunten Tage ist der Inhalt der Pocken allerdings ein reichlicherer; aber die Sicherheit des Haftens ist dann viel geringer, und die Gefahr der Ueberimpfung von Erysipel entschieden grösser. Am fünften bis sechsten Tage ist die aus den Pocken gewonnene Lymphe an Quantität sehr gering, hell, ganz zäh und sofort an der Luft und beim Erkalten hart coagulirend. Am siebenten bis neunten Tage ist die Pocke doppelt so gross und prominirt mehr; die Lymphe ist gelblich, dünnflüssig und gerinnt langsamer.

Die nicht geöffneten Pocken trüben sich am achten bis neunten Tage vollständig eitrig; die Pocke färbt sich dunkler, trocknet bei abnehmender Randröthe am vierzehnten Tage ein und fällt nach circa drei Wochen ab.

Nur bei schwarzen Thieren sieht man deutlich die zurückbleibenden weissen, strahligen Narben.

In besonderen Fällen vertheilt man die Impfung des Kalbes auf zwei nach einander folgende Tage. Die Reifung der zuletzt angelegten Pocken erfolgt dann circa ½ Tag später als die der zuerst angelegten, und hat man dadurch den Vortheil, einen Tag länger dasselbe Kalb zum Abnehmen frisch gereiften Impfstoffes benutzen zu können.

Zur Erzeugung von Retrovaccine eignet sich am besten die vor Eintritt der Randröthe vom Kind entnommene Lymphe, also Lymphe des 5.—6. Tages. Zu dieser Zeit scheint dieselbe am besten auf dem Kalbe zu haften und auch noch frei von den Bestandtheilen zu sein, die der Retrovaccine zuweilen eine unangenehme, zur Erysipelasentwickelung neigende Beimischung geben. Die hohe Empfänglichkeit des Kalbes für Kinderlymphe sichert den Erfolg aber auch noch bei Verwendung von stark verdünnter Glycerinlymphe, selbst wenn dieselbe sehr lange Zeit gelagert hat. Will man mit fast absoluter Gewissheit den Erfolg sich sichern, so braucht man für die geplanten Kälberimpfungen nur für einen kleinen Vorrath von verschiedenen Lymphestämmen zu sorgen, z. B. von 2—3 Kindern, und alsdann auf jedem Kalbe 2—3 besondere Stellen für je eine dieser Lymphearten anzulegen. Wenn wirklich eine Lymphequelle schon steril geworden sein sollte vor dem Verimpfen, so gehen sicher die andern an, und hat man jedenfalls die Annehmlichkeit, von der bestbeschaffenen Impfstelle abimpfen zu können. Ausgerüstet mit einem kleinen Vorrath humanisirten Stoffes, kann man am Schlusse der Impfsaison den etwa kommenden Ansprüchen getrost entgegen sehen; binnen 5—6 Tagen lässt sich die Züchtung einer Retrovaccine und hundertfacher Ertrag erreichen.

Die Abimpfung.

Im Wesentlichen kommt es darauf an, bei der Abimpfung den Pockenboden mit zu erhalten, und sind auf diesen Zweck hin die verschiedenen Impfmethoden eingerichtet worden.

Bei der älteren, neapolitanischen Methode wird die Pocke als Ganzes ausgeschnitten; nach Lanoix's Vorgang wird zum Ausdrücken des Pustelinhaltes eine Quetschpincette an den Grund der Pustel angelegt; bei der Flächenimpfung wird die Gesammtmenge der Pusteln mittelst Glycerins durch einen Spatel ausgeschabt. — Die verschiedenen Arten der Conservirung der Kälberlymphe haben auch einen massgebenden Einfluss auf die einzelnen beim Abimpfen geübten Manipulationen.

Das Ausschneiden der reifen Vaccinepustel ist heute noch vielfach und mit gutem Erfolg in Anwendung. Die vielen Fehlimpfungen, welche man bis vor kurzer Zeit in Deutschland bei Verwendung von animalem Stoff hatte, waren verursacht durch Abweichungen von dem Verfahren der Italiener, welche den Pockenboden mit benutzen. Erst seitdem man es aufgegeben hat, vom Kalbe nur die flüssige Lymphe zu verwenden, haben sich die Erfolge mit animalem Stoff denen gleich gestellt, die von den Impfärzten bei Impfungen von Arm zu Arm erzielt werden.

Bezeth [75] in Rotterdam hat dieses von den italienischen Impfärzten längst geübte Verfahren für die nördlichen Länder erst noch einmal im Jahre 1871 entdecken müssen; die in der nachfolgenden Tabelle enthaltenen Erfolge, die dann eintraten, als er den Pockenboden mittelst der Quetschpincette auskratzte, haben alle Impfinstitute zur Nachahmung solches Verfahrens angeregt.

Die Fehlimpfungen betrugen 1868 = 24,6%; 1869 = 18,5; 1870 = 80; 1871 = 4,6; 1872 = 1,6; 1873 = 1,2; 1874 = 1,3; 1875 = 1,1; 1876 = 0,8; 1877 = 0,2; 1878 = 1,1; im Mittel = 1,7%.

Verwendet wurde daselbst der Beaugencystamm der Variola-Vaccine. Nach Carstens hatten sämmtliche holländische Impfstationen im Jahre 1880 bei 10 306 Erstimpfungen nur 31 Misserfolge.

Dem Abschaben der Pusteln haben verschiedene Vorsichtsmassregeln vorherzugehen, um den Pockenboden möglichst rein zu erhalten und später vor septischem Verlauf der Impfung gesichert zu sein.

Zunächst wird die Umgebung der Pocke von abgestorbenen Epidermisschuppen und von Schmutz gereinigt. Es wird durch einen Pinsel die Umgebung mit Wasser angenässt, und dann werden mittelst der Lanzette oder eines Elfenbeinstäbchens die lose anhaftenden, braunen Schollen entfernt. Darauf wird ebenso die Oberfläche der Pocke ohne Verletzung der Epidermis gereinigt. Erst nachdem diese Reinigung an den zu eröffnenden Pocken vorgenommen ist, wird nicht, wie bei Kindern, die Epidermis geritzt, sondern mit scharfer Lanzette die ganze Decke der Pocke mitsammt der fest anhaftenden, gelben Epidermisdecke rasch abgeschabt. Lymphverlust ist dabei nicht zu riskiren, da dieselbe erst ganz allmählich ausschwitzt; zu Tropfenbildung kommt es, ohne Quetschvorrichtung, dabei fast nie am fünften bis sechsten Tage, nur zu einem feuchten Glanz auf der Wundfläche.

Das Abimpfen mittelst Ausschneidens der Pocken.

Diese Methode ist durch Troja im Jahre 1805 in Neapel eingeführt worden; die Impfung der Kühe geschah mit humanisirtem Stoff und in der Erwartung, dadurch die Vaccination länger schutzkräftig zu machen. Galbiati hat die Methode seit 1810 weiter geübt. Dessen Nachfolger, M. Negri, hat zuerst die Impfung von einer Kuh auf eine zweite Kuh, von dieser auf eine dritte, und so fort durch eine lange Reihe von Generationen, ausgeführt. Er hatte in 22 Jahren (bis 1864) dreimal Gelegenheit, durch Verwendung des Inhaltes von spontan an Kühen entstandenen Vaccinepocken seinen Lymphstamm auffrischen zu können, zuletzt mit einem im Jahre 1858 aus England bezogenen Impfstoff.

M. Negri [77, p. 50] verwendete später 8—12 Monate alte Kälber, und wurde alle 8 Tage eine derartige Impfung von ihm neu vorgenommen. Das zu impfende Kalb wurde auf einen Tisch auf die linke Seite gelegt und so befestigt, dass auf der rechten Bauchseite vom Nabel abwärts eine Hautstelle von 1½ dm Breite und 2 dm Länge rasirt werden konnte. Hier wurden in 6 bis 8 alternirenden Reihen ca. 60—70 Impfschnitte, jeder 6—10 mm lang und 10—15 mm von den anderen Schnitten entfernt, angelegt. Eine Blutung aus den Schnitten wurde möglichst vermieden. Jeder Impfschnitt wurde sorgfältig mit dem vom vorhergehenden Kalbe direkt entnommenen, flüssigen Impfbrei eingerieben. Lanoix beschreibt 1864 den Verlauf dieser Impfungen auf den Negri'schen Kälbern folgendermassen:

Nach 30 Stunden: Leichte Röthung der Impfstellen;
am 4. Tage: Bildung von Knötchen ohne flüssigen Inhalt;
am 5. Tage: Beginnende Bläschenbildung und deutliche Randröthe;
am 6. Tage: Vergrösserung der Bläschen mit Nabelbildung;
am 7. Tage: Beginnende Krustenbildung mit leichter Temperatursteigerung des Impfkalbes;
am 8. Tage: Reichliches Ausschwitzen von Flüssigkeit unter den Krusten.

Der für Entnahme von Lymphe zu Kinderimpfungen günstigste Zeitpunkt ist nach M. Negri's Praxis nach Ablauf von 63 Stunden bis zum Ablauf des sechsten, seltener des siebenten Tages vorhanden. Es wurde von demselben Kalbe am dritten bis siebenten, event. auch noch am 8. Tage Lymphe abgenommen.

Die Abimpfung führte M. Negri in der Weise aus, dass die einzelnen Impfpusteln mit einer scharfen Lanzette abgeschnitten wurden. Die auf die Spitze des linken Zeigefingers gelegte Pustel, die wunde Stelle nach oben gekehrt, wurde alsdann mittelst der Lanzette gründlich ausgeschabt. Die gewonnene, breiartige Masse wurde direkt zum Verimpfen auf Kinder und auf Kälber benutzt, oder sie wurde auf Elfenbeinstäbchen, auf Federkielen u. dergl. verschickt. Von Palasciano, M. M. Terzaghi, Schivardi, Soresina, Beluzzi, Margotta u. A. ist dieselbe Methode über ganz Italien verbreitet worden.

Dr. Margotta in Neapel übt diese Negri'sche Methode jetzt (Januar 1884) mit folgenden Aenderungen aus:

Benutzt werden 5—6 Monate alte Thiere, möglichst Bullenkälber, da auf der zarten Haut des Scrotums die schönsten und ausgiebigsten Pusteln entstehen. Der Impftisch ist der gewöhnliche, mit halbkreisförmigem Ausschnitt versehen. Vom Nabel bis über das Scrotum hinaus und seitlich bis zur Schenkelfalte wird eine ca. 8 □cm grosse Fläche fein rasirt und gereinigt. Die Anlegung der einzelnen, ca. 3 cm langen Stellen geschieht reihenweise, mit je 2 cm Zwischenraum zwischen je 2 Stellen, und derart, dass die einzelnen Impfstellen in der 1. Reihe alternirend stehen zu denen der 2. Reihe, die der zweiten ebenso zu denen der dritten u. s. w.; in jeder Reihe befinden sich ca. 15 bis 20 Einzelschnitte, und zwar senkrecht zur Längsachse des Thieres. Nachdem 10 bis 20 Einschnitte gemacht sind, wird in dieselben die Lymphe mittelst der Lanzette eingerieben. Der Impfstoff besteht aus in Capillarröhrchen conservirtem, animalem Stoff; für 3—4 Schnitte genügt je ein Tropfen. Im Ganzen bekommt ein grosses Kalb ca. 120 3 cm. lange Pocken inserirt.

Nach 5mal 24 Stunden sind die Pocken reif und werden von Margotta in der alten Negri'schen Weise ausgeschnitten. Die ausgeschnittene Pocke wird mit einer gezahnten Klemmpincette an der Epidermisseite gefasst oder mit einer Nadel auf einer Holzplatte befestigt und mit einem stumpfen, stählernen Spatel ausgeschabt, was für jede Pustel in ca. einer Minute geschehen ist. Ist der Pustelinhalt sehr solid und zähe, so wird event. auch noch ein Tropfen warmes Wasser auf die Pustel gegeben. Die so gewonnene Lymphe stellt einen trüben, röthlich-gelben Brei dar.

Die Conservirung des Stoffs behandelt Dr. Margotta als Geschäftsgeheimniss. Zum Verkaufe gelangt derselbe in verschieden starken Haarröhrchen zu 1, 1½ und 5 francs, und soll die

Lymphe, an kühlem Orte aufbewahrt, sich im Sommer 3, im Winter 6 Monate halten. Der trübe Inhalt des Röhrchens lässt annehmen, dass es sich um ein Gemisch von fein verriebenem Pockenboden und Glycerin handelt, vielleicht mit einem Zusatz eines besonderen Conservirungsmittels.

Das in Mailand von Dell' Aqua und Grancini geübte Verfahren des Abimpfens ist ganz das gleiche.

Auch Sanitätsrath Dr. Meinel in Metz übt, nach seinem Bericht in der Vierteljahrsschrift für öffentl. Gesundh. 1884 p. 270, neuerdings diese Methode aus.

Das von Reissner [76] in Darmstadt eingeführte Verfahren ist eine die Quälerei der Impfthiere vermeidende Modification dieser italienischen Methode. Er schabt nach gründlicher Reinigung und Desinfektion der Impffläche, ohne Anwendung der Quetschpincette, mit dem scharfen Löffel der Chirurgen unter kräftigem Druck in einem Zuge die sehr lang und schmal angelegten Impfpusteln von dem Corium ab und erhält so eine feuchte, durch beigemengtes Blut nur wenig gefärbte, breiartige Masse.

Das Abimpfen mittelst der Quetschpincette.

Lanoix [77] hat im Jahre 1864 die Negri'sche Methode in Paris eingeführt. Viennois in Lyon hatte einige Monate vorher Fälle von Impfsyphilis bekannt gemacht und die Aufmerksamkeit auf den sogenannten ächten Cowpox-Stoff gelenkt. Lanoix sicherte sich zunächst den guten Lymphestamm durch direkte Ueberführung eines von M. Negri selbst geimpften Kalbes nach Paris. (»Que dirait-on de l'homme qui, voulant établir un harras pour reproduire des chevaux de même raçe que ceux d'un autre pays, negligerait d'en ramener un étalon?« L.)

Lanoix behielt während des Jahres 1864 die Negri'sche Methode bei. Er impfte jeden Freitag ein 4—5 Monate altes Kalb, stellte dasselbe in einen luftigen, trockenen Stall und nährte es mit Milch und Eiern. Um das Ablecken der Impfstellen zu verhüten, wurde der Kopf kurz an einem Stricke angebunden oder mit einem Maulkorbe versehen. Vom 4. Tage an wurde Lymphe abgenommen durch Ausschneiden der Pocken. »Pendant quatre jours de la semaine, je vaccine chez moi avec le même vaccinifère.« L. Am 5. und 6. Tage wurden Haarröhrchen direkt am Kalbe gefüllt.

Im Jahre 1865 hat Lanoix das alte Verfahren verlassen.

Anfänglich wurden noch die jungen Pocken ausgeschnitten und am 5.—6. Tage die entwickelteren Pocken mittelst Quetschpincette, um den Grund derselben gelegt, abgeimpft. Später wurde nur noch die Quetschpincette benutzt, die ausschwitzende Lymphe mit einer scharfen Lanzette abgeschöpft. Dasselbe Kalb kam nur noch am 4., 5. und 6. Tage zur Benutzung, und wurden desshalb wöchentlich 2 Kälber frisch geimpft.

Wegen der vielen Fehlimpfungen mit der in Haarröhrchen gesammelten Lymphe empfiehlt L. die direkte Impfung vom Kalbe, und sendete er öfter Impfkälber in die öffentlichen Impftermine zu Paris und in den Provinzen. Er gebrauchte auch die Vorsicht, die Impfstellen bei seinen Impflingen mit einem Stückchen Goldschlägerhaut zu bedecken. Als Vorzug seiner originären Cowpoxlymphe machte L. geltend, dass sie mehr »Temperament« habe; »une sorte d'autonomie, qui fait sa vertu et sa force.« — Die auf Kindern erzeugte Vaccinepustel komme erst am 10.—11. Tage zur vollständigen Ausbildung; Verbreitung der Randröthe trete am 10. bis 12. Tage, die Krustenbildung am 16. und Abfall der Borken am 23.—26. Tag ein. Die Impfpusteln seien platter, weisser; die Narbe deutlicher.

Warlomont in Brüssel hatte nach der Beschreibung von Bollinger [72] im Jahre 1878 folgende Methode der Kälberimpfung.

Die Impfung geschieht mittelst 1½—2 cm langer Schnitte, 50 bis 60 auf einer Fläche, die bis zu 10 cm über den Nabel hinaufragt. Bei der Abnahme nach 5- und 6mal 24 Stunden werden zunächst 1—2 Impfpusteln von je einer vorne gekrümmten Quetschpincette gefasst und diese einem Gehülfen zum Halten übergeben. Dr. W. sitzt in dem Ausschnitte des Tisches, zur Rechten einen Stuhl mit den nöthigen Utensilien und einem umgekehrten Porcellanteller, auf den die mit Vaccine befeuchteten Elfenbeinspatel gelegt werden. — Die Quetschung der Pocken ist eine starke, meist tritt bald etwas Blut aus; dieses wird sammt der nun gelockerten Pusteldecke rasch mit einem reinen Tuche abgewischt. Die erscheinende helle, klare Lymphe wird mit einem Glasröhrchen, etwa halb so dick wie eine Federspule, aufgesaugt und in einem Uhrgläschen, welches einige Tropfen Glycerin enthält, angesammelt. W. hilft manchmal dem Abfluss der Lymphe durch mässig tiefe Einschnitte in die eingeklemmte Pustel nach. — In dem Uhrgläschen werden später die sich bildenden bernsteinfarbigen Fibringerinnsel bei Seite geschoben und der Vorrath auf kleine, nicht ausgebuchtete Haarröhrchen gefüllt. Der Verschluss geschieht derart, dass die Enden jedes Capillarröhrchens in eine Paraffinkerze hineingestossen werden, wodurch Pfropfen von ca. 3 mm Länge entstehen. (Siehe auch Seite 102.)

Ausserdem sammelt W. auch von Kindern bei der Revision humanisirte Lymphe in Röhrchen.

Der Preis für private Abgabe ist 2 fr. für ein Röhrchen oder einen Spatel.

Das Staatsimpfinstitut in Brüssel ist im Jahre 1868 gegründet und steht unter Leitung von Dr. Warlomont; der Kostenaufwand beziffert sich auf ca. 12 000 fr. Das Haus (11 zu 8 m) besteht aus einem grossen Impfsaal, einem Salon für bessere Stände, einem Zimmer für den Arzt, einem Raum für die Impfung der Kälber mit 2 Impftischen und einem damit in Verbindung stehenden Anbau (5 m breit und 6 m lang) als Stall für 4 Kälber. Jeder Stand ist 52—70 cm breit. Die Kälber liefert ein Fleischer auf je 7 Tage. Geimpft wird jeden Freitag mit in Haarröhrchen conservirter Lymphe, von denen je 10 auf 1 Kalb kommen; die Abimpfung geschieht am nächsten Mittwoch und Donnerstag [1]. W. legt 50—60 Impfschnitte bis zu 10 cm über den Nabel hinaus an.

In Holland bestehen 4 permanente und 3 temporäre Impfanstalten. Die Kosten betragen ca. 4000 M., ohne das Honorar der Aerzte.

In den holländischen Instituten, z. B. in Rotterdam, werden in der Impfzeit gewöhnlich 2 Kälber am Dienstag direkt von einem Kalbe geimpft; dieselben kommen am darauffolgenden Sonntage bei den öffentlichen Impfungen zur Verwendung, event. auch noch am Montag. Ein drittes Kalb wird am Mittwoch mit Röhrchenlymphe geimpft, die am Tage vorher gesammelt wurde; dasselbe dient am Montag zu Privatimpfungen und am Dienstag zur Impfung von weiteren 2 Kälbern u. s. f.

Auch in den holländischen Impfinstituten, z. B. in Rotterdam, wird humanisirte Lymphe gesammelt.

Die Flächenimpfung.

Mit der wachsenden Nachfrage nach animalem Impfstoff sind die Impfstellen am Kalbe immer zahlreicher und grösser angelegt worden, und da diese Thiere nicht durch Fieber und Unwohlsein auf die Einverleibung der Vaccine reagiren, ist man vom Stich zum Schnitt, vom Schnitt zu langen Linien und zur Herstellung

1) Die in den heimischen Zeitungen jetzt beliebte Ankündigung: »Täglich frisch abgenommener Impfstoff« sollte in Zukunft doch unterlassen werden. Red.

von Culturflächen [78] übergegangen. Soll Impfstoff zu mehr als 500 Impfungen erzielt werden, so kann nur die Impfung von breiten Streifen oder Flächen in Frage kommen, mit welcher man, je nach der Zahl der angelegten Einzelflächen (bei Verwendung verschiedener Lymphestämme zum Impfen des Kalbes) oder nach der Grösse der Gesammtfläche, für 500—2000 (und bei grossen Kälbern noch viel mehr) Impfungen genügende Lymphmenge zu erzeugen im Stande ist.

Fig. 18.

Ueber das Quantum der zur Kälberimpfung nöthigen Lymphe lässt sich eine allgemeine Regel nicht geben. Auf eine 1 □cm grosse Fläche genügt jedenfalls ein Haarröhrchen der kleinsten Nummer, oder 3—4 frisch armirte Knochenstäbchen, vollständig. Will man 1500—2000 Portionen Vaccine erzielen, so wird man auf die gesammte Unterbauchfläche des Thieres vom Nabel rückwärts ca. 15—20 Haarröhrchen oder 0,25 g Glycerinlymphe oder 60 bis 80 frisch armirte Knochenstäbchen verwenden müssen. — Auch bei Anlegung von grossen Flächen haben wir von frischer Kinderlymphe nur selten mehr als den von einem Kinde abgenommenen Stoff verbraucht. Am reichlichsten ist von Kindern der Ertrag, wenn man 4—5 der geöffneten Pocken direkt mit etwas Glycerin benetzt und diese Mischung unmittelbar vom Kinderarm mittelst Knochenstäbchen oder in Haarröhrchen aufnimmt.

Die Flächenimpfung bedarf, weil die einzelnen Pocken sehr dicht an einander gedrängt werden, nicht eines so grossen Raumes am Bauche des Kalbes, wie die anderen Methoden. Zwischen den Hinterbeinen, um das Scrotum herum, am Scrotum selbst und höchstens noch auf der Fläche bis zum Nabel hin, werden mit einer Scheere oder einer kleinen Scheermaschine (donteuse) zunächst die Haare oberflächlich entfernt; dann wird rasirt und die Stelle nebst Umgebung von Schmutz und vor allen Dingen auch von anhaftender Seife gründlich gereinigt.

Als anzulegende Flächen wählt man sich die Stellen aus, welche eine Berührung mit gegenüberstehenden Haaren nicht zu erleiden haben. Form und Grösse der Impfflächen passt man am besten den Stellen an, die am saubersten rasirt sind. Die Innenfläche der Schenkel, das Scrotum und die Stellen zu beiden Seiten der linea alba sind im Allgemeinen die geeignetsten. Es ist nur darauf zu sehen, dass beim Impfen die Haut an diesen Theilen durch passende Befestigung des Thieres sich in einem Zustand starker Spannung befinde, damit die gemachten Schnitte leicht klaffen und die Lymphe um so besser eingerieben werden kann. Jedenfalls ist bei männlichen Thieren das Scrotum die vorzüglichst geeignete Stelle.

Zur Aufnahme des Impfstoffes wird zunächst nur eine ca. 3 bis 4 □cm grosse Fläche durch feine Kreuzschnitte präparirt. Diese Schraffirung geschieht entweder mittelst einer scharfen Lanzette oder mittelst des 3—4klingigen Scalpells, welches verschiedene Winkelstellungen der Klingen zum Hefte zulässt (siehe Fig. 13). Die Schnitte dürfen nicht zu flach sein; eine etwa stärkere Blutung schadet nicht. Nachdem man das Blut beseitigt hat, bläst man die Impfröhrchen direkt auf die präparirte Stelle und reibt dieselbe sorgfältigst mit einem Knochenstäbchen oder mit den Seitenflächen der Lanzette ein. Alsdann wird mit der Vergrösserung der Impffläche fortgefahren.

Längs des Randes der Impffläche inserirt man mittelst einer kleinen Schabstelle oder mittelst kleiner Kreuzschnittchen eine Reihe isolirter Impfstellen, aus deren Beschaffenheit man später die regelrechte oder abortive Entwickelung der Vaccine innerhalb der Fläche leicht abschätzen kann.

Der Verlauf der auf solchen Flächen cultivirten Vaccine ist ein ungemein regelmässiger. Schon nach 30 Stunden lässt sich beurtheilen, ob die stattgehabte Inoculation Erfolg haben wird; es findet sich zu dieser Zeit schon eine leichte Röthung mit einzelnen energischer gefärbten Punkten auf der Fläche angedeutet. Am dritten Tage ist die Fläche gleichartig mit Knötchen und deren concentrischer Randröthe besetzt. Die Reifung der Knötchen, durch das Erscheinen perlglänzender, genabelter Bläschen charakterisirt, beginnt am vierten Tage und ist nach viermal 24 Stunden ziemlich gleichmässig für die ganze Fläche vorgeschrittten.

Jetzt ist die Zeit zum Abimpfen bereits gekommen. Die Bläschen enthalten freilich noch wenig flüssigen Inhalt, und ist man dementsprechend fast nur auf die halbflüssige Pockensubstanz selbst angewiesen. Reine, wasserhelle Lymphe lässt sich in reichlicher Menge erst nach fünf- bis sechsmal 24 Stunden sammeln; doch ist man von der ausschliesslichen Verwendung dieses Serums, welches bisher die animale Impfung so sehr diskreditirt hat, abgekommen. Das Serum enthält nur wenig wirksamen Stoff und ist, auf Haarröhrchen gefüllt, nach kurzer Zeit sicher wirkungslos geworden. Dem anderen Extrem, nur am vierten Tage abzuimpfen und auf die Verwendung des flüssigen Transsudats ganz zu verzichten, huldigen wir jedoch auch nicht, da die Dauerhaftigkeit einer Lymphconserve durch Beimischung von etwas Serum nicht beeinträchtigt wird.

Rücksichtlich der A b n a h m e d e s I m p f s t o f f e s verdient die Flächenimpfung den Vorzug vor den bisher üblichen Methoden. Es fällt die Nothwendigkeit fort, jede der 60—100 Einzelpocken an ihrer untern Peripherie mit einer Klemmpincette zu fassen, ehe die Pockensubstanz mit der Lanzette abgeschabt wird; ebenso der Verlust an Impfstoff zwischen den Branchen der Klemmpincette, und es ist das ganze Geschäft reinlicher, weniger umständlich und zeitraubend, auch für das Thier weniger schmerzhaft.

Bei der Abimpfung der Flächen wird mit einer gründlichen Reinigung des Bauches begonnen. Mittelst lauwarmen Wassers wird zunächst der oberflächliche Schmutz entfernt. Alsdann wird die den Impfflächen selbst anhaftende, gelbliche Kruste erweicht und vorsichtig mit Watte und in den Hautfalten mit einem stumpfen Spatel oder Stäbchen abgenommen, bis die Impffläche rein, die Knötchen röthlich und die Bläschen perlglänzend erscheinen. Nun beginnt man, mit einem scharfen Löffel oder mit einer scharfen

Lanzette die Epidermis abhzueben und den abgeschabten Brei in einem Uhrglase zu sammeln. Der auf der Fläche sich zeigende feuchte Glanz des ausschwitzenden Serums wird immer wieder aufgenommen, bis das Corium dunkelroth und trocken erscheint. Durch Benetzen der Fläche mit wenig Wasser (oder für bestimmte Lympheconserven mit Glycerin) und durch energisches Schaben mittelst des Spatels kann in Zeit von $^1/_2$—1 Stunde das Abimpfen der Pockensubstanz beendet sein. Man erhält bei Gebrauch von Wasser und Glycerin einen trüben, dünnflüssigen Brei, bei zarter Haut des Kalbes mit Blut gemischt. Die gesammte Masse erfährt nun noch eine innige Mischung in einem Mörser zu möglichst gleichmässiger Vertheilung der festen und flüssigen Bestandtheile und ist alsdann für sofortige Verimpfung, event. auch für die Conservirung in trockener oder flüssiger Form, vorgerichtet.

Auch die gelblichen Krusten enthalten wirksamen Stoff und werden z. B. von Hager-Magdeburg, Warlomont-Brüssel, Quist-Helsingfors u. A. mit verwendet.

36. Die Conservirung des Impfstoffes.

Frische Lymphe, vom Kind oder vom Kalbe direkt übertragen, ist immer am wirksamsten, und wurde bis vor kurzer Zeit von den Impfärzten allein diese Impfmethode als die richtige anerkannt.

Alle bisher geübten Methoden, die Lymphe auf längere Zeit hinaus zu conserviren, haben sich nur in Ausnahmsfällen als zuverlässig erwiesen. Für kürzere Termine gibt es verschiedene gute Methoden; eine Aufbewahrung vom Herbst bis zum nächsten Frühjahr ist aber stets eine Glückssache, wenngleich Ceely berichtet, dass er in Capillaren kühl aufbewahrte Lymphe nach 3 bis zu $7^1/_2$ Jahren noch wirksam befunden habe. Die Praxis hat sich durch die Errichtung von Centralimpfinstituten geholfen, in denen auch während des Verlaufs des Winters eine öftere Auffrischung der Lymphe statt hat.

Zweck einer jeden Conservirung ist einmal, die Keime möglichst lange am Leben, und ferner, dieselben frei zu erhalten von allen fremden Beimischungen, welche beim Uebertritt ins Blut schädlich sind, — also Fernhaltung von Fäulniss und deren Folgen: Entzündung, Phlegmone, Erysipelas und Abscess. Ziemlich sicher lassen sich nur septische Vergiftungen ausschliessen.

Die Conservirung der humanisirten Lymphe.

Die humanisirte Lymphe hat, in trockener oder flüssiger Form aufbewahrt, immer eine grössere Tenacität als animaler Stoff. Sie haftet ebenfalls leichter und lässt sich desshalb auch mittelst Stichs überimpfen, während animaler Stoff einer grösseren, durch Schnitt hergestellten Contactfläche bedarf. — Die in einem Uhrgläschen thunlichst ausgebreitete Lymphe trocknet sehr rasch ein, und der Rückstand gibt eine vorzügliche Conserve. Verfasser hat im April d. J. so gewonnenes Pulver, von Dr. Feiler in Berlin im Jahr 1876 gesammelt, mit vollständigem Erfolg verimpft.

Frische, flüssige Kinderlymphe trübt sich bei ungehindertem Luftzutritt in 6—12 Stunden mit wolkenartigen Flocken und ist, wenn sie nicht rasch eintrocknet, nach 1—2 Tagen wirkungslos. Soweit die jetzige Erfahrung reicht, wird die Vaccine durch möglichste Sauberkeit beim Sammeln, durch rasche Austrocknung oder Mischung mit Glycerin, durch Abhaltung von Luft und Licht und durch kühle Temperatur thunlichst lebenskräftig erhalten.

Zu Jenner's Zeiten war die üblichste Conservirung noch dieselbe, welche von den Inoculatoren zur künstlichen Uebertragung der Variola benutzt wurde — die auf Leinenfäden. Aus den Vaccinepusteln des 6.—8. Tages wurde die flüssige Lymphe von solchen Fäden aufgesaugt, und diese Fäden wurden nach dem Trocknen in kleinen Gläschen im Dunkeln aufbewahrt. Für längere Conservirung wurden die Gläschen mit Wasserstoffgas gefüllt. — Bei der Impfung selbst wurde ein kleines Ende von mehreren zusammengedrehten Fäden abgeschnitten und in dem Impfschnitt mittelst Pflasters oder Binde befestigt.

Neben den Fäden waren Lanzetten und Nadeln aus Gold, Silber, Elfenbein u. dergl. in Gebrauch, auch Dornen von stacheligen Gewächsen. In seltenen Fällen wurde das Pulver getrockneter Vaccineschorfe auf kleine Vesicatorflächen mit Pflaster aufgelegt. Kleine Röhrchen und Fläschchen zum Sammeln der Lymphe aus mehreren Pusteln hat schon Sacco benutzt. Haarröhrchen sind sehr bald, die gebauchten Capillaren durch Bretonneau seit 1810 in Gebrauch gekommen. Die hie und da noch erhaltenen Impfetuis, z. B. das von Dr. Bremer im Berliner Impfinstitut, geben lehrreiche Anhaltspunkte für die historische Entwickelung der Conservirungsmethoden.

Conservirende Zusätze sind in allgemeinem Gebrauch, seitdem

Geh. Med.-Rath Müller in Berlin [48] im Jahre 1866 die Glycerinlymphe beschrieben hat.

Die Glycerinlymphe ist in dem Berliner Impfinstitut zuerst von Dr. Feiler eingeführt und von Dr. Müller [48] äusserst günstig beurtheilt worden. Die Methode von Dr. Feiler ist die folgende:

Die Impfpusteln werden, an jedem Arme je 4, durch Querschnittchen erzeugt. Das Oeffnen geschieht durch seitliche, seichte Einstiche mit der Impfnadel (Fig. 2). Die ausschwitzende Lymphe wird mit einer stumpfkantigen Haferkornlanzette abgeschöpft und in einem Uhrgläschen gesammelt. Wenn von verschiedenen Kindern die genügende Menge gesammelt ist, wird Glycerin im Verhältniss von 1:1 und 1:2 zugesetzt. Etwaige Gerinnsel werden mit einem feinen Haarpinsel herausgefischt. Das Sammeln erfolgt aus dem Uhrglase entweder in kleinen Fläschchen mit Korkstöpsel oder direkt in Haarröhrchen kleinen Kalibers. Die Haarröhrchen werden mit feinem Siegellack geschlossen und in Pappschachteln im Zimmer aufbewahrt. — Zur Verwendung kommt immer nur die frischeste Lymphe. Bei stärkerem Bedarf wird auf ältere Reste zurückgegriffen. — In dem Vorrath des von Dr. Feiler geleiteten Impfinstitutes findet sich Stoff in Gläschen und Capillaren, bis zu 15 Jahren alt, im äusseren Ansehen ganz unverändert, ohne jede Spur von Fäulniss. Auch die bis zu 10 Jahren alte Lymphe gibt noch guten Impferfolg.

Die in Berlin mit dieser Conserve errungenen Resultate sind die besten, die man wünschen kann. Jeder Schnitt gibt eine Pustel. Da ausserdem in Berlin bei Hunderttausenden von Impfungen keine Störungen vorgekommen sind, wird für den jetzigen Leiter der Anstalt ein Grund, diese vorzügliche Methode zu verlassen, nicht vorliegen. Die andern Methoden geben auch in den besten Händen keine besseren Resultate.

Die absolute Sicherheit des Erfolges, wie sie im Institut Feilers erreicht wird, besteht nicht überall, wohl desshalb, weil nicht überall nach dessen Methode dieselbe peinliche und saubere Sammlung der Lymphe statt hat. Von einigen Impfärzten ist sein Verfahren in einigen Einzelheiten, je nach dem individuellen Geschmack, abgeändert worden. So wird statt der stumpfen Lanzette zum Abnehmen der Lymphe ein Pinsel benutzt. Der Pinsel aber sammelt Unreinlichkeiten; auch wird die Lymphe durch Pinselhaare verunreinigt. Weil ferner die Mischung und Verdünnung der Lymphe mit Glycerin beim Füllen der Röhrchen Schwierigkeiten hat und oft auch das gewonnene Quantum an Lymphe nicht so viel beträgt, dass eine Mischung im Uhrglase möglich ist; so füllen Einige die Röhrchen direkt an der Impfpustel und blasen den Inhalt in ein kleines Glas, wie solche zur Dispensirung homöopathischer Streukügelchen in Gebrauch sind. Der Zusatz von reinem Glycerin oder von Glycerinwasser wird dann ebenfalls durch Capillarröhrchen bewirkt, indem auf jedes Lymphröhrchen 4 Glycerinröhrchen zugesetzt werden. Andere verdünnen auch die ausfliessende Lymphe auf der Impfpustel direkt und nehmen dieselbe in ein Gläschen durch Anhalten an den Rand der Pustel auf.

Die besonderen Sammelapparate (siehe Abschnitt: Impfinstrumente) sind, da sie kaum zu reinigen sind, nicht zu empfehlen.

Mit der Verwendung der aus den Pusteln verschiedener Kinder in dasselbe Gläschen gesammelten Lymphe, also der sogenannten Mischlymphe, sind verschiedene Missstände verbunden.

Neuer Vorrath mit entsprechendem Glycerinzusatz kommt in das alte Fläschchen, und bei einzelnen Impfärzten ist auf diese Weise dasselbe Gläschen verschiedene Jahre in ständigem Gebrauche gewesen. Eine Bezeichnung des Ursprunges der zum Impfen verwendeten Lymphe bleibt bei diesem Verfahren ausgeschlossen; alle Garantie für Güte bei Unglücksfällen fehlt, und es ist die Verurtheilung des Impfarztes eine unausbleibliche Folge.

Schenk-Alzey verbindet mit dem Glycerin noch etwas Natr. sulf. cryst. (oder subsulf.?) (0,2 g auf 10 g Glycerin) und setzt solches Glycerin der Lymphe in dem Verhältniss von $^1/_3$—1:1 zu. Haarröhrchen waren nach einem Jahr noch klar, ohne Flocken und impfkräftig.

Thymollymphe (1 Theil Kinderlymphe mit 1 Theil einer 1% wässrigen Thymollösung gemischt) ist, in kleinen Capillaren aufbewahrt, von Risel und anderen Impfärzten noch nach 26 Monaten mit regelmässigem Erfolge angewendet worden. Auch bei stärkerem Zusatze (1 Lymphe : 2 Thymolwasser) war der Erfolg nach 6—8 Wochen noch befriedigend. Nach Risel hat die Thymollymphe einen etwas langsameren Verlauf als einfache Glycerinlymphe und gleicht mehr dem animalen Stoff, was vielleicht darauf zu beziehen ist, dass durch den Thymolzusatz eine bessere Reinzüchtung erreicht wird.

Pott [79] hat seit 1881 die Versuche mit sogenannter aseptischer Vaccinelymphe wieder aufgenommen und ist zu folgenden Resultaten gelangt:

Frische, d. h. bis zu 4 Wochen alte Lymphe, welche mit der gleichen Menge von dreiprocentigem Carbolwasser oder von

1/3% Salicylsäurewasser oder von 3,5% Borwasser oder von 2% Thymollösung versetzt wird, giebt so ziemlich dieselben Erfolge wie unverdünnte Lymphe; die localen, wie die Allgemeinerscheinungen sind die gleichen.

Steigt man aber mit dem Zusatz, indem man z. B. fünfprocentiges Carbolwasser anwendet, so vernichtet man die Wirksamkeit der Lymphe.

Die Hoffnung, durch aseptische Zusätze die Haltbarkeit zu erhöhen, ist eine trügerische.

Ueber die Füllung der Haarröhrchen siehe pag. 140.

Die Versendung in überseeische Länder geschieht jetzt der Art, dass nur Capillaren, frisch gefüllt, zugeschmolzen und in Glycerinfläschchen verpackt, in Blechkästchen mit Sand, Kohle oder Salz gelagert werden. Die Blechkästchen werden verlöthet und zur Vermeidung von Erschütterungen im Schiffe an Schnüren aufgehängt. Nach Mazaé Azéma [80] ist die beste Zeit zum Absenden im April, Mai, September und October, da im Januar und Februar am Aequator die grösste Hitze herrscht und die Lymphe um diese Zeit, wie auch im Juli und August, nicht unterwegs sein soll.

Kleine weisse Gerinnsel im Bauche der Röhrchen sind kein Beweis für die Unwirksamkeit der Lymphe. Auch die an den Enden zuweilen sich findenden Pilzpfröpfchen sind nicht immer Zeichen der Verderbniss. Schwefelwasserstoffgeruch dagegen schliesst selbstverständlich den Gebrauch aus.

Die Conservirung der animalen Lymphe.

1. Die Conservirung auf Elfenbein- und Knochenspateln.

Die Spitze der Spateln wird auf den geöffneten Pocken mit der ausschwitzenden Lymphe genetzt, und wird, immer nach dem Antrocknen, diese Manipulation noch einigemal wiederholt. Auch die zubereitete Pustelmasse (siehe pag. 138) lässt sich auf solche Stäbchen vertheilen und die Trocknung derselben auf künstliche Weise bewirken. Die Aufbewahrung der trockenen Stäbchen erfolgt in Wachspapier, in gut verschlossenen Gläsern oder Blechbüchsen an einem infectionsfreien, kühlen Orte, z. B. im Keller in einer mit Sand, Kohlenpulver u. dergl. gefüllten Blechschachtel.

2. Die Conservirung der ausgeschnittenen Kälberpocken, jetzt nur noch in Italien in Gebrauch, geschieht in

kleinen Fläschchen, welche in einer Büchse mit Holzkohle aufbewahrt werden. Oder man legt die Pocke auf eine Glasplatte, kittet darüber ein kleines Uhrglas mit Leim oder Wachs fest und hebt die Platte zwischen Holzkohle auf. Frapoli und Verardini haben die ausgeschnittenen Pocken unter der Luftpumpe zu trocknen mit gutem Erfolg versucht. — In späterer Zeit hat man in Italien die Conservirung der Pusteln in Glycerin eingeführt. — Für den Gebrauch lässt man das Glycerin an der herausgenommenen Pocke abtropfen, öffnet die Epidermisschicht, schabt den Pockeninhalt aus und verimpft den gewonnenen Lymphebrei.

3. Die Conservirung in Brei- oder Pastenform, ebenfalls in Italien geübt, ist eine Modification der vorigen Methode. Die mit einer Serviette abgewischten und dann ausgeschnittenen Pocken werden ausgeschabt, und die Masse unter Zusatz von wenig Glycerin zu einer homogenen Paste verrieben. (Auch Zusatz von Amylum, Altheewurzelpulver und ähnliche indifferente Zusätze sind in Gebrauch, z. B. bei Warlomont-Brüssel, Fischer-Pforzheim und wohl auch in den meisten Privatinstituten). Dieser Stoff wird in kleine Fläschchen gefüllt und bis zum Stöpsel noch mit Glycerin übergossen, um die Luft gänzlich abzuschliessen. Er kommt von Mailand aus auch in je zwei Federkielen zur Versendung. Das weitere Federspulenstück wird über das engere hinübergeschoben und die Enden mit Siegellack verschlossen. Durch Apotheker Aehle in Burg an der Wupper ist diese krümelige Paste in Deutschland eingeführt worden; der Preis stellt sich für Stoff zu ca. 20 Impfungen auf 2,50 M., also auf 10—12 Pfennige für die Einzelimpfung.

Auch zwischen Glasplatten, die am Rande mit Wachs oder Lack verklebt werden, wird die Versendung dieser fast trockenen Paste und zwar, z. B. von Apotheker Sauter in Genf, bewerkstelligt zum Preise von 3 Mark für eine Platte zu 3 Impfungen, von 20 Mark für einen Flacon, genügend zu 40—50 Impfungen.

Eine dünnflüssige, nicht trockenbare Paste erhält man durch das Ausschaben unter Anwendung von Glycerinwasser. Für kurze Zeit kann diese Paste direct in kleinen Gläschen conservirt werden, und sind die meisten Impfungen im Impfbezirke Weimar in den letzten Jahren aus solchen Fläschchen erfolgt. Zum Schutz gegen die Luft kommen in die Gläschen, gleichsam als Stöpsel, noch einige Tropfen Glycerin, welche den Korkstöpsel berühren. Die Verimpfung dieser Paste ist eine sehr ökonomische. Unsere Erfahrungen mit dieser Impfpaste sind noch nicht alt genug, so dass wir kein Urtheil darüber abgeben können, wie lange man dieselbe conserviren darf, ohne Fäulniss befürchten zu müssen. Einzelne Probefläschchen vom Sommer 1882 sind jetzt noch ohne Geruch.

Das Abfüllen der mit Glycerinwasser bis zur Dünnflüssigkeit gebrachten Paste auf grosse Capillaren bietet eine fast absolut sichere Haltbarkeit für 3—12 Wochen und vielleicht noch länger. Leider ist das Aussehen solcher Paste ein unangenehmes, und wird deshalb jetzt noch von manchen Impfärzten diese Conserve zurückgewiesen.

Dr. Risel in Halle gewann (nach Mittheilungen auf der Frühjahrsversammlung [1883] des Merseburger-Anhaltiner Aerztevereins) von zwei je 40—45 □cm grossen Flächen gegen 440 dicke Capillaren solcher dünnflüssigen Emulsion. Jedes dieser Röhrchen enthielt reichlichen Stoff zu 4 Impfungen (bis zu 10 sind möglich); demnach würde das Ergebniss auf mindestens 1700—1800 Lymphe-portionen zu berechnen sein. Der Impferfolg mit dieser Emulsion war noch nach 4 Monaten ein zufriedenstellender.

Verfasser verwendet nur solche dünnflüssige Lymphe.

4. Die Conservirung der Kälberlymphe in flüssiger Form.

Aus den mittelst Stichs oder Schnittes am Kalbe angelegten Impfpocken lässt sich durch Anwendung der Quetschpincette die Lymphe sehr leicht in Gestalt von Tropfen herauspressen. Diese Flüssigkeit enthält so reichlich Fibrin, dass sich sehr bald ein Gerinnsel bildet, welches den nur spärlich aus dem Pockenboden mitgenommenen Infectionsträger mehr oder weniger vollständig einschliesst. Solche flüssige Lymphe lässt sich in Capillaren sammeln. Aber auch mit Benutzung einer feinen Borste gelingt es nicht, die Röhrchen wieder auszublasen. Die Wirkung dieser in Haarröhrchen unvermischt conservirten Lymphe ist immer eine sehr unzuverlässige, und Warlomont sagte 1866 in Bezug hierauf: »les tubes seront le tombeau de la vaccination animale«.

Warlomont hat deshalb die sogenannte »Defibrinirung« vorgenommen. Die ausquellenden Tropfen werden mit weiteren Haarröhrchen aufgenommen; diese werden hierauf sämmtlich in ein Schälchen ausgeblasen, der Inhalt gemischt, von den gröberen Fibringerinnseln befreit und alsdann frisch auf kleinere Haarröhrchen gefüllt. Das Ausblasen der letzteren ist nun leichter, aber es ist auch der Lymphe ein Theil der wirksameren Bestandtheile entzogen und derartige Lymphe zersetzt sich rasch.

Pissin's Glycerinextract. Pissin rechnet auf je 8—10

Pocken von ca. 1½ cm Länge 8—10 Tropfen Glycerinwasser (Glycerin 50, Wasser 50, Salicylsäure 0,5). Die Mischung von Glycerinwasser und Pockensubstanz geschieht in verschiedenen Uhrgläschen durch energisches Reiben mit der Lanzette oder einem Spatel. Nach einigen Stunden lässt man an dem schräg gehaltenen Uhrglas einige Röhrchen saugen (s. pag. 100). Ist die Lymphe bis auf 1½ cm vom freien Röhrchenende entfernt angesogen, so wird das betreffende Röhrchen fortgenommen und etwas gesenkt, bis einige Millimeter des Endes, an welchem die Lymphe angesogen wurde, frei geworden sind. Dann wird das erstere, nicht mit Lymphe benetzte Ende zugeschmolzen und das Röhrchen zum Abkühlen bei Seite gelegt; infolge des Kaltwerdens zieht sich die Lymphe mehr nach dem zugeschmolzenen Ende hin. Durch Abreiben mit einem feuchten Tuche wird auch das andere Ende zum Zuschmelzen vorbereitet. An Stelle dieser Art des Verschlusses, welche leicht die nächstliegende Lymphe zur Coagulation bringt, leistet auch der mit Lack ganz gute Dienste. Jedenfalls empfiehlt es sich, das von Lymphe noch nicht berührte Ende des Röhrchens zuzuschmelzen. — Filtriren der gesammten Emulsion durch Watte oder Schlackenwolle gibt ein sehr klares, aber bezüglich der Haftung unsicheres Extrakt.

Statt der Verreibung in Uhrgläsern kann man die Pockensubstanz auch durch energisches Schütteln mit Glycerinwasser in einem Reagenzglas auslaugen und nach längerem Stehenlassen (1—2 Tage) die oben sich abscheidende, klare Flüssigkeit auf Röhrchen füllen. Auch der zurückbleibende Bodensatz gibt immer noch einen sehr energisch wirkenden Impfstoff ab.

Nach dieser Methode hat Pissin im Jahre 1882 von 18 Kälbern mit je 70 Pocken, also von 1260 Pocken den Stoff zu 12 679 Impfungen gewonnen, und berechnete Pissin die Herstellungskosten für 100 Lympheportionen auf 6 Mark.

5. Die Conservirung in Pulverform hat neuerdings eine grosse Bedeutung erlangt, seitdem durch Med.-Rath Reissner in Darmstadt in den letzten beiden Jahren die sämmtlichen Impfungen im Grossherzogthum Hessen mittelst eines von ihm gelieferten Impfpulvers durchgeführt worden sind.

Die Impfung der Kälber geschieht in Darmstadt mit einfachen Querschnitten, 10—20 cm lang und 1½ cm von einander entfernt. Nach 4—4½mal 24 Stunden wird mittelst eines scharfen, metallenen Löffels von den langen strichförmigen Pocken die Decke bis auf das blutige Corium abgenommen, nicht aber die etwa noch nachsickernde Lymphe. Die gewonnene, käsige und ziemlich stark mit Blut gemischte Masse wird auf mikroskopischen Objektträgern ausgebreitet und sofort in einem Schwefelsäureexsiccator aufbewahrt. Nach einigen Tagen ist die Masse getrocknet; sie lässt sich in einem Achatmörser pulverisiren und ist nach dem Durchsieben durch ein Stückchen Mull, welches über eine Metallkapsel gespannt ist, zum Versenden und Verimpfen fertig. Das Pulver wird in vorher ausgeglühten Gläschen verschickt. Eine gut erbsengrosse Menge stellt ca. 50 Portionen dar. Zum Gebrauche wird der Stoff mit etwas Wasser auf einem Uhrglase erweicht. Es genügt 1 ccm Impfpulver für 500 Impfungen. In der Zeit vom 1. April bis 21. Mai 1883 sind von 33 Kälbern 42 ccm = 21 000 Portionen Impfpulver gewonnen worden. Im Laufe des Sommers 1883 sollen von 150 Kälbern gegen 80 000 Portionen gewonnen und an die Impfärzte meist in Sendungen von je 500—1000 Portionen abgegeben worden sein.

Die obligatorische und somit ausschliessliche Verwendung von animaler Lymphe in Pulverform soll im Jahre 1883 im Grossherzogthum Hessen gut durchführbar gewesen sein. Im Jahre 1882 aber sollen die Erfolge von der verschickten Lymphe nicht besonders befriedigt haben, wenngleich R. selbst einen besseren Erfolg hatte, und zwar

bei Erstimpfungen:	98,6%	der Impfungen,	66,3%	der Impfschnitte,
» Revaccinationen:	89,5 »	» »	43 »	» »

Seitdem der ursprüngliche Plan, einen echten Cowpoxstamm rein von Kalb zu Kalb fortzuzüchten, aufgegeben worden und ausschliesslich Kinderlymphe für die Thierimpfungen benutzt worden ist, soll der Erfolg ein constanterer und auch die Qualität eine bessere geworden sein, indem 1883 nur wenige Ersatzsendungen sich nöthig gemacht haben. So ist thatsächlich der 1882 versuchte Plan Reissner's im laufenden Jahre durchgeführt worden.

Der Kostenaufwand erhellt aus folgenden Angaben: Miethe für jedes der aus Norddeutschland bezogenen Kälber 23 M.; Verpflegung 12 M. und Nebenkosten 5 M., Sa. 40 M. pro Kalb. Die Kälber werden nicht geschlachtet, sondern zur Aufzucht weiter verkauft. Während der Hauptimpfzeit sind bis zu 10 Kälber auf einmal eingestellt gewesen.

Für längere Aufbewahrung sichert allein diese Methode vor der Gefahr septischer Veränderungen, doch stehen die Schwierigkeit der Abgabe kleinerer Impfmengen und die Umständlichkeit der Bereitung zum Impfen der rascheren Einführung z. Z. bei uns noch hindernd im Wege.

6. Neuere Impfresultate bei der Verwendung von conservirtem animalen Stoff. —

Rücksichtlich des Impferfolges besteht zwischen humanisirtem und animalem Stoff heute, wenn überhaupt noch, dann doch nur ein geringer Unterschied Der früher allgemein gehörte Vorwurf, betreffend das schlechte Haften des animalen Stoffes, verstummt mehr und mehr, seitdem die Impfärzte sich mit den Eigenthümlichkeiten des animalen Stoffes eingehender bekannt gemacht haben. Zuzugeben ist, dass die in den heissen Monaten cultivirte Kälberlymphe, besonders nach Conservirung und Versendung, nicht die Haltbarkeit hat, wie die reine oder mit Glycerin versetzte Kinderlymphe. Im Allgemeinen kann man jedoch auf eine Haltbarkeit von 4—8 Wochen rechnen. Heute besteht der Hauptübelstand bei der Verwendung des animalen Stoffes fast nur darin, dass von Seiten der Impfärzte der animale Stoff noch immer so behandelt wird, wie die Kinderlymphe. Es muss z. B. beim Gebrauche getrockneter und flüssiger Kälberlymphe die Verimpfung mit Stich ganz verlassen, es muss ferner die Kälberlymphe viel sorgfältiger zur Verimpfung präparirt und geradezu pedantisch eingerieben werden. Von diesen Gesichtspunkten aus sind auch die verschiedenen Erfolge, welche einzelne Impfärzte mit dem gleichen animalen Stoff erzielen, zu beurtheilen.

Die aus Italien vorliegenden Berichte eignen sich besonders dazu, über die Ergebnisse der Impfungen mit animalem und mit humanisirtem Stoff Vergleiche anzustellen, weil die italienischen Aerzte bezüglich der Verwendung der Kälberlymphe schon längst über das Stadium des Experimentes hinweg sind, in welchem die Mehrzahl der Impfärzte in Deutschland sich noch befindet. Die Verwendung des Pockenbodens, in Holland, wie oben erwähnt, erst seit 1872 wieder aufgenommen und von da aus von den jüngeren Instituten für Gewinnung des animalen Stoffes adoptirt, ist der in Italien geübten neapolitanischen Methode schon seit vielen Decennien eigenthümlich.

Ciaudio (Du vaccin de Génisse, Paris 1882) giebt einen Auszug aus den Impfberichten der DDr. Antoine Trezzi (1870 und 71), Biffi (1875) und des Mailänder Comités für animale Impfung von 1870, 1873 und 1875. Darnach stellte sich bei Erstimpfungen folgendes Resultat heraus:

	1871.	1872.	1873.	1874.
Es hatte humanisirter Stoff	98,66,	99,66,	99,72,	96,78% ;
animaler Stoff	97,26,	96,04,	98,08,	97,83% Impf-

erfolge.

Bei Revaccinationen verhält sich nach den Erfahrungen der DDr. Fantonelli, Managra und des Mailänder Comités der Erfolg des animalen Stoffes zu dem der Kinderlymphe wie 4 : 5.

Alle italienischen Impfstationen erreichten in der Zeit von 1863—1879 bei 115 920 Impfungen überhaupt 91,95%, darunter Venedig von 1874—1876 99,2%, Mailand von 1875—1877 99,7% und 1878 99,8% Erfolge.

Carsten berichtet von den holländischen Stationen für 1880 bei 10 306 Impfungen 31 Misserfolge und nach einer anderen Zusammenstellung auf 61000 Impfstellen nur 720 mal ungenügende Entwickelung der Pusteln. Warlomont in Brüssel hatte 1877 mit seinen Elfenbeinspateln bei Erstimpfungen 96%, bei Revaccinationen 62% Erfolg. In Leipzig erreichte man 1880—1882 nahezu 100% und in Würzburg 1882 100%.

Was die einzelnen Arten der animalen Vaccine anbelangt, so hatte

Voigt in Hamburg 98,7% mit Lymphe direct vom Kalb und mit Platten-Lymphe,

Pfeiffer in Weimar 97,3—99,8% mit Stäbchenlymphe, und seit 1882 mit Emulsion,

Reissner in Darmstadt 98,6% mit seinem Trockenpräparat,

Pissin in Berlin 98,3% mit Glycerinauszug,

Hay in Wien 98% mit Lymphe direct vom Kalb und mit Stäbchenlymphe.

Risel-Halle hatte bei Verwendung von dickflüssiger Glycerinconserve, in cylindrischen Capillaren aufbewahrt und in einem Alter von bis zu 111 Tagen verimpft: 97,8% personellen und 83,4% Schnitterfolg.

Chalibäus in Dresden verzeichnete 1883 auf 2560 Vaccinationen nur 1 Misserfolg, auf 2553 Revaccinationen nur 135 = 5,3% bei Verwendung von flüssig in Capillaren aufbewahrtem Impfstoff, der 140 bis 250 Tage alt war.

Woher es kommt, dass die Lymphe der einzelnen Kälber nicht gleichwerthig ist, darüber liegen noch wenig Erfahrungen vor. Der in kühlen Monaten auf Kälbern ohne Diarrhoe gezüchtete Stoff ist entschieden haltbarer als der im heissen Sommer frühzeitiger reif gewordene. Auch die Conservirung im Eisschrank oder bei einer Temperatur über 18° hat Einfluss auf die Güte der Kälberlymphe.

Anweisung zum Gebrauche der conservirten animalen Lymphe.

I. Der auf Stäbchen oder Platten angetrockneten Kälberlymphe. Auf jede Impfung (4—8 Schnitte) werden 2 Stäbchen gerechnet, event. $^1/_4$—$^1/_6$ des Inhaltes eines Plattenpaares. Die Stäbchen sind möglichst rasch nach dem Eintreffen zu verbrauchen, da in heisser Sommerzeit nach 2 bis 3 Tagen der Erfolg zweifelhaft ist. Vor der Impfung ist die Lymphe an den Stäbchen sorgfältig durch Eintauchen in destillirtes Wasser und 2—3 Minuten fortzusetzendes Reiben der Stäbchen aneinander zu erweichen. Die Impfung selbst geschieht mittelst eines seichten Schnittes, 1 cm lang, oder mittelst 3—4 kleinerer Parallelschnittchen, und ist beim nachträglichen Einreiben des Stoffes mittelst der Stäbchen darauf zu sehen, dass die Wundränder durch die spannende linke Hand des Impfarztes möglichst klaffen. Von den Platten ist ebenso die jeweilig nöthige Menge erst durch Zusatz von Wasser oder Glycerin zu einer milchigen Flüssigkeit anzureiben.

II. Die in Capillarröhren oder in kleinen Grammgläschen zur Versendung kommenden Glycerinemulsion des Pockenbodens. Für jede anzulegende Impfpocke wird zunächst mit dem reinen Messer ein einfacher, 1 cm langer, seichter Schnitt gemacht. In diesen Schnitt wird, nachdem derselbe mit den Fingern der linken Hand auseinander gezogen ist, das nun mit Lymphe versehene Messer mit der Schneide wiederholt eingedrückt; alsdann lässt man mit der Spannung nach, und es schliessen die Ränder der Schnittwunde von selbst die Lymphe in sich ein. (Piza-Hamburg [83] empfiehlt kleine Schabstellen; siehe pag. 152).

III. Für die in Pastenform conservirte Kälberlymphe ist eine vorherige Verdünnung mit Wasser oder Glycerin nöthig. Die Anwendung ist alsdann wie bei II.

IV. Das Pulver wird auf einem Uhrglase mit einem gleichen oder wenig grösseren Quantum einer Mischung von Glycerinum purum und Aqua destillata, nach Hager in Magdeburg mit Sublimatwasser (1 : 1000) soweit, bis alle Partikelchen Flüssigkeit angenommen haben, verrührt und danach zum vollständigen Aufquellen etwa fünf Minuten lang ruhig hingestellt. Jedem Impfling wird dann eine höchstens stecknadelkopfgrosse Portion der gequollenen Masse in die möglichst unblutig angelegten Impfschnitte mit einem Impfspatel derb eingerieben.

37. Obligatorische oder facultative Einführung der animalen Impfung?

Die grosse Bedeutung, welche die animale Lymphe für die Durchführung des Impfgeschäftes sich in wenigen Jahren errungen hat, ist aus dem officiellen Bericht des sächsischen Ministeriums über die Impfungen des Jahres 1882 ersichtlich. Während im Königreich Sachsen im Jahre 1878 nur 2—3% der Erstimpfungen mit Thierlymphe ausgeführt wurden, steigt die Verwendung des animalen Stoffes auf 8% im Jahre 1881 und auf 17,23% = 14 368 im Jahre 1882; in den grösseren Städten, z. B. in Leipzig auf 92%, in Dresden auf 40%; im Bezirk Zittau auf 27,5%. Während früher die Thierlymphe meist in den betreffenden Bezirken von den Impfärzten selbst gezüchtet wurde, macht sich jetzt immer mehr der Bezug derselben aus besonderen grösseren Lympheerzeugungsanstalten geltend. In Sachsen wird meist die auf Platten und Stäbchen angetrocknete Kälberlymphe verwendet.

Bei dem Gebrauch von humanisirter Lymphe wurde (1882!) die direkte Uebertragung von Arm zu Arm immer seltener (30,84%); humanisirte Glycerinlymphe wurde in 25,16%, Stäbchen und Platten in 44% der Fälle verwendet.

Diese kurze Uebersicht lässt auch die seit Erlass des Reichsimpfgesetzes immer stärker hervortretende Vorliebe für conservirte Lymphe erkennen; die Verwendung des Glycerins hat einen schädlichen Einfluss kaum gehabt, indem die früheren schönen Erfolge der Impfung von Arm zu Arm im Jahre 1882 beinahe erreicht wurden; von 100 Erstimpfungen sind 98—99, von 100 Revaccinationen sind 91 erfolgreich gewesen.

Obigen Auseinandersetzungen nach stehen wir also bereits mitten in einer Strömung, die eine Umänderung der früheren Impfpraxis zu Gunsten des animalen Stoffes herbeiführen wird. Das Publikum hat sich der neuen Methode bereits zugewendet, und auch die Impfärzte setzen in ihrem eigenen Interesse, um gegen Vorwürfe gesichert zu sein, dieser Strömung immer weniger Widerstand entgegen. Dass auch die Gesetzgebung derselben Rechnung tragen wird, nachdem die Herstellung grösserer Mengen von Impfstoff und die Conservirbarkeit für einen genügend langen Zeitraum erreicht sind, nachdem auch in wenigen Jahren der animale Stoff mittelst des Retrovaccinationsverfahrens ungemein billig geworden ist, scheint zweifellos.

Es wird sich, wenn es zur Feststellung der zu erwartenden gesetzlichen Bestimmungen kommt, nur noch um die Fragen handeln:

1) Welche Art von animalem Stoff soll verwendet werden, Variola-Vaccine oder Retrovaccine?
2) Soll die Beschaffung des Impfstoffes, wie bisher, den Impfärzten selbst vorgeschrieben werden, oder soll der zu verimpfende animale Stoff von Centralimpfanstalten aus zur Vertheilung kommen?

Der letztere Weg ist, wie oben erwähnt, im Grossherzogthum Hessen bereits seit dem Jahre 1882 beschritten worden. Dass in den Städten die Durchführung keinen Schwierigkeiten unterliegt, ist nach den Erfahrungen aus Weimar, Hamburg, Leipzig, Würzburg, Stuttgart, Dresden etc. zweifellos. Auch für zerstreut liegende Dörfer ist die animale Impfung schon in verschiedenen Gegenden durchgeführt. (Lübben, Corresp. d. ä. V v. Thür. 1884. Nr. 7.)

Die in der letzten Zeit erreichten und wahrscheinlich noch nicht abgeschlossenen Fortschritte, auch conservirte Lymphe mit gutem Erfolg zu verwenden, spricht sehr für die Anlage von Centralstellen. — Gegen die Errichtung von nur wenigen Centralstellen spricht aber der Umstand, dass jede Störung in einer solchen Anstalt (wie z. B. in Hamburg durch die Rinderpest im Jahre 1877) ein Hinderniss ist für das Impfgeschäft weiter Kreise. Jedenfalls versprechen die Erfahrungen in Darmstadt in nächster Zeit die nöthige Aufklärung darüber, ob die Zahl der jetzt bestehenden Impfinstitute noch zu vermehren ist, und welcher Kostenaufwand dafür sich nöthig machen wird. Eine bessere Fürsorge für das Erlernen der Impftechnik auf der Universität und specielle Einführung in das Gebiet der animalen Impfung sind aber sicher die Voraussetzungen für die Erreichung guter Impferfolge. Es muss jeder staatlich bestellte Impfarzt im Stande sein, sich den nöthigen Impfstoff selbst zu züchten.

Für den Fall der Einführung solcher Centralanstalten liegt es nun sehr nahe, an die ausschliessliche Benutzung der Variola-Vaccine zu denken, da nach vorliegenden Erfahrungen eine systematische Fortzüchtung der Retrovaccine selbst durch 3—4 Generationen hindurch nicht möglich ist. Die Züchtung des originären Stoffes ist jedoch sehr difficil und macht selbst den geübten Züchtern grosse Schwierigkeiten. So hat in Hamburg bei manchen der angesetzten Impftermine wegen Fehlimpfung oder mangelhafter Ergiebigkeit einzelner Kälber zu humanisirtem Stoff gegriffen werden müssen (und zwar bei 15—31% der Impfungen in den letzten 5 Jahren. Siehe D. V. f. ö. G. 1883, pag. 464). Wenn das in dem deutschen Musterinstitut sich nöthig macht, verbietet sich der Versuch an anderen Stellen wohl von selbst. Die Impfung der Kälber in Darmstadt geschieht nur mit Kinderlymphe. Diese haftet stets auf dem Kalbe, und kann man vorsichtshalber dasselbe Kalb an zwei und drei Stellen mit Lymphe verschiedener Herkunft, verschiedenen Alters und verschiedener Conservirung impfen, um des Erfolges ganz sicher zu sein.

Diese stets zuverlässige Retrovaccine, welche von jedem Impfarzt ohne grosse Schwierigkeit gezüchtet werden kann, ist das gegebene Material für die allgemeinere Einführung der animalen Vaccination. Die Variola-Vaccine braucht nur an einigen Centralstellen, z. B. Universitäten oder Thierarzneischulen, rein fortgezüchtet resp. frisch erzeugt zu werden, damit von ihnen aus die Localinstitute in jedem Frühjahr mit einem zuverlässigen Stoff für die ersten Kinderimpfungen und für die Cultur von Retrovaccine versehen werden können. Auch bei Misserfolgen in dieser Cultur oder bei dringendem Bedürfniss im Winter müsste von jenen das ganze Jahr im Betriebe sich befindenden Centralstationen die rasche Aushülfe geleistet werden. Die Localstationen würden nur während der Impfzeit bestehen, im Juli und August ihre Thätigkeit einstellen können. Wird in dem Gesetz eine Frühjahrs- und Herbstimpfung besonders vorgesehen, so kann in diesen Localstationen für die genügende Menge Impfstoff in den Monaten April bis Juni, sowie im September mit Leichtigkeit gesorgt werden.

Bei der etwa geplanten allgemeinen Einführung der animalen Impfung würden demnach folgende Gesichtspunkte hauptsächlich in Berücksichtigung kommen:

1) Die sogenannten ächten Cowpoxstämme (Variola-Vaccine), die durch Rückimpfung auf Kälber gewonnene Lymphe und der humanisirte Stoff beliebiger Generation sind in Bezug auf Haftsicherheit, Impfverlauf und Schutzkraft bei Kindern gleichwerthig. Animaler Stoff hat nur den einen principiellen Vorzug, dass bei seinem Gebrauche die Ueberimpfung von Syphilis ganz ausgeschlossen ist, welcher Vortheil sich aber auch für den humanisirten Stoff, bei Anwendung gewöhnlicher Vorsicht, erreichen lässt. Demnach liegt kein wesentlicher Grund vor für eine Bevorzugung der Variola-Vaccine vor der Retrovaccine oder überhaupt der animalen Lymphe vor einem gut gepflegten humanisirten Stoff.

2) Nur aus äusseren Gründen empfiehlt sich eine vorwiegende Benutzung der animalen Lymphe, weil nehmlich sich binnen 5 bis 6 Tagen eine beliebige Menge Impfstoff erzeugen lässt, das Abimpfen von Kindern fast ganz umgangen werden kann, und der Impfarzt die nöthige Sicherstellung gegen unberechtigte Angriffe sich schafft.

3) Die Durchführung eines Gesetzes, das den ausschliesslichen Gebrauch des sogenannten echten Stoffes, ohne Zwischenschieben von Kälberimpfungen mit Kinderlymphe vorschreibt, ist z. Z. nur denkbar unter Beschaffung grosser Centralinstitute mit das ganze Jahr hindurch geübtem Betrieb. Von den beiden grössten Impfinstituten in Deutschland hat jedoch das eine, in Hamburg, zeitweilig Kinder mit humanisirtem Stoff, das zweite, in Darmstadt, die Kälber mit humanisirtem Stoffe impfen müssen.

4) Bei dem Gebrauche von Retrovaccine liegt die Thatsache vor, dass von einem Centralinstitut aus die Impfärzte eines grösseren Bezirkes (Grossherzogthum Hessen-Darmstadt) mit animalem Stoff zu allen öffentlichen Impfungen versehen worden sind.

5) Bei dem Gebrauche von Retrovaccine ist die Möglichkeit gegeben, die öffentlichen Impfungen in einem kürzeren Zeitraume und vor Eintritt der Sommerhitze zu beendigen. Es könnte auch der Zwang zum Abimpfenlassen, der für die öffentlichen Impftermine in einigen Staaten besteht, aufgehoben werden.

6) Bei dem Gebrauche von Retrovaccine ist es statthaft, den Impfärzten selbst die Beschaffung des animalen Stoffes zu übertragen. Da es aber bei dem Retrovaccinationsverfahren nicht möglich ist, das Abimpfen von Kindern unter Verbot zu stellen, so kann bei Beschreiten dieses Weges auch nur die facultative Einführung der animalen Impfung in Aussicht genommen werden.

Für den Fall vorhandener Renitenz gegen das Abimpfenlassen der Kinder, bei grösserer Verbreitung von Syphilis (z. B. unter den Soldatenkindern) und bei dem somit gegebenen Mangel an tadellosem humanisirten Stoff wird die Staatsverwaltung resp. Gemeindeverwaltung oder Militärverwaltung den localen Bedürfnissen entgegenzukommen haben durch Beschaffung einer genügenden Menge animalen Stoffes, indem sie entweder eine Centralanstalt begründet, oder die dem Impfarzt selbst erwachsenen Auslagen für die nöthig gewesenen Kälberimpfungen (in Weimar 22,50 M., die Ausgaben für den Barbier inbegriffen) übernimmt.

Wie viel Kälberimpfungen sich nöthig machen werden, das hängt, die Kenntniss der Technik beim Impfarzt vorausgesetzt, weniger ab von der Grösse des Bezirkes, als vielmehr von der zeitlichen Vertheilung und der raschen Aufeinanderfolge der Impftermine. Mittelst Flächenimpfung lässt sich von 1 Kalb auf einen durchschnittlichen Ertrag von 1000 Portionen rechnen. Soll nicht die grössere Menge des Impfstoffes verloren gehen, so wird ein Mittelpunkt für mehrere kleinere Impfbezirke, z. B. in der Kreishauptstadt, und eine möglichst gleichzeitige Abwickelung des Geschäftes in diesen verschiedenen Bezirken ins Auge zu fassen sein. Mit Benutzung von 2—4 Kälbern und Vertheilung der Arbeit auf 2—3 Impfärzte muss sich in jedem Kreise die Impfung ausführen lassen.

38. Verhaltungsmassregeln bezüglich der öffentlichen Impfungen.

Folgende allgemeine Regeln, von der Impfcommission des deutschen Aerztevereinsbundes (1880) empfohlen, sind zu beachten:

Ueber die Beschaffung der humanisirten Lymphe siehe Abschnitt 34.

In der Regel sind Kinder vor Ablauf des dritten Lebensmonates nicht zu impfen. Bei solchen Kindern, welche an acuten fieberhaften oder schweren chronischen Krankheiten oder an grosser Schwäche leiden, ist während der Dauer dieser Zustände von der erstmaligen Impfung abzusehen. Auch die Vornahme der Revaccination setzt voraus, dass die Impflinge sich in gutem Gesundheitszustande befinden. Etwaige Ausnahmen von diesen Regeln sind nur durch die beim Auftreten natürlicher Blattern bedingte Gefahr der Ansteckung zulässig. Das einfache Zahngeschäft, rhachitischer und scrophulöser Habitus ohne ausgesprochene Localleiden brauchen die zeitliche Befreiung von der Vaccination nicht zu bedingen.

Die Impfstellen sind an solchen Theilen des Körpers anzulegen, die eine grosse Muskelunterlage haben und der Reibung am wenigsten ausgesetzt sind: am Oberarm oder auch, wie es für die Töchter der besseren Stände in Frankreich und Nordamerika der Gebrauch ist, am Oberschenkel.

Die Schnittführung kann längs oder quer zur Achse des Oberarmes geschehen. Bei Querschnitten an der Ansatzstelle des Deltoideus findet durch diesen Muskel ein Zug an dem obern Rand der Schnittwunde nach oben statt, an dem unteren Rand ebenso durch den M. brach. internus nach unten, bei heftigeren Bewegungen auch durch den coracobrachialis und biceps. Durch diesen Zug wird ein tieferer, von stark gereizter Umgebung eingefasster, durch secundäre Eiterung und Granulation sich ersetzender Substanzverlust bedingt. Solche stärkere Entzündung kann durch Längsschnitte umgangen werden.

Eine geringe Blutung beim Impfen schadet nicht; die Resorption der Lymphe geht so rasch vor sich, dass Bousquet durch sofort aufgesetzte Schröpfköpfe, durch Waschen mit Salmiak u. d. m. den Erfolg nicht stören konnte.

Die zur Impfung verwendeten Instrumente dürfen zu keiner anderen Operation gebraucht werden und sind stets rein zu halten. Bei Ausführung einer Mehrzahl von Impfungen ist vor jeder Impfung das Instrument sorgfältig zu reinigen. Instrumente, die eine gründliche Reinigung nicht zulassen, sind nicht zu benutzen.

Vor Beginn der Impfung versichere sich der impfende Arzt, dass aus Familien und Häusern, in denen ansteckende Krankheiten, wie Masern, Keuchhusten, Diphtheritis, Scharlach und Rose, bestehen, kein impfpflichtiges Kind in das Impflokal gebracht werde.

Kinder mit unreiner Haut und unreiner Wäsche sind von der Impfung zurückzuweisen, oder es wird bei unreinlich gehaltenen Kindern der Oberarm rasch mit Watte, die in Carbolwasser genässt ist, abgewaschen und noch die Impfschnittchen sammt anhaftender oder aufgestrichener Lymphsalbe durch ein Stückchen in Salicyllösung getauchten Fliesspapiers, durch Wachspapier oder Protektiv für einige Tage dem Zutritt von Schmutz und Luft entzogen.

Nach Ausführung der Impfung theile der Impfarzt den Angehörigen des Impflings, bezw. diesem selbst, die während des Verlaufs der Kuhpocken zu beobachtenden Massregeln mit; am besten ist es, dieselben gedruckt zu übergeben.

Die erstmalige Impfung hat dann als erfolgreich zu gelten, wenn von den geimpften Kuhpocken mindestens eine den regelmässigen Verlauf und die vollkommen ausgebildete Form der Vaccine zeigt; dagegen ist die Revaccination auch schon dann als erfolgreich zu betrachten, wenn an den Impfstellen sich nur Knötchen oder Bläschen entwickelt haben.

Es empfiehlt sich jedoch, auf den Impfscheinen und in den Impflisten letztere Erscheinung als »modificirten« Erfolg zu bezeichnen.

Sobald der impfende Arzt in Erfahrung bringt, dass innerhalb seines Wirkungskreises Erysipel-Erkrankungen vorkommen, oder dass bei den von ihm Geimpften stärkere erysipelatöse Entzündungen der Vaccinepusteln sich zeigen, ist das Impfgeschäft zu sistiren und event. später andere Lymphe zu beziehen.

Die Verwendung von frischer, flüssiger Kinderlymphe gestattet die Impfung mittelst feiner Stiche; der grosse Vorzug dieser Impfmethode besteht darin, dass bei kleinen Impfwunden die Möglichkeit einer Uebertragung von Syphilis oder einer Infektion mit Erysipelas [14] sehr gering wird. Auch bei nicht zu starker Verdünnung mit Glycerin empfiehlt sich noch die Impfung mittelst einfacher Stiche. Es wird der Arm mit der linken Hand umspannt und die kaum mit der Lymphe genetzte Nadel schief, unter 45° ca. 1 mm tief, in die Epidermis (nicht in die Cutis) eingestochen [15]. Nach je 2—3 Einstichen ist die Nadel frisch zu armiren. Jeder Stich ist, wie der Schnitt, bei gespannter Haut, und zwar von dem anderen ca. 2 cm entfernt, anzulegen. Die Oberhaut wird dabei zeltartig mit der Lanzettenspitze aufgehoben und die Lymphe beim Zurückziehen des Instrumentes in der Wunde abgestreift. Eine kleine Drehung der Lanzette um ihre Achse begünstigt dieses Abstreifen. Etwa ausgetretenes Blut lässt man auftrocknen. So werden die wenigst umfangreichen Einzelvaccinen mit relativ geringen Reizungserscheinungen erzeugt. Es gehen verhältnissmässig viele Impfstellen nicht an, wesshalb eine grössere Zahl inserirt werden muss.

Eine umfangreichere Resorptionsfläche und sichereres Haften bewirkt die Tättowirung, wobei an jeder anzulegenden Impfstelle die Lanzette 8- und mehr mal in die Haut eingesenkt wird. Je nach der Grösse der tättowirten Fläche sind 2—4 Impfstellen genügend. Ein besonderes Einreiben der Lymphe mit der Fläche der Lanzette oder mit einem Impfstäbchen ist kaum nöthig; der Erfolg ist bei dieser Modification der Stichmanier sicher zu erwarten.

Bei Verwendung trocken conservirter oder älterer Lymphe kommt die Schnittmanier in Anwendung, welche für die Aufnahme des Impfstoffes eine grössere Contactfläche bietet. Die Modificationen sind hier ziemlich zahlreich.

Von kleinen Impfschnitten können 3—4 auf jedem Arm, bis zu 6 auf einem Arm allein angelegt werden; von den grösseren entsprechend weniger. Für Kinder, von denen abgeimpft werden soll, sind die gross und lang angelegten zu empfehlen; sie geben lymphereiche und am untern Winkel leicht abzuschöpfende Pusteln. Kreuzschnitte bewirken selbstverständlich eine verhältnissmässig grössere Resorptionsfläche für die Aufnahme des Contagiums. Die Schnittmanier verlangt noch ein besonderes Einreiben der Lymphe, welcher Art sie auch sei. Dieses Einreiben geschieht, bei ebenfalls gespannter Haut, entweder mit der flachen Seite des Impfinstrumentes oder mittelst besonderer Spateln, wie solche in dem Abschnitte von der Conservirung der Lymphe beschrieben worden sind. Das Ausfliessen von etwas Blut, welches beim Schreien der Kinder infolge einer venösen Stauung fast immer eintritt, schadet auch hier nicht.

Die noch im Norden von England geübte Methode, mittelst der armirten Lanzette an den anzulegenden Impfstellen die Epidermis abzuschaben, verursacht meist sehr grosse Pusteln, und es wird desshalb an jedem Arm nur 1 Impfstelle angelegt. Auch bei älterem Impfstoff soll die Wirkung unter Anwendung dieser Manier noch relativ sicher sein. Mit den jetzt sich geltend machenden Bestrebungen, die Impfwunden möglichst vor zufälliger Infection mit septischen Stoffen zu schützen, dürfte diese Methode nicht in Uebereinstimmung zu bringen sein.

Belehrung des Publikums bezüglich der öffentlichen Impfungen und über die Behandlung der Impflinge [1]).

Sobald in einem der öffentlichen Impftermine der Name (oder die vorher ausgegebene Nummer) eines Impflings vom Impfarzte aufgerufen wird, ist der Impfling mit völlig entkleidetem Oberkörper dem Arzte vorzustellen. Mit dem Wiederanziehen des Impflings ist nach dem Vollzuge der Impfung etwa 2 Minuten zu warten, damit die Impfstellen erst trocknen.

Die Eltern sind verpflichtet, über frühere Krankheiten des Impflings zu berichten, besonders über etwaige Haut- und Drüsenerkrankungen.

Am 4. Tage nach der Impfung beginnen sich die Blattern zu entwickeln und erreichen am 10.—12. Tage ihre grösste Ausdehnung. Während dieser besteht eine Entzündungsröthe in der Umgebung der Blattern und ein mässiges allgemeines Unwohlsein.

Das Kind darf während der ersten 5 Tage nach der Impfung noch gebadet werden, während der hierauf folgenden 5 Tage jedoch ist mit dem Baden auszusetzen und an dessen Stelle eine Abwaschung des Impflings vorzunehmen. Die Diät des Kindes soll unverändert bleiben; auch darf dasselbe bei günstigem Wetter ins Freie getragen werden. Doch ist die heisseste Tageszeit und direkte Sonnenhitze zu vermeiden.

Am 7. Tage nach der Impfung, also am gleichnamigen Tage

1) Separatabdruck zur Vertheilung vor den Impfterminen an die Mütter und an die Angehörigen der Schulkinder bestimmt, von C. Geister in Weimar zu beziehen.

der nächsten Woche, ist der Impfling zur Revision pünktlich in demselben Locale, wo die Impfung erfolgt ist, dem Impfarzte (unter Vorzeigung der erhaltenen Nummer) wieder vorzustellen. Hierauf erfolgt die Aushändigung des Impfscheines. Die Abimpfung ist den Kindern immer unschädlich; geschieht sie nicht, so pflegen sich die sehr gespannten Pusteln von selbst zu öffnen. Ist der Impfling am Tage des Besichtigungstermines krank und kann er desshalb nicht ins Impflokal gebracht werden, so haben die Eltern an dem Termintage dem Impfarzte hiervon Anzeige zu machen.

Die Impfstellen sind sorgfältig vor Aufreiben und Zerkratzen, sowie vor Beschmutzung zu bewahren; es ist darauf zu halten, dass die Hemdärmel genügend weit sind und nicht an den Impfblattern ankleben. Desshalb sind die Kinder zu Hause vor der Impfung an den Oberarmen mit Seifenwasser abzuwaschen und mit einem Hemdchen mit weiten Aermeln zu bekleiden. Die Nägel der Kinder sind vor der Impfung und öfters während der nächsten vier Wochen zu beschneiden, so dass die Kinder sich nicht kratzen können. Ist die Entzündungsröthe der Pusteln sehr stark und breit, so kann ein sauberer, feuchtkalter Umschlag von Wasser aufgelegt werden. (Vom 12.—14. Tage an kann man auf den Impfblattern die Krusten ohne weiteren Verband vertrocknen lassen; dieselben lösen sich etwa 4 Wochen nach der Impfung von selbst ab.)

Sollten in der ersten Woche nach der Abimpfung irgend welche Krankheitserscheinungen bei dem Impflinge auftreten, so sind die Eltern verpflichtet, dem Impfarzte hiervon alsbald Anzeige zu machen.

Aus Familien und Häusern, in denen ansteckende Krankheiten, wie Masern, Keuchhusten, Diphtheritis, Scharlach, Rose, bestehen, darf ein impfpflichtiges Kind in keinem Falle in das Impflokal gebracht werden. Das Vorhandensein der Krankheit muss aber durch ein ärztliches Zeugniss bescheinigt sein.

Es ist in praxi gerathen, alle, auch die nur leicht kranken Kinder zurückzustellen, um Vorwürfen zu entgehen; zumal, da, wenn Blattern ausbrechen sollten, bei unseren Einrichtungen in Deutschland das Versäumte sofort nachgeholt werden kann. Unruhige Impflinge werden zuerst vorgenommen, arge Schreier event. aus dem Lokal einstweilen entfernt. Impfgeschäft und Listenführung müssen getrennt besorgt werden. Für die Revisionstermine muss es oberster Grundsatz für den Impfarzt sein, nie etwas zu bescheinigen, was er nicht selbst gesehen hat. Bei verzögertem oder abortivem Verlauf bleibt das Resultat der Impfung besser einer späteren Revision vorbehalten. Wenn die erste Impfung nicht angeht, der Erfolg ein zweifelhafter ist, so sind, nach dem bestehenden Impfgesetz, mit Rücksicht auf den Abschluss der Listen im Revisionstermin Nachimpfungen nicht in Kürze vorzunehmen, sondern für das nächste Jahr zu verschieben.

39. Das deutsche Impfgesetz vom 8. April 1874[1]).

§ 1. Der Impfung mit Schutzpocken soll unterzogen werden

1) jedes Kind vor dem Ablaufe des auf sein Geburtsjahr folgenden Kalenderjahres, sofern es nicht nach ärztlichem Zeugniss (§ 10) die natürlichen Blattern überstanden hat;
2) jeder Zögling einer öffentlichen Lehranstalt oder einer Privatschule, mit Ausnahme der Sonntags- und Abendschulen, innerhalb des Jahres, in welchem der Zögling das zwölfte Lebensjahr zurücklegt, sofern er nicht nach ärztlichem Zeugniss in den letzten 5 Jahren die natürlichen Blattern überstanden hat oder mit Erfolg geimpft worden ist.

§ 2. Ein Impfpflichtiger, welcher nach ärztlichem Zeugniss ohne Gefahr für sein Leben oder für seine Gesundheit nicht geimpft werden kann, ist binnen Jahresfrist nach Aufhören des diese Gefahr begründenden Zustandes der Impfung zu unterziehen.

Ob diese Gefahr noch fortbesteht, hat in zweifelhaften Fällen der zuständige Impfarzt (§ 6) endgültig zu entscheiden.

§ 3. Ist eine Impfung nach dem Urtheile des Arztes (§ 5) erfolglos geblieben, so muss sie spätestens im sechsten Jahre und, falls sie auch dann erfolglos bleibt, im dritten Jahre wiederholt werden.

Die zuständige Behörde kann anordnen, dass die letzte Wiederholung der Impfung durch den Impfarzt (§ 6) vorgenommen werde.

§ 4. Ist die Impfung ohne gesetzlichen Grund (§§ 1, 2) unterblieben, so ist sie binnen einer von der zuständigen Behörde zu setzenden Frist nachzuholen.

§ 5. Jeder Impfling muss frühestens am sechsten, spätestens am achten Tage nach der Impfung dem impfenden Arzte vorgestellt werden.

---

1) Jeder deutsche Staat hat ein besonderes Ausführungsgesetz.

§ 6. In jedem Bundesstaate werden Impfbezirke gebildet, deren jeder einem Impfarzte unterstellt wird.

Der Impfarzt nimmt in der Zeit vom Anfang Mai bis Ende September jeden Jahres an den vorher bekannt zu machenden Orten und Tagen für die Bewohner des Impfbezirks Impfungen unentgeltlich vor. Die Orte für die Vornahme der Impfungen, sowie für die Vorstellung der Impflinge (§ 5) werden so gewählt, dass kein Ort des Bezirks von dem nächst belegenen Impforte mehr als 5 Kilometer entfernt ist.

§ 7. Für jeden Impfbezirk wird vor Beginn der Impfzeit eine Liste der nach § 1, Ziffer 1, der Impfung unterliegenden Kinder von der zuständigen Behörde aufgestellt. Ueber die auf Grund des § 1, Ziffer 2, zur Impfung gelangenden Kinder haben die Vorsteher der betreffenden Lehranstalten eine Liste anzufertigen.

Die Impfärzte vermerken in den Listen, ob die Impfung mit oder ohne Erfolg vollzogen oder ob und weshalb sie ganz oder vorläufig unterblieben ist.

Nach dem Schlusse des Kalenderjahres sind die Listen der Behörde einzureichen.

Die Einrichtung der Listen wird durch den Bundesrath festgestellt.

§ 8. Ausser den Impfärzten sind ausschliesslich Aerzte befugt, Impfungen vorzunehmen.

Sie haben über die ausgeführten Impfungen in der im § 7 vorgeschriebenen Form Listen zu führen und dieselben am Jahresschluss der zuständigen Behörde vorzulegen.

§ 9. Die Landesregierungen haben nach näherer Anordnung des Bundesraths dafür zu sorgen, dass eine angemessene Anzahl von Impfinstituten zur Beschaffung und Erzeugung von Schutzpockenlymphe eingerichtet werde.

Die Impfinstitute geben die Schutzpockenlymphe an die öffentlichen Impfärzte unentgeltlich ab und haben über Herkunft und Abgabe derselben Listen zu führen.

Die öffentlichen Impfärzte sind verpflichtet, auf Verlangen Schutzpockenlymphe, soweit ihr entbehrlicher Vorrath reicht, an andere Aerzte unentgeltlich abzugeben.

§ 10. Ueber jede Impfung wird nach Feststellung ihrer Wirkung (§ 5) von dem Arzte ein Impfschein ausgestellt. In dem Impfschein wird, unter Angabe des Vor- und Zunamens des Impflings, sowie des Jahres und Tages seiner Geburt, bescheinigt, entweder

dass durch die Impfung der gesetzlichen Pflicht genügt ist,
oder
dass die Impfung im nächsten Jahre wiederholt werden muss.

In den ärztlichen Zeugnissen, durch welche die gänzliche oder vorläufige Befreiung von der Impfung (§ 1, 2) nachgewiesen werden soll, wird, unter der für den Impfschein vorgeschriebenen Bezeichnung der Person, bescheinigt, aus welchem Grunde und auf wie lange die Impfung unterbleiben darf.

§ 11. Der Bundesrath bestimmt das für die vorgedachten Bescheinigungen (§ 10) anzuwendende Formular.

Die erste Ausstellung der Bescheinigungen erfolgt stempel- und gebührenfrei.

§ 12. Eltern, Pflegeeltern und Vormünder sind gehalten, auf amtliches Erfordern mittelst der vorgeschriebenen Bescheinigungen (§ 10) den Nachweis zu führen, dass die Impfung ihrer Kinder und Pflegebefohlenen erfolgt oder aus einem gesetzlichen Grunde unterblieben ist.

§ 13. Die Vorsteher derjenigen Schulanstalten, deren Zöglinge dem Impfzwange unterliegen (§ 1, Ziffer 2), haben bei der Aufnahme von Schülern durch Einfordern der vorgeschriebenen Bescheinigungen festzustellen, ob die gesetzliche Impfung erfolgt ist.

Sie haben dafür zu sorgen, dass Zöglinge, welche während des Besuches der Anstalt nach § 1, Ziffer 2, impfpflichtig werden, dieser Verpflichtung genügen.

Ist eine Impfung ohne gesetzlichen Grund unterblieben, so haben sie auf deren Nachholung zu dringen.

Sie sind verpflichtet, vier Wochen vor Schluss des Schuljahrs der zuständigen Behörde ein Verzeichniss derjenigen Schüler vorzulegen, für welche der Nachweis der Impfung nicht erbracht ist.

§ 14. Eltern, Pflegeeltern und Vormünder, welche den nach § 12 ihnen obliegenden Nachweis zu führen unterlassen, werden mit einer Geldstrafe bis zu zwanzig Mark bestraft.

Eltern, Pflegeeltern und Vormünder, deren Kinder und Pflegebefohlene ohne gesetzlichen Grund und trotz erfolgter amtlicher Aufforderung der Impfung oder der ihr folgenden Gestellung (§ 5) entzogen geblieben sind, werden mit Geldstrafe bis zu fünfzig Mark oder mit Haft bis zu drei Tagen bestraft.

§ 15. Aerzte und Schulvorsteher, welche den durch § 8, Absatz 2, § 7 und durch § 13 ihnen auferlegten Verpflichtungen nicht nachkommen, werden mit Geldstrafe bis zu einhundert Mark bestraft.

§ 16. Wer unbefugter Weise (§ 8) Impfungen vornimmt, wird mit Geldstrafe bis zu einhundertfünfzig Mark oder mit Haft bis zu vierzehn Tagen bestraft.

§ 17. Wer bei der Ausführung einer Impfung fahrlässig handelt, wird mit Geldstrafe bis zu fünfhundert Mark oder mit Gefängnissstrafe bis zu drei Monaten bestraft, sofern nicht nach dem Strafgesetzbuch eine härtere Strafe eintritt.

§ 18. Die Vorschriften dieses Gesetzes treten mit dem 1. April 1875 in Kraft.

Die einzelnen Bundesstaaten werden die zur Ausführung erforderlichen Bestimmungen treffen.

Die in den einzelnen Bundesstaaten bestehenden Bestimmungen über Zwangsimpfungen bei dem Ausbruch der Pockenepidemie werden durch dieses Gesetz nicht berührt.

In England ist erst 1840 die Blatterninoculation gesetzlich verboten worden. Die »Vaccinationsacte« besteht seit 1863 mit einem Zusatzgesetz von 1871. Es wird fast ausschliesslich von Arm zu Arm geimpft. Der Stoff wird durch das oberste Gesundheitsamt beschafft. Jeder Armenverband stellt einen public vaccinator und einen Vaccinationsinspector an. Jedes Kind muss innerhalb der ersten 3 Monate geimpft und 8 Tage später revidirt werden. Revaccination ist nicht obligatorisch.

In Frankreich wurde 1809 unter Napoleon ein Impfgesetz erlassen. Gegenwärtig leitet das Impfwesen ein Vaccinationscomité unter Controle der Académie de médécine. Die Impfärzte in den Provinzen werden mit Lymphe versorgt. Impfzwang fehlt, ist aber neuerdings angeregt worden. Die Impfungen werden noch vielfach durch Hebammen ausgeführt.

In Oesterreich wurden 1801 die Findelanstalten zum Lymphbeschaffungsinstitut eingerichtet. Das Hofdecret von 1836 gilt heute noch. Direkter Impfzwang fehlt. Für Aufnahme in öffentliche Schulen und Waisenhäuser ist der Besitz des Impfscheines erforderlich.

In Italien wurde 1809 durch Sacco das Waisenfindelhaus zu Mailand als Impfinstitut eingerichtet. Die Impfung ist ohne direkten Zwang in der Bevölkerung sehr verbreitet. Durch das neue Sanitätsgesetz sind die Impfgeschäfte der Aufsicht der Municipalgesundheitscommission unterstellt.

In Dänemark, Norwegen, einzelnen Cantonen der Schweiz

besteht nur, wie in Oesterreich, indirekter Impfzwang, in Schweden hingegen und anderen Cantonen der Schweiz direkter.

In Russland wird trotz vorhandenen Impfzwanges das Impfwesen nur mangelhaft, andererseits in den Niederlanden und Belgien, wo die Impfung nicht obligatorisch ist, gut gehandhabt.

In Nordamerika fehlt Impfzwang. In einzelnen Staaten, z. B. New-York, wird nur Impfung für jedes Schulkind verlangt. Dessenungeachtet wurden während der Blatternepidemieen 1869 bis 1871 durch die boards of health grossartige Massenimpfungen mit gutem Erfolg ausgeführt. Angestellte Inspectoren controliren die Lymphabnahme von den Pusteln und Lymphabgabe an die Impfer.

Eine Zusammenstellung der in den Einzelstaaten erlassenen Impfinstruktionen und Verordnungen bis zum Jahre 1876 findet sich bei Jacobi und Guttstadt [80]. Selbstverständlich muss der Impfarzt die Verordnungen seines Staates in Händen haben. Das Impfgeschäft darf nur nach den gesetzlichen Anweisungen und nicht nach der vielleicht in diesem Buche von ihnen abweichend empfohlenen Methode ausgeübt werden.

www.ingramcontent.com/pod-product-compliance
Lightning Source LLC
Chambersburg PA
CBHW030253170426
43202CB00009B/726
* 9 7 8 3 7 4 2 8 6 9 8 9 0 *